规划理论与实践丛书　熊国平/主编

村俗文化生态保护区规划

熊国平　著

国家自然科学基金(51578129)
国家科技支撑计划(2015BAL02B01)
江苏省科技支撑计划(BE2014706)
江苏省高校优秀学科工程二期

东南大学出版社
·南京·

内容提要

本书回顾了国内外关于村俗文化的保护与利用研究成果，梳理了相关学科理论与研究方法，并对国内外村俗文化的相关保护实践进行了剖析和对比研究，以高淳村俗文化生态保护区为研究案例，对文化生态资源进行现状分析与价值评估，明确其具体保护对象与保护内容，有针对性地提出了保护方式与保护措施，指出村俗文化合理利用的方式，对文化生态标识系统进行了研究。

本书可供从事城乡规划、文化遗产保护、乡村建设等人员使用，亦可供相关高等院校师生阅读和参考。

图书在版编目(CIP)数据

村俗文化生态保护区规划 / 熊国平著. —南京：东南大学出版社，2017.7

(规划理论与实践丛书)

ISBN 978-7-5641-6848-3

Ⅰ.①村… Ⅱ.①熊… Ⅲ.①农村文化—研究—南京 Ⅳ.①G127.531

中国版本图书馆 CIP 数据核字(2016)第 273426 号

村俗文化生态保护区规划

出版发行	东南大学出版社
出 版 人	江建中
网　　址	http://www.seupress.com
电子邮箱	press@seupress.com
社　　址	南京市四牌楼 2 号
邮　　编	210096
电　　话	025-83793191(发行)　025-57711295(传真)
经　　销	全国各地新华书店
印　　刷	江苏扬中印刷有限公司
开　　本	787mm×1092mm　1/16
印　　张	14.5
字　　数	353 千
版　　次	2017 年 7 月第 1 版
印　　次	2017 年 7 月第 1 次印刷
书　　号	ISBN 978-7-5641-6848-3
定　　价	59.00 元

本社图书若有印装质量问题，请直接与营销部联系。电话(传真)：025-83791830

丛书引言

城市规划实践是城市规划理论的源泉，城市规划理论是城市规划实践的升华，二者相辅相成。1980年代以来，中国进入快速城市化时期，做大做强是城市规划实践的主要工作，新区建设如火如荼。从深圳到上海浦东，到天津滨海，再到雄安新区，城市发展日新月异，新空间不断涌现，中心商务区、保税区、出口加工区、奥体中心、大学城、自由贸易区等不断建成。加班加点、只争朝夕的城市规划实践是城市规划工作者的常态。城市规划理论跟随欧美，以引进吸收为主，很少有时间总结和升华本土的城市规划实践，形成系统化城市规划理论。

经历30年的快速扩展，中国城镇化率超过50%的拐点，进入城市社会，城镇化速度开始由加速增长时期进入减速增长阶段。长期快速城镇化所掩盖的一些深层次矛盾逐步凸显，表现为交通拥堵问题严重，大气、水、土壤等环境污染加剧，建设用地粗放低效，自然历史文化遗产保护不力，城乡建设缺乏特色等。预防和治理"城市病"要求城市规划者从繁重的城市规划实践中抽身，思考和总结城市发展的得与失。鉴于此，我们在国家自然科学基金(51578129)、国家科技支撑计划(2015BAL02B01)、江苏省科技支撑计划项目(BE2014706)、高等学校博士学科点专项科研基金(20090092120001)、江苏省社科研究青年精品课题(13SQC-083)的资助下，陆续出版了《当代中国城市形态演变》《新转型背景下城市空间结构优化》《村俗文化生态保护区规划》《渔文化生态保护区规划》等专著和《塑造城市——历史·理论·城市设计》等译著，尝试城市规划理论的探索，同时主持完成90余项城市规划实践，中标10余项，负责项目获建设部一等奖，国家银奖1项，获山东省优一等奖1项，河北省优一等奖1项，江苏省二等奖1项，河北省优三等奖1项，江苏省三等奖5项，尝试在城市规划实践中求索。

在东南大学出版社的帮助下，我们策划了《规划理论与实践丛书》，希望通过这套丛书分享学术思想，深化研究成果。通过我们的努力能为我国城市规划实践和城市规划理论的发展尽绵薄之力，抛砖引玉，期望同行批评和指正，更盼望同行的帮助和支持，一同加入到我国城市规划实践和城市规划理论的探索中。

熊国平

于中大院

前　言

村落是我国乡村社会的缩影，也是中国传统文化的最真实的记忆，是村俗文化保护与传承的物质载体。随着我国城市化进程的不断加快和经济市场化的发展，村落中孕育的村俗文化正面临着变异和消逝的危险，因此，保护村俗文化刻不容缓，探寻科学的保护利用的理论与方法十分紧迫。

研究以城乡规划学为主，结合乡村民俗学、乡村地理学、乡村规划学等众多学科理论，借助村俗文化生态保护区实践，丰富、完善村俗文化保护和实践体系，以高淳为实证，结合国内外村俗文化保护的成功经验，探索切实可行的村俗文化生态保护的整体性保护模式与措施。将村俗文化保护与乡村建设有机结合，具有重要的研究价值和现实意义。

回顾了国内外关于村俗文化的保护与利用研究成果，梳理了乡村规划学、乡村地理学、乡村旅游学、乡村文化学、乡村文化生态学以及乡村民俗学等相关学科理论与研究方法，并对国内外村俗文化的相关学科保护实践进行了剖析和对比研究。

以高淳村俗文化生态保护区为研究案例，首先对文化生态资源进行现状分析与价值评估，论述了高淳村俗文化的特征及内涵，判定高淳村俗文化的核心价值；其次，明确具体保护对象与保护内容，依托多因子综合评价的定量方法划定村俗文化的保护范围与重点区域；再者，对于不同类型的村俗文化提出了抢救性保护、群体性保护、生产性保护与整体性保护等有针对性的保护方式与保护措施，并指出村俗文化合理利用方式：与文化产业相结合、与文化旅游相结合以及与节庆相结合。最后从水文化、儒家文化、傩文化及节庆文化等4大类空间对文化生态标识系统进行了研究。

Preface

Village is a microcosm of China's rural society, as well as the memory of the ecological Chinese traditional culture. Meanwhile, it is the material carrier of protecting and inheriting villages' folk culture. With the accelerating process of urbanization and modernization, villages' folk culture is facing the variation and in danger of fading away. So it is urgent to protect villages' folk culture and explore the scientific theory and method of protection and inheritance.

Based on the urban and rural planning, in combination with other discipline theories such as rural folklore, rural geography and rural planning, the research is to enrich and perfect the protection and practice system of villages' folk culture through establishing ecological protection zone of culture. Meanwhile, taking Gaochun for instance, combining the successful experience of protecting village's folk culture at home and abroad, the purpose of this study is to explore the feasible, integral and ecological protection mode and measures of protecting villages' folk culture. And the research is of important research value and practical significance to combine villages' folk culture protection and the rural construction organically.

Firstly, the study reviews the research achievements at home and abroad about the conservation and utilization of villages' folk culture, then carding the related theories and research methods about the village planning, rural geography, rural tourism, rural culture, rural culture ecology and rural folklore. And furthermore, some in-depth analysis and comparison about the related practice of protecting villages' folk culture at home and abroad has been carried on in the study.

Taking the ecological protection zone of culture in Gaochun as a case study, firstly, the research discusses the characteristics, connotation and the core value of through analyzing and evaluating the cultural and ecological resources. Secondly, the study determines the specific protection objects and contents, and delineates protection scope and key areas of villages' folk culture based on multi-factor comprehensive evaluation method of quantitative method. Thirdly, the study put forwards the corresponding protection method and protection measures of different types of villages' folk culture such as eager protection, groups conservation, survivable protection and integral protection. Meanwhile, it points out the reasonable use pattern of villages' folk culture: combined with cultural industry, combined with cultural tourism and combined with festivals. Finally, it studies the cultural ecology marking system from four places such as water culture, Confucian culture, nuo culture and festival culture.

目　录

Contents

1 研究背景与意义

1.1 研究背景

1.1.1 村俗文化的保护传承越来越受到重视

一座有历史文化价值的村落，往往就是一个社会和一段历史的缩影。传统村落是乡村历史、文化、自然遗产的“活化石”和“博物馆”。几千年来，村落不仅是农业文明最直接的活态存在，更是一部部鲜活的、续写中华民族文明史的“活史书”。通过村落，中华民族培育形成了家国文化的秩序观念，构建形成中国社会最基层的伦理与道德体系，并代代传承久远悠长的民族历史。从根本上说，传统村落是中华文明的“基因库”，是中华民族的精神家园。时至今日，散布在中国大地上的传统村落，仍然是一个个具有活力并传承文化和发挥功能的社会有机体，生生不息，薪火相传。

传统村落带有鲜明的历史文化烙印，凝固着一个地区甚至一个民族的记忆，浓郁的历史风貌、优美的自然生态环境、科学合理布局的人文景观、民族特色异彩纷呈的物质文化遗产和非物质文化遗产构成的历史文化村落，成为中国乡村社会中一个特殊的群体。村俗文化是一种建立在广泛的民众基础之上的传承性文化，而最具村落文化气息的则是民俗文化，是民间传统文化的重要组成部分，它本身承载着地方社会的众多信息。村落的保护，不仅要保护其建筑、物质形态，更重要的是保护其世代传承的非物质文化遗产。

随着新型城镇化的提出，对乡村文化更加重视，古村落这一特殊的群体因浓厚的文化内涵而备受青睐，村落文化的保护也已经备受关注，如何在新型城镇化的背景下更好地保护和传承村俗文化已经成为当下的研究热点。

1.1.2 现代化给村俗文化带来冲击

在新农村建设的时代背景下，受全球化的影响和商业社会形态的冲击，村俗文化的内涵和表现形式都发生了改变。城市化发展，大量乡村人口到城市谋生，让乡村濒临消失。在新农村建设中村俗文化的保护和传承没有受到重视，或者缺乏正确的政策引导和支持，一些优秀的村俗文化濒临消亡。农村建设拆村上楼等构成了对乡村结构及文化的“建设性破坏”，也破坏了村俗文化传承最基本的土壤，使得村俗文化濒临消亡。

另一方面，村俗文化的传承主体农民受外来文化以及现代传媒手段的影响，其思想观念和审美趣味发生转变，现有农村生活吸引力的缺乏、对经济利益的追求等也导致村俗文化因缺乏传承人失传断代。现代化的技术水平能够带来更加舒适和便利的生活，在追求社会经济发展和生活水平改善的过程中，村民往往倾向于放弃原有的文化传统转而接受现代生活方式，不少村民选择放弃原有的乡村生活而搬迁到城里，导致了村落空心化的现象，致使传承下来的民俗文化等逐渐断流。

此外，外来文化的侵入与冲击使得地方文化中许多思想和精神逐渐流逝，从而给传统地域文化的保护带来巨大的挑战。村俗文化之所以能够保留，是因为村落由于地理空间的限制，当地文化处于被隔绝的状态下，不受外界文化的侵袭，因而使得文化在相对封闭的空间内得到独立发展。而目前随着交通方式的改善及生态旅游的兴起，农村地区由封闭走向开放，村俗文化的内涵与表现形式不断变化。

1.1.3 村落旅游开发对文化的保护与利用不足

针对村俗文化消失速度加快的现象，我国政府采取了相应的措施，但保护力度有待加强，保护方式也不尽完善。

此外，随着乡村文化的兴起与发展，古村落由于悠久的历史、浓厚的文化氛围、优美的自然环境而备受青睐，但古村落旅游的管理者为追求经济利益，发展过程中只关注有形资源的经济价值，拘泥于村落内部有形的建筑实体而忽略历史文化传承的价值。古村落在历史的积淀中形成的特有文化遗产如历史传说、名人事迹、饮食文化、服饰、营建技艺、民俗、传统手工艺等无形资产没有得到活态传承。“看得见”和“看不见”的资源开发脱节，致使古村落徒有其形，失散其神。

1.2 研究意义

1.2.1 理论意义

村俗作为文化遗产，是人类创造财富的一部分，村俗的形成和发展与其所处的自然环境、社会环境和文化环境有着密切的关系，同时由于自然环境和社会环境的多样性，导致了不同地域的村俗在文化上的多样性。村俗的保护，是体现继承和发扬中华民族文化的重要内容，同时也是保护我国文化多样性的重要内容。本文通过对高淳村俗文化的保护研究，辨析村俗文化在现代化发展过程中的传承与创新的内涵，探寻出一条村俗文化在保护和传承中应遵循“整体文化生态保护”的发展道路，对我国村俗文化保护与传承具有理论指导意义。

1.2.2 实践意义

高淳村俗文化生态保护实验区非物质文化遗产内容丰富，类型繁多，具有很高的社会文化价值。建设高淳村俗文化生态保护实验区的主要目标是实现非物质文化遗产活态传承，保护非物质文化遗产、物质文化遗产、自然遗产协调统一、联系互动的文化空间，推动文化生态保护实验区的经济、社会可持续发展。对青少年而言，建立高淳村俗文化生态保护实验区，能够充分发挥非物质文化遗产的教育功能，使他们深刻了解自己的祖国和家乡，进行爱国主义和传统道德教育，守护精神家园；对广大群众而言，能丰富广大人民群众的文化生活，促进精神文明建设；对高淳而言，可进一步提升高淳的知名度和美誉度，促进全区经济、社会全面协调和可持续发展。

2 国内外研究进展

2.1 村俗文化的保护研究

2.1.1 国外村俗文化的保护研究

1) 村俗文化保护公约与机制研究

国外针对村俗文化的保护和传承的研究以20世纪60年代为界限,在此之前,国外注重的是对文物以及单体建筑的保护,而20世纪60年代之后,国外对文化的保护则延伸到历史性城镇、古村落的文化保护上来[1]。1964年,国际文化财产保护与修复中心通过《威尼斯宪章》,明确指出文物古迹"不仅包括单个建筑,而且包括能够从中找出一种独特的文明、一种有意义的发展或一个历史事件见证的城市或乡村环境",从此村俗文化的保护逐步纳入保护的视野范围。1972年11月16日,联合国教科文组织(简称UNESCO)在巴黎召开第17届会议,会议通过了《保护世界文化和自然遗产公约》,提出将一些具有显著自然和文化价值及真实性的文物、建筑群、遗址、自然区域、动植物生存区列入世界文化与自然遗产名录,并且在此基础上界定了文化遗产和自然遗产的定义,而且规定了文化遗产和自然遗产的国家保护和国际保护措施等条款,指出对具有突出的普遍价值的文化遗产和自然遗产进行特别保护,把文化和自然遗产上升到全世界人民共同财产的高度加以认识。1977年的《马丘比丘宪章》则更为具体和全面地阐释了文化保护纲领,明确提出:"不仅要保存和维护好城市的历史遗迹和古迹,而且还要继承一般的文化传统。一切有价值的说明和民族的文物必须保护起来。"1987年,国际古迹遗址理事会(International Council on Moments and Sites, ICOMOS)在总结多年来各国历史环境的理论与实践经验的基础上制定并通过了《保护历史城镇与城区宪章》(简称《华盛顿宪章》),文件指出,历史城镇的保护工作是城镇经济和社会发展政策及各层次城市和地区规划的组成部分,要用法律、行政和财政等多种措施手段来保证规划的实施,并应得到居民的支持和参与。1989年11月联合国教科文组织第25届大会通过了《关于保护传统和民间文化的建议案》(以下简称《建议案》),以国际组织的身份在无形文化遗产保护领域迈出了第一步。从1995年开始,联合国教科文组织以1989年的《建议案》为标准,分地区、分阶段地进行无形文化遗产的普查工作。1999年,ICOMOS通过了《关于乡土建筑遗产的宪章》,认为乡土建筑、建筑群和村落的保护应尊重文化价值和传统特色,其乡土性的保护则要通过维持和保存有典型特征的建筑群、村落来实现。2000年6月正式设立《口头和非物质文化遗产杰作名录》项目,2001年5月公布首批入选名单。2001年UNESCO第31届部长级会议通过《世界文化多样性宣言》。2002年第三次文化部长圆桌会议，以“非物质文化遗产——文化多样性的一面镜子”为题，讨论文化多样性问题，并发表《伊斯坦布尔宣言》。2003 年 10 月 17 日，在联合国教科文组织第 32 届大会上通过了《保护非物质文化遗产公约》。

2）村俗文化保护理论与实践研究

在村俗文化保护的实践研究上，联合国教科文组织非物质文化遗产委员会和美国民俗协会对文化社区的考察具有代表性。一方面，民俗学者们强调运用数字化技术手段实现对本国的土著居民社区、外来移民社区等文化社区内民俗文化的存储、传播、保护、展示和利用。目前已经积累了一些成功的个案，比如加拿大英属哥伦比亚土著 Danezaa 社区的“多伊格河第一民族”虚拟博物馆展览[2]；美国的“联邦蜡筒录音项目”就是将最早的一批美洲原住民的歌曲和叙事录音转成现代录音格式，同时与奥马哈部落长老和理事会成员合作，创作该部落的专属录音[3]；此外俄亥俄州甘比尔凯尼恩学院乡村生活中心对诺克斯县的传统艺术、文化与现代生活的交融进行观测，研究如何在社会变迁的大背景下维持乡村生活的活力等[4]。另一方面，发达国家已经基本形成了以非政府组织（简称 NGO）为主导的民俗文化现代变迁的发展趋势。比如美国的费城民俗项目（PFP）、美国加州传统艺术联盟（ACTA）、美国国会图书馆民间生活研究中心（American Folklife Center Library of Congress）、世界知识产权组织（WIPO）、密歇根州立大学博物馆民间艺术馆（Folk Arts，Michigan State University Museum）等[5]。NGO 能成为非政府的、非盈利性的集合民间艺术、传统艺术以及艺术家的实体，可以开展筹措资金、设立研究项目、整合社会资源、组织会议等工作，也可以指导社区的文化实践，组织学徒学习传统民间艺术，甚至恢复社区文化记忆，推动社区的文化建设。

2.1.2 国内村俗文化的保护研究

1）村俗文化保护与机制研究

从 2002 年起，文化部、财政部启动了“中国民族民间文化保护工程”，已确定了国家保护试点项目 40 个，各省也相继确定了一批保护试点项目。2002 年 8 月，文化部与全国人大教科文卫委员会向全国人大递交了《民族民间文化保护法》讨论稿，于 2004 年颁布《中华人民共和国非物质文化保护法》。我国政府于 2004 年 8 月 28 日正式批准加入《保护非物质文化遗产公约》。2005 年 3 月 31 日，国务院办公厅下发了《关于加强我国非物质文化保护工作的意见》。此间一些省份也相继出台了一些民族民间文化保护工作条例和保护措施。以江苏省为例，在 2012 年 12 月 12 日为了继承和弘扬中华民族优秀传统文化，加强对非物质文化遗产的保护，结合本省实际制定了《江苏省非物质文化遗产保护条例》，对民族民间文化保护与管理、保障措施、法律责任等作了明确规定。上述研究表明，在保护村俗文化等非物质文化遗产的过程中，政府及各文化事业机构都起着举足轻重的作用。白庚胜（2007）认为，文化的保护可以有 5 种途径：教育保护、媒体保护、产业保护、学术保护和民间保护，而保护形式有 3 种：活态保护、固态保护、记录态保护[6]。与传统的文化保护方式的研究不同，王海宁（2008）则注重通过文化基因的甄别与提炼以及文化基因的强化来保护文化，并认为在物质载体中的保存和展现聚落文化基因，是保护传统聚落历史风貌特色的关键[7]。杨增强（2009）认为文化保护不仅局限于官方和民间两种机制，还应包含由政府、民间组织、个人等社会成员主导的激励机制和劝诫机制[8]。朱沁夫(2009)分别从社会和经济两个方面论证了文化保护过程中的机制问题,认为文化的保护和传承,需要建立文化保护的社会机制,这些社会机制应涵盖社会评价、政府决策、法制保障等诸多方面[9]。蔡丰明(2009)对上海古村落民俗文化的保护模式进行了研究,发现民俗文化的保护传承机制上有家族性传承、行业性传承、社会性传承等多种模式;除了政府的主导作用外,必须逐步建立较为完善的民俗文化传承机制,加大对民俗文化遗产传承人的保护力度,提高社会民众,尤其是年轻人对于民俗文化事业的认同程度[10]。正如费孝通先生提出的,要以文化自觉的态度去审视和保护我国的民族文化。应该充分认识到现代化、工业化、城市化、城乡一体化等诸多背景下乡村传统文化的地位和价值,坚持乡村传统文化传承与现代文化延展的统一,在规范性与自发性的统一中去审视和定位乡村文化的传承问题。

2) 村俗文化保护理论与实践研究

在我国,建筑师们较早地承担起了文化保护传承的重任,吴晓勤等(2001)以西递、宏村等皖南古村落为研究对象,探讨了古村落文化保护的原则和方法,认为古村落保护应坚持原真性、整体性、完整性和动态保护、公众参与、改善生活以及注重发展的原则;保护的内容应当包括分析价值特点、制定保护框架、突出保护重点、划定保护层次及控制范围、明确保护发展的限定要求,以及环境风貌整治及旅游发展规划[11]。孔岚兰(2003)认为村俗文化的保护存在三种不同的认识,即绝对保护观、保护建设观和自然发展观[12]。赵冬梅、段建强(2006)以徽州古村落为研究对象,对保护徽州古村落传统文化方面进行了研究[13]。胡立辉(2009)认为应激发出人们对乡土的原始意识,唤起人们对乡土生活的记忆,并最终将其积淀成为一种图式符号,而更好地保护传统村落文化[14]。田化(2009)通过对彭家寨进行研究,探讨了土家村落文化保护的基本途径和方法,认为应通过挖掘传统文化资源,进行全面保护,建立传统文化生态保育区等方法传承村落文化基因[15]。常凤霞(2011)则从政策制度与组织建设、引入市场运行机制、拓展社会价值、提升科学研究力度以及完善知识产权法保护体系等多方面进行了乡村民俗艺术保护体系构建[16]。刘坚(2012)针对云南省少数民族传统体育非物质文化遗产提出了 4 种传承路径:即现代体育化、非物质文化遗产申报、资料库与信息库和生活性保护(生态保护区与生态旅游)[17]。张玉柱(2014)对苏州古村落群吴文化展开研究,从区域文化空间的宏观层面、单个古村落中观层面以及建筑文化、民俗文化、生活体系等微观层面阐述了苏州古村落群文化保护的方式方法,并从旅游开发、产业开发、工程项目建设 3 个角度对古村落中景观环境、建筑文化、民俗文化、饮食文化以及生活体系 5 个方面的核心价值的利用进行了探讨[18]。丁智才(2015)以南宁市缸瓦窑村香火龙为例,利用村落民俗等非遗资源融入城市体系,推进特色城镇建设;营造村落文化社区,重建文化空间;重视整体保护,恢复文化生态;因地制宜发展文化产业,以文化资源的产业化推进就地城镇化的实现,从而达到村落非遗保护传承与城镇发展的共赢[19]。

2.2 村俗文化的利用研究

2.2.1 国外村俗文化的利用研究

国外关于村俗文化利用的研究主要聚焦在文化创意产业、传统民俗节庆及古村落旅游

3方面。由于城市化进程加快，工业发展带来经济腾飞，同时环境污染日益加重，危害人们的身体健康。而偏远的乡村还保留着传统的生活风貌和历史建筑，于是人们纷纷走出城市，走向乡村，乡村旅游悄然兴起。与此同时，有关乡村旅游、文化创意产业及传统民俗节庆研究的文章如雨后春笋般出现。在文化创意产业方面，马克·班克斯(Mark Banks)认为，手工艺者及相关技术人员是文化创意产业发展的核心要素，要加大对其培训力度。约瑟夫·派恩(B. Joseph Pine ii)和詹姆斯·吉尔摩(James H. Gilmore)第一次提出将文化创意元素融入传统旅游业的理论。"创意旅游"这一概念源于理查德·弗罗里达(Richard Florida)和克里斯宾·雷蒙德(Crispin Raymond)的经典文章《创意旅游》，他们认为创意旅游是依托旅游形式，鼓励旅行者参与民俗文化活动，并从中学习领会民俗文化精神，进而达到激发旅行者创意潜能的活动。

在传统节庆方面，Meyer(1970)以美国与加拿大为例，对两国的旅游节事作了对比研究，并按照节庆主题对旅游节进行了分类，其中包括民俗类旅游节[20]。Ritchie(1984)对节庆旅游的效应进行了分析，指出旅游节事是"从长远或短期目的出发，一次性或重复举办的、延续时间较短、主要目的在于加强外界对于旅游目的地的认同、增强其吸引力、综合考虑，对其进行了分类，提高其经济收入的活动"[21]。Getz. D(1991)提出将旅游节庆转变为可以销售的旅游产品的观点，指出组织节庆活动主要从节庆内容和具体表现形式两方面着手，同时要从组织者、游客体验、社区等不同角度对节庆旅游进行综合全面考虑[22]。Turco和Lee(1996)、Childress和Crompton(1997)都针对不同的案例研究了节庆旅游中的主客关系问题。John L. Crompton和Lisa L. Love(1997)用推论的方法研究了节庆活动价格上涨可能引发的反应。Crompton和McKay(1997)以具体事例对参与不同节庆活动的旅游者的出游动机进行了研究[23]。

在乡村旅游方面，日本比较早地将乡村的保护工作转变为合理利用，在1975年就开展了相关的旅游观光活动，并指出了该种旅游应向深层次发展，将乡村、历史街区与旅游业进行结合，开辟了其观光旅游活动，并开始研究如何进行深层次的旅游开发。1982年《关于小聚落再生的Tlaxcala宣言》指出乡村聚落的文化遗产及聚落环境是不可再生资源，对小聚落文化的保护与利用要注重地方材料和传统工艺的使用。Saleh对沙特阿拉伯南部乡土村落中建筑和村落形态变迁进行了研究，认为这些村落中都存在着乡土建筑与现代建筑的冲突，由于现代化和外来文化的冲击，原有的村落格局和建筑风貌都出现了不同程度的衰败，应在对古建筑改造和新建筑的建设以及村落形态的发展中，充分利用当地的文化特色，将地方生态、经济、社会和文化因素进行融合[24]。Kennedy对肯尼亚西部的Gusu社区文化资源及其利用情况进行了调研，对旅游者在文化遗产地产生旅游活动的缘由进行了分析，并在其结果的基础上，建立文化遗产旅游地的发展模型并以此指导文化旅游规划[25]。Peggy和Shirlena通过对新加坡古村镇中的本地人和来往游客进行调查，归纳了其文化遗产利用措施，调查显示，仅仅通过"博物馆"式的保护并不能真正地保护当地的遗产，应将文化遗产以现代生活的方式加以利用，达到更好的保护目的[26]。对旅游开发模式展开研究的学者有Cevat Tosum和Kannapa Pongponrat等，他们认为社区参与模式对当地旅游业的健康持续发展有重大意义。Bedate等选用旅游消费原理，对包括古村落在内的4处文化遗产进行经济评价，指出由于历史文化遗产无形的社会价值，使遗产旅游者愿意为此付出，并在消费中得到剩余价值[27]。

国外对村俗文化的保护，通过开发生态旅游等方式来实现，对村俗文化的旅游利用，是对村俗文化保护的一种及时的抢救措施。以法国为例，在利用古村落建筑文化旅游方面，当地政府将古村落中的古建筑作为文化资源纳入法制的轨道，对其文化价值、产权及合理利用都有严格的法律措施，政府通过投入或筹措大量的资金以及推行政策保障古建筑文化旅游，通过完善服务设施，提高服务质量和服务效率，形成文化旅游品牌，从而通过对建筑文化的有效合理的利用既达到了保护当地文化的目的，又提高了社会效益。

2.2.2 国内村俗文化的合理利用研究

国内关于村俗文化合理利用的研究、讨论主要集中在文化产业、传统节庆以及文化旅游等 3 大方面。

在文化产业方面，沈晨仕(2009)以安吉章村为案例作实证研究，分析了章村的旅游资源和客源市场特征，提出了章村乡村旅游产品的功能要求、产品体系与营销策略[28]。姜长宝(2010)论述了民俗文化产业与乡村旅游的相互关系，强调民俗文化产业能够丰富乡村旅游的内容、强化乡村旅游的特色，乡村旅游能为民俗文化产业提供市场空间和文化传播渠道，探讨了二者相互作用的机制，提出了实现民俗文化产业与乡村旅游良性互动的对策[29]。高楠(2009)总结我国民俗旅游的 5 种开发模式为：博物馆式、民俗旅游村、歌舞节庆式、城市民俗步行街、民俗文化创意园，并提出民俗文化创意园用创新的形式和设计理念对民俗文化加以整合，为实现旅游业、文化创意产业与文化保护工作的同步协调发展及民俗旅游的开发提供了新思路[30]。卢学爽、毛金凤(2011)指出广西旅游的发展需要以自身丰富多彩的民俗文化为源，并总结了广西靖西县在加强旅游创意产业与民俗文化结合上的许多成功的经验[31]。钱丹青(2012)主要从利用传统民俗文化资源、以特色文化优势发展文化创意精品的角度来探讨中国发展文化创意产业的可行性，为我国文化创意产业的发展提供参考[32]。石尚江(2013)通过讨论大力挖掘侗族民俗、民风，以文化创意产业为杠杆撬动乡村旅游开发——建设社会主义新农村、成就乡村旅游面临的突出问题，分析和总结文化创意产业对发展民族村寨旅游的促进作用[33]。

在传统节庆方面，李乃琼、李志清、石健东(2007)通过对灵山县农村节庆民俗活动和篮球运动的现状及发展变化所进行的实地研究，认为应该充分利用两者的互动作用挖掘、传承优秀的民俗文化和发展农村篮球运动，并以篮球运动为突破口发展农村体育[34]。伍广津(2008)以宾阳炮龙节为例，认为应挖掘舞炮龙文化的经济价值，着力利用舞炮龙狂欢节，形成地方文化品牌与产业链[35]。刘扬、石培基、夏冰(2010)通过对现阶段民俗节庆旅游资源分析，将民俗节庆分为现代民俗节庆和传统民俗节庆，对两者不同的节庆类型的供需情况进行研究，以青岛民俗节庆旅游自身资源条件分析为例，设计出一个具有广泛适用性的民俗节庆旅游资源分析的框架[36]。

在生态旅游方面，魏美仙(2002)认为，旅游开发可以作为村俗文化合理利用的一个途径[37]。胡道生(2002)对黟县古村落文化资源进行研究，指出古村落的利用目标是可持续性旅游，并提出在古村落旅游发展中应利用其特有的文化资源[38]。赵健(2005)在其所著的《西南民族地区民俗文化资源的旅游开发》中提出了静态、动态、商品等三种模式[39]。周文丽(2007)在综述前人的研究成果基础之上，在运用层次分析法和模糊评分法的同时，构建了民俗旅游资源评价体系及模型[40]。鲍丽丽、方艳(2008)指出民俗文化保护应从政策扶持、专业人才培养、技能过硬的传承人和文化遗产保护名录等方面保护[41]。杨永丰、罗仕伟、王昕(2008)采用层次分析法和模糊综合评价法,使用定性分析与定量分析有效结合对民俗旅游资源综合价值进行评价[42]。吕琼艺(2010)则提出了漳州乡村民俗旅游资源开发的主要模式,通过对漳州乡村民俗旅游资源的分析,总结其文化特色,并依此对漳州乡村民俗旅游精品进行了设计,提出了"区域文化特色——乡村民俗旅游精品"的区域乡村民俗旅游精品发展[43]。黄欣伟(2013)将贵州兴义乡村地域内的民俗旅游资源分为饮食民俗、民居民俗、服饰民俗、节庆民俗、游艺民俗 5 大类型,并对其特征进行综合分析,以此来论证这 5 类民俗资源的旅游可能性[44]。

总结而言,对于古村落文化,首先要在保护的基础上进行合理利用,不能剥离保护与利用之间的辩证关系,要通过协调保护与利用之间的关系,对村俗文化加以利用,以达到传承村俗文化的效果。其次借助旅游的手段,将村俗文化内涵转变成为古村落可利用的文化资源,而归根结底,对文化的利用就是对文化资源的利用。再次,文化的保护要与现代化的发展相互融合,既要体现乡村传统的文化特征,也要在文化的利用中满足不断变化的现代人生活需要。

3 相关理论与研究方法

3.1 概念解析

3.1.1 村俗文化

村俗文化，即村落民俗文化，指的是一个村落作为较原始的群居方式和基本单元，在形成、建立和演化过程中形成的典型民俗文化。民俗，即民间习俗，指一个国家或民族中广大民众所创造、享用和传承的生活文化[45]。民俗作为我国非物质文化遗产类型之一，它起源于人类社会群体的生活，其涉及的内容很多，研究的领域至今仍在不断地拓展，主要包括生产劳动民俗、日常生活民俗、社会组织民俗、岁时节日民俗、人生礼仪、游艺民俗，涵盖了民众生活的方方面面。村俗文化在特定的民族、时代和地域中不断形成、扩大和演变，为民众的日常生活服务。具体包括以婚丧嫁娶、节庆礼仪等为主的民俗活动及相关的民间文学、艺术、传统手工艺及信仰等村落非物质文化。

中国的民俗文化从根本上说具有农耕社会的性质，而村落作为农业文明最普遍的景观成为研究民俗文化的基本空间单位。村落作为民俗文化传承的基本生活空间，首先考虑它是中国农村广阔地域上和历史渐变中的一种实际存在的最稳定的时空坐落；其次，是基于“民俗传承”的概念，把它看作是紧密结合的小群体，也是在其内部互动中构成的一个个有活力的传承文化和发挥功能的有机体；再次，在村落中观察到的民俗文化事象，就某一类别的民俗而言，必然具有时空的限制意义。

3.1.2 村俗文化生态

文化生态是一种历史过程的动态积淀，是为社会成员所共享的生存方式和区域现实人文状况的反映，它与特定区域的地理生态环境和历史文化传承有着密不可分的因缘关系(张松[46]，2009)。文化生态是指一定社会文化大系统内部诸文化形态之间相互联系、相互影响、相互制约的方式和状态。文化生态是影响文化生存、发展的各要素的有机统一体，它包括文化的自然生态(或称自然环境)和社会生态(或称文化生态、社会环境)两方面。其中自然生态包括地理环境、气候条件、生物状貌等要素，文化生态包括科技水平、生产方式、生活方式、政治制度、社会组织、社会思想等要素。

村俗文化生态由“一体”“三场”共同构成(图 3-1)。“一体”指特定区域内村俗文化的传承者和村俗活动的参与者，即普通的村民。

“三场”是构成村俗文化生态的三个基本要素，包括自然环境、社会环境和村俗文化，每个要素本身都可以看作一个相对独立的动态系统，简称为“场”。

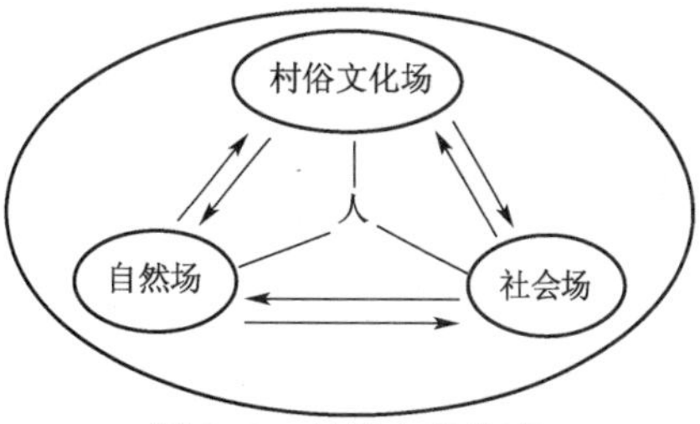

图 3-1 村俗文化生态
图片来源：自绘

自然场指区域内地形、气候、植被、水源、物种等自然因素及其生态关联，是村俗生成和发展的自然生态条件；社会场指历史进程中发生的社会变革，形成的社会关系和社会规则，为村俗的产生和演变提供社会生态基础；村俗文化场指特定自然、社会环境中形成的村俗文化资源和文化单元间的相互作用和内部结构，简言之，即形态各异的村俗文化及其相互联结。在村俗文化生态中，以村俗文化场为中心，通过人的活动和沟通，自然场与社会场为村俗的形成、发展、演变提供了外部生态环境，村俗文化场又反作用于自然场和社会场，构成了一个以人为主要沟通渠道，“三场”互动制衡的有机整体。

3.1.3 村俗文化生态保护区

文化生态保护是一个系统工程，牵涉广泛，其目的在于创造一个有利于文化健康而又可持续发展的生态环境，在民族文化的传承方面发挥积极的和示范性的作用。对于文化保护，既涉及具体的文化表现形式（非物质文化遗产）的保护，也涉及文化生态环境的整体有效保护。文化生态保护包括两个层面：一是对整个民族文化的文化生态保护，即是针对民族文化整体来说的。当前，不少民族面临着文化生态的整体保护问题，如基诺族、鄂伦春族、京族等等。二是对某个民族的某类文化或特定文化事项赖以生存条件的保护，即是针对一个民族的某类文化、某种文化事项，而不是针对整个民族文化来说的。如对某一民族的民俗、歌舞等的文化生态保护。

文化生态保护区是指在一个特定的自然和文化生态环境、区域中，有形的物质文化遗产如古建筑、历史街区与乡镇、传统民居及历史遗迹等和无形的非物质文化遗产如口头传统、传统表演艺术、民俗活动、礼仪、节庆、传统手工技艺等相依相存，并与人们依存的自然和文化生态环境密切相关和谐相处。

村俗文化生态保护区是指通过采取有效的保护措施，修复一个非物质文化遗产和与之相关的物质文化遗产互相依存，与人们的生活生产紧密相关，并与自然环境、经济环境、社会环境和谐共处的生态环境。划定村俗文化生态保护区，将村落非物质文化遗产原状地保存在其所属的区域及环境中，使之成为“活文化”，是保护村俗文化生态的一种有效方式。

3.2 研究对象

高淳地处苏皖边陲，历史悠久，人文渊薮，拥有 6 300 多年人类文明史和 2 500 多年建城史，是江南地区古人类文明的发祥地之一，是中国历史文化名城和江苏省第一个国家级生态示范区，是江苏省内具有典型意义的传统文化区域。高淳作为古江南地区村俗文化保护最完好的地区，其村落在城市化进程中受工业化的冲击比较小，是古江南地区唯一保存较为完好的古吴语的地区。南宋移民所形成的宗法社会、农耕经济的厚实基础,促成了高淳村俗文化的全面发展。高淳村俗文化源远流长,尤其明清以来,高淳作为富甲一方的江南鱼米之乡,社会安定,文化繁荣,长期积累形成了具有丰富遗存的村俗文化。高淳村俗文化以习俗、宗族、庙会为三大支撑,涉及高淳经济、政治、社会、教育、史学、宗教、文学、艺术、建筑、医学等诸多学科,内容丰富,特色鲜明,具有文化典型意义和标本价值。以民间文学、高淳民歌、民间舞蹈、传统戏剧、传统手工技艺、民俗活动等为代表的非物质文化遗产,成为高淳村俗文化的重要内容,成为高淳人民的精神家园。建立高淳村俗文化生态保护实验区,保护和传承这些非物质文化遗产,既十分重要,也十分紧迫。

高淳村俗文化生态保护实验区是以高淳项目数量多、种类丰富的村俗文化为核心,依据每个村的村俗文化项目级别和数量,对高淳村俗文化进行量化分析后结合高淳村俗文化的起源、发展和分布特点,以提升现有文化生态保护区环境为目的,合理利用,最终形成的整体性保护格局。

高淳村俗文化生态保护实验区的建立对于推动非物质文化遗产的整体性保护和传承发展、保证高淳在经济发展中保持文化多样性、提高高淳群众对自己家园的文化认同感、增强全区人民自信心和凝聚力、促进安定团结、构建和谐社会具有重要的意义。

3.3 理论基础

3.3.1 乡村规划学理论

1) 乡村规划学的内涵

中国现行规划体系是以城镇规划为基础,乡村规划的研究起步较晚,基础较为薄弱。尽管 2008 年颁布的《城乡规划法》明确城乡规划包括城镇体系规划、城市规划、镇规划、乡规划、村规划 5 个方面的内容,确立了乡村规划作为一种重要的规划类型在规划体系中的法定地位,但与此相适应的规划运行体系尚未建立,实际工作中存在较多的矛盾。现行规划体系具有明显的二元化的特征,城镇规划和管理相对成熟,乡村地区的规划和管理缺位,长期以来基本处于自发发展状态。规划编制体系处在调整期,相关概念、标准混乱。乡村规划相关法律、法规、标准颁布时间不一,相关概念亟待统一。《城乡规划法》规定的乡规划、村庄规划的内容,包括:规划区范围,农村生产、生活服务设施、公益事业等各项建设的用地布局、建设要求,以及对耕地等自然资源和历史文化遗产保护、防灾减灾等的具体安排。

2) 乡村规划学的理论发展

(1) 国外理论发展

国外对于乡村的保护研究工作从很早就开始了。二战后,发达国家就把历史文化名镇(村)的保护工作上升到了重要地位,乡村文化的理论研究也在不断地更新和完善。国外对于传承文化的保护理论研究最早从建筑文化的保护研究入手,专家们对古建筑文化的破坏和文化传承的断裂感到痛心,因此,呼吁立法对乡村文化进行保护。意大利建筑师 Giancarlo Decarlo 认为,对建筑文化的传承不应该是只对建筑单体的文化保护,要把建筑置于历史文化的环境中，建筑师应该深入地理解建筑的历史文化内涵，从而对建筑进行设计或者创作，当有新的文化要素加入建筑文化中，要使得建筑文化与建筑的历史环境形成良好的互动。在乡村历史文化的保护和传承中，国外发达国家同样注重非物质文化遗产传承研究，1977 年，《马丘比丘宪章》就明确地提出："不仅要保存和维护好城市的历史遗迹和古迹，而且还要继承一般的文化传统。一切有价值的说明和民族的文物必须保护起来。"认为非物质文化遗产活态传承，要保持历史环境的稳定性。例如历史街区的民间习俗的重现，新的文化要素的加入要能创造出一种传统的历史环境氛围。

(2) 国内理论发展

我国学者在建筑学科和规划学科等都对文化保护十分关注，城市规划的各个环节与文化的保护与传承也息息相关。规划师们在乡村建设中的文化传承方面有着举足轻重的地位。林轶(2011)认为在城镇建设规划中贯穿文化保护的思想，然后通过物质形态的设计和表达文化要素的内涵来体现，例如建筑标志物、景观节点和道路等。合理的城乡规划就是要利用与改造自然环境，使城市、乡村与自然资源环境达到最佳配置。城市和乡村的发展是一项系统工程，既需要创新，又要保留历史文化元素。在当代，城乡发展中注重物质形态忽视城市文化传承的现象一定程度存在，我们必须转变城市发展模式和思路，寻求城市发展与文化保护和谐共生。其次，进行城市规划与设计，要尊重历史，尊重地方人文特色，注重传承方法，更注重村民主体的文化经历，做到保护城市生活记忆，维护地方特色，传承地方文化。何依(2005)在对石浦老城保护规划的研究中强调城市记忆与文化传承，在老城更新中通过修复和再现历史的"印记"、凸显历史构筑物等手段来强调城市记忆；而在新单元的建设中，通过对传统文化的整合使文化再生，通过创新的手段把历史文化和传统生活融合到一起，用"效果历史"的方式传承传统历史文化。

3) 乡村规划学的相关实践

(1) 国外实践

国外发达国家对于乡村的保护以及乡村文化的保护工作相对比较成熟，从乡村风貌的保护到乡村文化的传承都有着比较成熟的做法，传承重点都在乡村的自然环境风貌、聚落形态、历史建筑以及基础设施的完善等，通过政府相关法规政策的大力支持，保障乡村文化的传承。不仅成立了保护传统文化的组织，还针对不同的文化传承和保护工作立法保障，一系列的国际公约和宣言也对乡村文化遗产的保护提出了保护措施的条款。例如日本和韩国的传统文化传承就有着共性，政府承担传统文化保护的主体作用，注重传统文化与商业文明的有效融合，鼓励公众全方位参与，国家、政府乃至个人都有权利和义务共同遵循相关的文化传承政策和制度，从而促进良好的传统文化传承机制的形成。发达国家在发展的进程中都遇到了城市乡村建设与传统文化传承如何相互协调的问题，一些国家在新农村建设中关于文化的保护和传承的实践取得了成功的经验，这些成功的经验对我们在新农村建设中的文化传承有一定的启迪。①瑞士：原真性传承老城镇风貌，浓缩历史文化。瑞士的城镇一般由两部分组成：一部分是古色古香的老城区；一部分是现代化的新城。老城区尽一切努力去完整地保留历史遗留下的珍贵财富，例如中世纪的城墙、历史建筑，还有古罗马的文物古迹。瑞士的每个州都会设置一个文物保护的专家协会，负责调查本州的文物古迹，定期向州政府汇报。他们深刻地认识到，文物古迹是传承历史的纽带，文物不能再生，不能因为“现代化进程”而中断历史。还出台了关于文化传承与保护的相关规定，严格区分民宅建筑用地、工业和商业用地及农业用地范畴，并规定，在文物周边的建筑、环境等“不能破坏文物的整体观赏效果”。瑞士对传统文化保护和传承十分重视，瑞士的老城原风貌保护是成功的，原真性的保护对于文化传承有直接作用。②日本：文化振兴新农村建设。21世纪以来，由于日本在物质方面相对富足，人们的生理需求已基本得到满足，根据马斯洛需求理论，人们开始追求较高层次精神层面的需求。与此同时，人口负增长现象的出现使华灯璀璨的大都市与人口减少的农村之间的对比更加强烈。这种现象致使农村的文化风景建设取代自然风景改造成为发展主流，用农村文化风景建设来激发农村活力、维系城市和乡村沟通纽带的呼声越来越高。山村故乡的风景是日本人心中的理想和归宿，被称为“原风景”的原型。战后奥野健男的“艰辛、贫困等生活窘迫”的消极论调逐渐引申为“原风景”的概念，在20世纪80年代又被延藤安弘提出的积极论所替代。从那以后，“原风景”成为富足、安逸、对未来充满向往的理想。

(2) 国内实践

我国已有的乡村空间规划研究体系主要涉及村镇体系规划、村庄体系规划、村庄布点规划以及城镇组团规划等。而关于传统村落的非物质文化遗产保护，一般被归纳为传统村落保护的一部分，很少有学者将其单独列出进行研究。我国的传统村落保护工作始于21世纪，中国有将近7万处各级文物保护单位，一半以上分布于广大农村乡镇，传统村落里有1 300多项国家级非物质文化遗产，以及7 000多项省级、市级、县级非物质文化遗产。非物质文化遗产应是传统村落的一部分，20世纪90年代，生态博物馆的理念传入我国，由此开了我国传统村落非物质文化遗产的整体性保护先河。如云南少数民族地区建立了“民族文化生态村”，整体保护村内的物质文化与非物质文化。2012年，我国先后启动了历史文化名村(镇)的评定、传统村落整体调研活动，为更好地进行传统村落非物质文化遗产的整体性保护奠定了基础。

3.3.2 乡村地理学理论

1) 乡村地理学的内涵

乡村地理学(Rural Geography)是人文地理学的一门重要新兴分支学科，是探讨乡村地区的经济、社会、人口、聚落、文化、资源利用及环境问题的空间变化的学科，或称农村地理学，主要研究乡村地域综合体的特征及其演化规律。乡村是指城市以外并与之相对应的地域，两者之间存在着相互依存、相互渗透、相互转化的阶段性空间关系。目前，对乡村地理学应包括的内容尚无一致的认识，以乡村区域系统为研究对象的乡村地理学的基本内容应包括乡村区域系统演化、结构与功能、管理与环境关系等方面的多项内容。其中乡村区域系统的内部结构则由资源、人口、技术、经济、文化、组织等6个子系统组成[47]。乡村区域系统相较于城市系统表现出明显的文化与组织特色，该特点对乡村区域系统的运行变化具有重要的影响，应成为乡村地理学研究的重点之一，其主要侧重包括乡村文化传统的特点、乡村商品经济观念的形成、家庭在乡村区域系统中的枢纽地位及变动、乡村新的组织形式及效率、乡村社会的总体变迁、乡村社区的特点与系统分析等。

2）乡村地理学的理论发展

乡村地理学把乡村作为整体，从区域性、综合性的角度，研究其经济、社会发展条件、文化结构特点及空间分布规律。现在研究领域已经扩大到许多方面，例如乡村地区的发展和建设，乡村人口的变化，乡村环境，乡村产业结构，劳动、职业及农村社会结构的变化，以及乡村的居住、交通、服务供应、文化教育等。中国传统乡村景观是中国区域文化与区域环境的综合体，了解不同乡村的性质和特征，揭示乡村发展的内在规律，可以为利用和保护传统村落文化，制定人居环境建设和区域发展战略提供科学依据。村落研究日益受到重视，村落已经转变成为现代社会中的传统村落，超出时间界定的范畴，从而更多地体现传统文化的丰富内涵。研究的重点也在逐步变化，从最初的重视物质层面的乡土建筑，到能够将物质文化遗产与非物质文化遗产融合的村落文化景观，再到重视古村落的经济与文化建设，研究逐步渗透到将传统农业国家的历史文化和现实发展的基层单元纳入研究主题，研究尽可能在保护古村落的前提下，促使承载有丰富文化遗产的古村落尽快融入现代社会的经济发展中。胡最[48]（2013）等运用 GIS 软件，构建了村落文化景观基因信息图谱的基本信息单元及其提取方法，并认为加强对传统文化景观基因资源的研究，可以更好地促进传统文化景观基因和遗产的保护，对这些基因资源进行合理利用能够促进旅游事业的发展，弘扬民族文化。如刘沛林以文化基因观念作为判断标准，通过聚落形态学和景观生态学的方法归纳出传统村落的文化基因。

3.3.3 乡村旅游学理论

1）乡村旅游的内涵

乡村旅游作为一种既古老又新颖的活动方式，受到了国内外专家学者的关注。随着全球旅游业由传统单一的观光旅游产品模式向产品多样化、旅游诉求多元化和开发模式不断推陈出新的方向发展，乡村旅游逐渐成为旅游者的新宠，广阔的乡村由旅游活动的背景走向旅游活动的前台，乡村生态、乡村风光、乡村民俗、乡村生活等成为旅游活动的对象，使旅游活动和产品系列更加丰富，旅游者所获得的体验更加全面。正是在这样的大背景、大环境下，国内外专家学者纷纷聚焦于这一独特的社会、经济和旅游现象，推动了旅游理论研究的发展。

对于乡村旅游的概念，较典型的定义是英国 Gannon 和 Bramwell &Lane 分别作出的。前者认为乡村旅游是指农民或乡村居民出于经济目的，为吸引旅游者前来旅游而提供的广泛的活动、服务和令人愉快事物的统称。后两者认为乡村旅游不仅是基于农业的旅游活动，而是一个多层面的旅游活动，进而从下面 5 个方面对乡村旅游特别是纯粹形式的乡村旅游进行了界定：①位于乡村地区；②旅游活动是乡村的，即旅游活动是建立在小规模经营企业，空间开阔，与自然紧密联系，具有文化传统和传统活动等乡村世界的特点；③规模是乡村的，即无论是建筑群还是居民点都是小规模的；④社会结构和文化具有传统特征，变化较为缓慢，旅游活动常与当地居民家庭相联系，乡村旅游在很大程度上受当地制约；⑤由于乡村自然、经济、历史环境和区位条件的复杂多样，因而乡村旅游具有不同的类型。

事实上，国外学者对 Rural Tourism（乡村旅游）、Agrotourism/Agritourism（农业旅

游)、FarmTourism(农庄旅游)、Village Tourism(村庄旅游)等常常混用,而且乡村旅游在不同的国家也有不同的含义。在芬兰,它通常意味着乡下地区对游客提供小木屋出租或餐饮服务;在匈牙利,Village Tourism 仅仅指村庄范围内所提供的活动和服务;在斯洛文尼亚,最主要的乡村旅游形式是在家庭农场游览,游客可以选择在农民家庭居住或住宿在旅馆中;在荷兰,乡村旅游产品尤其意谓在农场上的野营,而大多数农场服务往往与道路联系在一起,如骑脚踏车、徒步或骑马等;在希腊,乡村旅游产品主要是为游客提供传统布置的房间和家庭自制的传统早餐。

2) 乡村旅游的相关研究

(1) 国外研究情况

长期以来,由于对乡村地区旅游、研究计划、政府政策和行动缺乏关注,乡村旅游业发展制度和相关政策工具较为缺乏。西方国家政府对乡村旅游的直接关注是近年来的现象,政府主要通过开发政策、土地和水资源管理计划、提供人力和财力管理 3 种方式影响乡村旅游的发展。丰富的乡村旅游现象为乡村旅游的研究提供了素材,国外乡村旅游的研究成果极为丰厚。主要集中在以下 6 个方面。

① 乡村旅游供给。乡村旅游的开发者、经营者、目的地居民和地方社区共同提供了乡村旅游产品,他们在乡村旅游活动中扮演着重要角色,是理解乡村旅游演进的重要因素。供给方的经营动机是乡村旅游发展的驱动力,而乡村旅游企业的经营特点影响着乡村旅游未来的发展,因此,这两点一直是乡村旅游供给研究关注较多的方面。20 世纪 90 年代以前,急于摆脱乡村衰落困境的发达国家,将乡村旅游作为改变乡村旅游结构的重要途径,故应对农场危机、实现农业多元化经营、补贴农业收入以及追求经济利益成为乡村旅游经营者的主要动机。20 世纪 90 年代中期以后,伴随乡村经济的发展和生活条件的改善,经济动机的主导地位发生动摇,经营动机呈现出多元化,涵盖经济、社会、文化、政治等多个方面。Paniagua 通过案例研究得出结论:在逆城市化潮流中移居到乡村的西班牙居民,从事乡村旅游主要是为了实现自主就业。乡村旅游企业研究还处于起步期,对其特点的研究已有成果相对较少。虽然各国乡村旅游企业具体情况千差万别,但也存在一些共同之处:多为私人企业或是家族企业,规模小、季节性强,个人生活与商业经营界限模糊。此外,乡村旅游企业的性质与企业主的性别有一定关系,如爱尔兰 NMC 地区收入丰、利润高的企业主要由男性掌管,而简单提供食宿、利润微薄的乡村旅游企业主要由女性经营。

② 乡村旅游者及市场细分。在乡村旅游者研究领域,国外研究主要集中在旅游动机、旅游者特点和市场细分方面。首先是乡村旅游者的旅游动机。乡村旅游者的旅游主要动机纷繁复杂,但主要涉及 4 类:心理动机、社会文化动机、经济动机和环境动机。现代性造成了巨大而深邃的精神黑洞,因而,视乡村为现代性的避难所,亲近乡土、亲近自然、摆脱生活压力、寻找失落的精神家园,成为乡村旅游者的主要心理动机。社会文化方面的动机包括接触当地人、了解当地生活、增长知识、享受主人的热情款待、体验乡村文化和乡村生活方式。在经济方面,乡村旅游的价格远远低于都市旅游。某些旅游者主要出于对环境方面的考虑,如欣赏自然风光和美景、享受乡村宁静祥和自由自在的环境。其次,乡村旅游者的特点。乡村旅游者与其他类型的旅游者在人口学特征、态度和行为特征上有许多不同。他们大多是具有相当经济实力的中老年人或带孩子的家庭。虽然乡村旅游者的消费水平因地而异,差距较大,但总体消费较低。乡村旅游者对旅游活动的选择较为随意和随机。最后,

乡村旅游者市场细分。根据不同的标准，乡村旅游者可划分为不同的细分市场。因利益诉求的不同，可细分为4类：活跃型、消遣型、观览型和乡村型。其中，走马观花、浮光掠影观赏乡村景观和了解乡村文化表象的观览者占多数。

③ 当地居民对乡村旅游的理解和态度。居民对乡村旅游的态度和感知有可能成为旅游经营、营销现有或未来旅游项目的一个重要因素，公众支持会给乡村旅游企业带来极大的回报。旅游地居民对乡村旅游的态度和理解已成为近年来国外乡村旅游研究的主要内容之一。总体来看，这方面的研究主要集中在对乡村旅游的理解与态度、影响居民感知与态度的因素以及相应的理论解释3方面。居民对乡村旅游影响的感知和态度既有反对又有支持，程度各异。而影响居民感知与态度的因素主要有当地经济水平、旅游业发展程度、居民受教育程度、年龄和参与旅游业的程度等。

④ 乡村旅游影响。自从20世纪50年代，乡村旅游发展在西方国家进入大众旅游时代，乡村旅游者和乡村旅游企业的行为，开始成为足以影响乡村旅游经济、社会、环境等方面种种变革的重要因素，于是乡村旅游影响也成为国外乡村旅游研究的重要问题。总体来看，国外乡村旅游影响研究主要集中在经济、社会、文化等方面。乡村旅游在欧洲的发展从一开始就与拯救乡村危机、振兴乡村经济有千丝万缕的联系，因此，乡村旅游的经济影响在国外研究中一直是备受政府机构和研究者关注的问题。政府机构主要强调乡村旅游在促进乡村经济多元化、扩大就业率、推动地方经济、拯救乡村中起到的积极作用。多数学者认同乡村旅游对乡村经济和就业有一定的促进作用，但同时强调乡村旅游只是增加乡村经济收入的有益补充，而不是治疗乡村经济疾患的灵丹妙药。

⑤ 乡村旅游营销。随着乡村旅游业的深入发展，市场竞争日趋激烈，市场营销将直接影响乡村旅游业的竞争力，对乡村旅游营销进行研究的价值与意义日趋凸现。目前，国外研究的焦点主要集中在乡村旅游营销主体与营销策略、乡村旅游形象和品牌等方面。对于营销主体，研究者认为，因乡村产品具有半公共品的性质，因此乡村旅游营销常常由政府旅游管理部门负担或资助。除公共部门外，乡村旅游营销还涉及乡村旅游企业等其他利益相关者，他们共同为旅游者提供完整的利益产品，公私部门之间的合作是成功营销的基础。乡村旅游营销战略研究在2000年前多是描述性的，进入21世纪，多数学者独辟蹊径，基于乡村旅游特点提出了地点营销、体验营销和整体营销策略。乡村旅游形象作为旅游者对乡村的感知是激发旅游者作出购买决策的重要促进因素，乡村旅游品牌的树立是一种强有效的营销工具。但目前国外对乡村旅游形象和品牌的研究主要关注了现代媒体对旅游形象的影响和乡村品牌的打造。Beeton关于电影对澳大利亚乡村旅游形象影响的研究显示，现代流行媒体的宣传对乡村旅游形象有举足轻重的影响，但如果媒体宣传的乡村形象与当前实际旅游形象不符，则不仅会导致游客理解的混淆，而且可能使目的地失去某些促销机会，甚至对乡村旅游产生负面影响。

⑥ 乡村旅游可持续发展。在许多发达国家，乡村成为人们高度关注的对象。人们认为乡村是独特的，应倍加保护。因此，乡村地区所有旅游开发活动都要以保护或维护乡村的独特性为核心，实现可持续开发。Lane也对实施可持续开发策略的原因进行了探讨，他认为原因有4个：保护乡村敏感区的需要、协调利用与保护的需要、鼓励平衡增长的需要、保护乡村特色的需要。乡村旅游的性质、规模和开发特点，使得乡村旅游成为可持续旅游的同义语，但在乡村旅游中把可持续旅游开发作为适宜性旅游的开发方式很多的相关理论都是

基于以下3个基本假设：首先，到乡村旅游的人主要是为了体验乡村特色；其次，可持续旅游是促进经济增长的最有效方式；第三，不管周围环境怎样变化，乡村特色都应该保持不变。实现乡村旅游可持续发展的方法、策略是许多国外学者共同关注的问题。要实现乡村旅游的可持续发展，社区参与、地方控制是必须的，而乡村旅游起步阶段的财政资助、得当的管理、区域合作也是实现可持续旅游的关键要素。此外，国外乡村旅游的研究还对乡村旅游的概念、乡村旅游开发策略、乡村旅游与女性的关系、文化与乡村旅游等方面的问题进行了探讨。

(2) 国内研究情况

乡村旅游在我国的发展已有一段时间，但和国外相比，从产品体系到市场发育状况，都还处在初级阶段。从国内来看，由于经济发展水平存在着东西差异，乡村旅游在各地的发展水平也各不相同。以区域经济的不同水平来看，大致可以划分出3种不同类型的乡村旅游地：经济发达城市周边乡村旅游地、经济欠发达地区乡村旅游地和经济水平介于其间城市周边的乡村旅游地。当然由于乡村旅游地是以吸引城市游客为主，所以这种依据经济发展水平进行的划分，对客源城市来说也有一定的意义。

① 经济发达城市周边的乡村旅游发展。经济发达城市周边乡村旅游产生的动因仍旧来自两个方面：一是农村产业结构调整的动力；二是城市居民融入自然的休闲需要。由于区域经济发展速度较快，在城镇经济快速增长的驱动下，农村经济得到了全面提升和加强，粗放式的农村经济向集约化、高附加值的新型农业形态转变，乡村旅游是其中的一个方向。当然，由于城市经济发展速度加快，城市居民在高强度工作的压迫下急切希望能够有时间、有地点休憩，"双休日""黄金周"为人们提供了时间，乡村为人们提供了最近的绿野，这样，在经济发达的城市周边，乡村旅游如火如荼地发展起来。城市游客是乡村旅游的主要客源，但少量的"长线"游客也会光顾这一类的乡村旅游地。有较强的经济基础和产业背景作为后盾，这些地方的乡村旅游起点相对较高，规模也相对较大，类型也较为丰富。我国台湾、北京、广州的乡村旅游发展就属于这一类型。

② 经济欠发达城市周边的乡村旅游发展。与经济发达城市周边的乡村旅游地相比，经济欠发达城市周边的乡村旅游发展呈现出一些特点。和前者一样，在经济欠发达城市中，一些相对"富裕"的城镇附近，仍然会出现以餐饮、观光休闲为主要功能的"农家乐"和"乡村度假村"。它们的存在、数量、规模和档次主要取决于该城镇的非农业人口数量和收入水平，一般来说，几者之间呈现一定的正相关关系。这些乡村旅游场所主要以满足城镇居民休闲的需求为主。和前者不同，在经济欠发达的城市(这里指的城市不只是建成区的概念，而是行政区划的概念)还有另一种乡村旅游的开发方式：经济落后、交通不便，使这些乡村具有了资源开发的后发优势；这些乡村往往以入境游客(国际、国内游客)为主要客源市场，旅游的开发主题也往往是外来的企业集团，这样的乡村旅游地开发往往采取一般景区的开发和运作模式。

③ 经济水平介于"经济发达城市"和"经济欠发达城市"之间的城市周边乡村旅游地，其乡村旅游的发展水平、产品类型介于两者之间。

3) 乡村旅游现存问题及发展趋势

(1) 乡村旅游现存问题

① 目的地建设上，缺乏规划，开发盲目。我国早期的乡村旅游点大多是农民自己干出

来的，农民的勤劳再加上市场的机遇造就了许多乡村旅游点的成功，但是缺少科学规划成为制约乡村旅游进一步开发的瓶颈。主要表现在：在旅游项目开发上，我国现有的乡村旅游活动大多是在市场需求的拉动作用下自发发展起来的，总体来看，呈现出“大规模扩张，低水平发展”的状态，由于缺乏科学的规划，乡村旅游在数量急速扩张的同时，产生了很多的问题。目前，应重点通过规划解决产品的设计和开发、乡村文化和生态环境的保护和利用、乡村特色和民族文化特色的利用和开发、管理和营销活动的加强和开展等方面的问题。在生态环境的保护上，很多农户认为发展乡村旅游是“一本万利”的事情，投入小，回报高。在这种想法的推动下，很多地方加快了乡村旅游的开发步伐，乡村旅游项目盲目上马，其结果是很多地方乡村旅游项目没有成功，却导致了农田的荒废，尤其是在农业区由于无规划开发项目使得原有的农业环境遭到破坏。还有一些地方乡村旅游办得很成功，游客络绎不绝，但由于没有合理的环境容量控制，过重的环境负担破坏了景观特色，造成噪声、视觉、空气、水源、垃圾等污染严重，影响了当地的生物多样性，使得原来山清水秀的小村庄“面目全非”，不利于乡村的可持续发展。在景观建设上，在很多地方，农民为了吸引游客，不惜大兴土木建起了高档的洋楼别墅，这些建筑风格往往缺乏传统的文化底蕴和生态美，而且其材质和色调往往与周围的环境不协调，造成了“视觉污染”。

② 政府管理上，缺乏规范，管理混乱。缺乏相关的法律法规、制度和标准。目前，我国还没有一部权威性的《旅游法》。旅游业的地位虽然得到了政府、社会、企业的多方认同，但是在发展的细节上，还需要进一步的法律保障，这样才能走上规范化发展道路。乡村旅游业也应如此，才能改善乡村旅游项目服务设施不健全、卫生不合格、安全有隐患、服务无标准、管理秩序混乱、严重影响乡村旅游的健康持续发展的局面。同时在管理中还存在政府、行业协会的定位问题，政府应该积极营造发展的良好环境，为乡村旅游的发展提供法律和政策支持；行业协会应当组织制定统一的服务规范和标准，通过业务指导、会员培训、活动安排等工作，达到整合现有企业资源、提升企业产品品质的目标。管理体制混乱。国际上乡村旅游发展较成熟的国家往往有一个专门的机构，比如法国的农业及旅游接待服务处、美国的农村旅游发展委员会等，对乡村旅游涉及的政策制定和管理权限、宣传促销等方面的问题进行协调和处理，建立合作机制，有力地推动了乡村旅游的发展。而我国的乡村旅游资源受到农业、林业、水利、文物、城建、宗教等多个部门的管理，这些部门往往从各自功能性管理的角度提出不同的管理规章和标准，而这些规章和标准仅仅考虑部门要求，不利于对农业旅游资源的整合和利用，甚至阻碍乡村旅游的快速发展，这就需要政府成立专门的机构，统一协调各个相关部门。

③ 产品开发和组合上，缺乏特色，后劲不足。很多地方的乡村旅游产品没有形成自己的核心竞争力，在市场上缺乏发展的生命力。如何在产品开发中形成自己的特色，提高档次，提高竞争力，满足市场的更高的需求，是急需要解决的问题，否则一方面会造成恶性价格竞争的局面，打击了农民作为开发主体的积极性和主动性；另一方面，乡村旅游会在这样的发展态势中失去自己的吸引力，产业形象遭到严重破坏。

④ 资源开发和利用上，缺乏定位，文化薄弱。多数乡村旅游点还缺乏对农业文化的深度展示，旅游活动还比较单调。从农业文明中延伸出的人和自然和谐相处的观念在后工业社会的今天更加受到人们的重视。乡村旅游业发展追求的应该是民族化、地方化和特色化，而在现代文明和外来文化的强烈冲击下，乡村旅游的发展往往会偏离这一方向，许多想通过发展乡村

旅游致富的农民在开发乡村旅游产品时，忽视地方特有的文化内涵和价值，追求城市化的生活方式，使游客感觉不到原来想体验的情感需求。因此，在乡村旅游开发中如何保持我国传统文化特色和民俗风情的延续，是一项巨大的挑战。这就要求在乡村旅游的开发中，政府和农户需要明确自己的位置，需要充分了解自己文化的巨大价值，这样才能做到在乡村旅游的开发过程中，充分利用和挖掘农耕文化、民俗文化的巨大底蕴，在对其充分保护的同时，通过精心设计和安排，将特色文化元素融入产品设计、旅游活动和旅游线路中。

⑤ 目的地开发主体上，缺乏理念，品位不高。由于我国很多乡村旅游点都是在原有的农业基础上自发形成的，开发主体往往是当地的农民，他们缺乏先进理念，制约了乡村旅游的进一步发展。产品理念方面，没有按照市场的要求深挖资源的特色和价值，而是陷在农家乐、采摘园这些产品项目上停滞不前，加大了同质产品之间的恶性竞争，又造成了对资源的浪费和破坏。服务理念方面，旅游企业还没有摆脱传统农业产业经营的思维方式，作为乡村旅游发展的主体，不管是企业还是农民个人都需要积极克服小农意识，始终将现代旅游业的服务理念放在首位，将服务作为产品的一部分，不断加强服务技能和水平。人才理念方面，乡村旅游的经营者、管理者大多是农民，他们的主要优势还是在农业生产和农业经营上，对于旅游往往是一知半解；很多农业科技园在农业科技人员的聘请上愿意投入精力和财力，可是却不愿意聘用旅游人才来进行经营管理，制约了农业资源向旅游产品的进一步转化，不利于乡村旅游的深度发展。发展理念方面，往往对乡村旅游的认识不足，很多主体认为乡村旅游就是农家乐、采摘园，不可能做成大规模，对于乡村旅游资源禀赋优越的地方来说，完全可以把乡村旅游做大做强，做成一个知名的品牌，像“广西阳朔”那样成为中外游客向往的地方。市场理念方面，对市场的关注不够，不了解自身优势，不清楚市场的需求和变化，限制了乡村旅游的深层次发展。

(2) 乡村旅游发展趋势

乡村旅游作为“绿色生态经济”和“体验经济”相结合的产物，是现代都市人追求心灵回归的精神家园，是至今保存得最好、开发潜力最大的旅游资源。而且还是实现落后农村脱贫致富、改善农村生活水平的重要途径，是实现城乡文化交流、共同发展的重要渠道。通过不断地探索与实践，乡村旅游必将得到更长足的发展。

随着旅游方式的不断扩展和旅游内容的不断更新，乡村旅游作为一种新兴的、特殊的旅游活动，也不断地改变其方式和内容，不断地寻求最佳的方式来满足旅游者不断变化着的需求，使之成为一种重要而流行的旅游方式。同时乡村旅游也会与各种旅游方式相互结合，共同谋求最佳利益，共同推动旅游业的发展。

3.3.4 乡村文化学理论

1) 乡村文化学内涵

乡村文化是乡村居民与乡村自然相互作用过程中所创造出来的所有事物和现象的总和，涵盖田园景观、农耕生产、建筑饮食、节庆民俗、村规民约、手工艺品等传统乡村生活的方方面面。Patmore 认为，乡村由于生活在这个连续体中人们的文化特点而变得富有魅力。Clock 也指出，乡村是一种特殊的居住地，乡村文化的生活画面可以被加工、整体推销和出售。由此可见，乡村文化和乡村地区的旅游活动之间存在着密切的联系，乡村文化是乡村旅游产品生产和组合的主要素材与着眼点，充分挖掘乡村传统文化、农耕文化、民俗文化是发展乡村旅游的必要手段。但伴随着旅游业的发展，大量非乡村元素的介入，“乡村旅游与休闲娱乐从最初的被动发展到主动发展并成为改变和塑造乡村景观和乡村社区的主要因素”，许多乡村地区甚至因此出现了传统文化异化、地域特色消失等现象，导致当地社区的旅游吸引力减退，影响了旅游业的可持续发展。

中国文化从整体上讲是一种典型的农耕文化，勤劳智慧的中华民族凭借得天独厚的自然条件，创造了几千年的农耕文明。传统文化重视天人合一和以人为本，强调人与自然的统一。这也使得传统文化的自然主义情结得以在广大的农村扎根下来。众所周知，我国的城市和乡村很长时期呈分离状态发展。新中国成立后，为了保证城市工业的增长，又采取了城乡隔离政策，从而形成了典型的城乡二元结构。这一方面由于农民传统意识根深蒂固以及文化素质普遍较低等原因使得现代城市文明难以快速渗透到广大农村；另一方面，却无意中使得农村尚未受到类似于城市的外来文化的强烈冲击而保留了相当的民族性文化。在城市中业已完成的社会化在广大的农村尚未实现，传统的宗法制的社会关系还起着主要的整合作用，血缘关系是其纽带。

2）乡村文化传承问题

萨林斯(Marshall Sahlins)说：“文化在我们探寻如何去理解它时随之消失，接着又会以我们从未想象过的方式重新出来了。”孙庆忠在对农村劳动力流动和转移的研究中发现，尽管受到现代化的冲击，但是乡村文化自身的传统并未断裂。农民工虽然生活在城市中，却依然在原有的关系网络中交换信息与资源，寻求支持与庇护，与城市人的联系极为有限。这就是文化惯性的力量。但是必须要承认，乡村社会在改革开放走向现代化的过程中，完全处于被动的位置，乡村社会的文化内涵在以发展为中心的现代化框架中被隐匿。学者们普遍认为，城市商品社会制造出来的流行文化、不切农村实际的生活方式和价值观渗透到农村的诸多角落。以城市取向为中心的外来文化的冲击使得原来的乡村文化秩序土崩瓦解。

温铁军认为，由于现代性因素向农村的全方位渗透，带有强烈消费主义特征的现代传媒进入农村，农村和农民在社会和文化上越来越被边缘化，农民的主体性逐步丧失。在快速的社会变动中，农民不再能从一直以来的传统中获得人生的稳定感，又不能从以广告和时尚所引领的消费主义价值观中获得现代的人生意义，农民被抛入一个传统已失、现代又不可得的尴尬境地，并由此导致农民的普遍无力感、无根感和焦虑感。赵旭东在文化认同危机的基础上，认为中国乡村文化在改革时代的全面复兴中，这种危机得到了一种看似矛盾的体现，即一方面是改革与再造，而另一方面是传统的复兴，两者沿着各自的认同轨道运行，并行不悖。通过身份界定的政治学，乡村文化被界定为落后和迷信，村民被界定为现代意义上的“农民”，这些都与村民自己对于自身文化的认同相去甚远，潜在的认同危机由此而得以酝酿。石勇认为，由于文化认同危机，乡村文化逐渐被边缘化，农村普遍出现了一种无意识的精神上的不安、文化上的焦虑。

在对农民价值的研究中，贺雪峰把农民的生存价值分为本体性价值和社会性价值，本体性价值需要回答农民的生活意义和价值，为什么活着及怎样看待生与死的问题，这是农民安身立命的基础。而社会性价值则回答的是农民如何看待他人及应该如何处理与他人关系的问题。陈柏峰、郭俊霞对受现代性影响的农民价值世界进行了深度思考，开始定位于农民的价值体系与生活世界，从村庄深处寻找社会转型与农民需求之间的关联，并认为改革开放以来，伴随市场经济的逐步深入，使得现代性的因素不断渗入农民生活世界中，农民生活的逻辑和村庄治理的逻辑也因此发生了相应变化。“社会性价值最终被看做是毫无意义，而利益才是唯一有价值的东西。此时，农民的价值世界彻底坍塌了”。或许是由于贺雪峰与陈柏峰的师生关系的缘故，他们的学术思想具有一定的承继性和连续性。

农村的文化生态是一个有其存在价值的独立系统，是农村共同体内的一个精神家园，从本质上讲，它超越于感官的物质享受之上而不受农村的贫穷或富裕支配。农民需要在自己的日常生活中来表达自己的世俗关怀，表现自己的人生意义。若不关心农民的文化生活，不关心他们人生意义的重建，他们在传统已失、现代价值却无法建立起来的情况下，必然会被各种其他力量所吸引。另一方面，当农民整体的人生价值不能确定时，整个社会的价值与道德空白是绝不可能依靠法律来填补的。因此，学者们基于现代化的视角研究农民的价值观与乡村文化的秩序危机就显得意义非凡。

目前学者们对乡村文化的研究是在把握了中国一百年来的现代性经验的基础上，把当代中国的乡村文化研究放在这个历史纵深的坐标里，来认识当代中国乡村文化的历史延续和断裂，并从多个角度对现代性进村后造成的种种冲击以及由此形成的乡村文化的失序现象、乡村文化内涵的变异等进行了深刻的论述。在分析乡村文化失序的原因时，学者们的视角仍然相对集中在经济对文化的制约层面，对乡村文化的自身延续性、乡村文化的历史传承与代际传承等方面缺乏进一步的探讨，对于乡村文化秩序与乡村文化价值的研究更是比较缺乏。这种忽视乡村文化自身的理论分析容易陷入经验主义和教条主义的误区，既不利于对乡村文化价值重建的深入研究，也不利于乡村文化秩序的重构。

3）乡村文化发展方向

改革开放以来，国家逐渐加大了农村地域开发的力度，农村工业化和城市化开始迈入了快车道，小城镇的迅速崛起使广大的农村经济呈现出一派繁荣的景象。城乡二元结构已有所松动，城市和农村不再隔离，开始走向协调发展的道路。农村城市化进程加速了农村尤其是小城镇的社会化进程，这使得其文化的发展呈现出 3 大变化。

（1）乡土文化圈的形成

农村城市化的发展，加之城乡联系通道的畅通，使得城市的物质文明以及城市人的现代生活方式和价值观念、意识等向农村快速扩散。同时，农村教育的普及与农业科技水平的提高，这些都加速了农村的社会化进程，从而使得各个地域形成相对独立、各具特色的文化圈成为可能。这些地域文化是以乡土化为其本质特征的，它将农村文化从田埂意识中解放出来，并剔除了传统文化的糟粕部分，而将其精华部分发扬光大，融入整个中华文化乃至世界文化体系中去。针对西方文化的强烈冲击，许多亚洲国家都已开始寻找“失去的根”，试图重新挖掘传统文化之精髓，重建文化本土之内涵。我国的农村工业化和城市化正处于起步阶段，在发展现代工业文化的同时必须要重视传统文化的发展。而乡土文化圈的形成，无疑会有利于传统文化的再现与发掘。

（2）现代城市文化与乡土文化的快速整合

随着城市和农村两大地域现代化进程的加快，城市和农村将更为紧密地联系在一起。以现代都市文明为特征的城市文化和以传统乡土文明为代表的乡村文化开始不断发生冲突，最终会出现不同程度的整合。城乡文化的交流也将由自上而下变为自上而下和自下而上两种方式。乡土文化不断吸收现代城市文明，借以丰富自身内容，城市文化也会吸收乡土文化中的传统精髓与乡土气息，从而使得城市和乡土文化不断整合，共同构成现代中国文化，这样也就形成了中国文化的全面社会化和现代化。

(3) 乡镇企业文化——农村现代化的重要推力

农村工业化的发展使得乡镇企业成了农村经济的支柱。不同的地理、人文及历史传统等环境，造就了独具特色的乡镇企业文化。乡镇企业文化是现代工业文化与传统乡土文化的结晶。它将现代社会的物质文化、制度文化和精神文化带入农村和小城镇，从而为农村工业化和城市化奠定了坚实的物质和思想文化基础；另一方面，它又以强烈的辐射和引导功能，改变着农民几千年积淀下来的传统行为规范和价值观念等，因而成为农村现代化的强大推动力。乡镇企业文化与乡土文化并不冲突，它以多种形式和途径与当地乡土文化相融合，是乡土文化中的重要组成部分。当代乡村文化发展的特色就是传统文化不断地面临转型以及现代城市文化的冲击并且在乡村中的快速成长。这对于城乡发展既是一个机会也是一个挑战。如何在实现现代化的同时弘扬优秀的传统文化以构建现代乡土文化将是乡村文化发展面临的一项重要课题。

3.3.5　村落文化生态学理论

1) 村落文化生态学的学科构建

村落文化生态学(Village Cultural Ecology)是在文化生态学发展和村落研究推进的双层背景下，为适应村落研究和建设新形势的迫切需要而产生的一门交叉学科。村落文化生态学是一门将生态学和文化学的方法运用于村落研究的新兴交叉学科，是研究村落文化的存在和发展的资源、环境、状态及规律的科学。村落文化生态学主张从人、自然、社会、文化的各种变量的交互作用中研究村落文化产生、发展的规律，用以寻求不同村落文化发展的特殊形貌和模式，从而指导村落的规划与建设。

村落文化生态学研究文化生态的目的是为了实现人与自然、人与社会、人与人之间的和谐共存，不仅应该关注文化与自然环境的关系，更应该强调各子文化之间以及文化与社会环境之间相互关联、相互制约、相互影响的关系。立足于村落民俗传承、文化遗产保护和美丽乡村建设，在文化生态学视域下加强村落历史文化、社会生态等研究，突出“保护为主、抢救第一、合理利用、加强管理”的方针，在充分发掘和保护历史遗迹、文化遗存的基础上，优化美化村庄人居环境，适度开发乡村休闲旅游业，促进传统村落与现代文明有机结合的美丽乡村。

村落文化生态学研究学科体系主要包括村落文化生态学内涵、对象、范畴、主要内容、基本理论与观点以及村落文化生态结构、特点、要素和规律等，其主要策略涉及风景环境生态策略、乡村民俗生态策略、艺术遗产生态策略、建筑景观生态策略、宗族邻舍生态策略、旅游经济生态策略等策略。其研究方法主要采用文献研究与历史研究、田野调查与个案研究、社区研究与跨区域研究等。村落文化生态学的理论基础和实践论证。村落文化生态学以文化生态学、区域社会学、艺术人类学、建筑设计学、应用经济学、旅游管理学等为理论基础，依托村落理论研究与实践调查，从村落民俗文化的传承与创新、村落“非遗”抢救与规划和保护村落集镇与美丽乡村建设等角度去进行实践。

村落文化生态学的主要观点：一是将环境因素纳入文化研究范畴，同时把文化环境特别是信息环境、新媒体环境作为文化生态环境，对自然景观和人文景观的结构进行研究；生态文化学研究不再强调环境对文化的影响，而是更多地强调文化对环境的影响和文化与环境双向作用的协调性。二是主张从人、自然、社会、文化的各种变量的交互作用中研究村落文化产生、发展的规律；强调生态系统注重各要素之间的链接、交互作用高于对某一局部的保护，整合性地保护整个文化生态，使文化生态内部能量循环得以顺畅进行。三是主张村落文化不是经济活动的直接产物，它们之间存在着各种各样复杂的变量；研究影响村落文化发展的各种复杂变量间的关系，特别是科学技术、经济体制、社会组织及社会价值观念对人的影响。

2）村落文化生态学的应用要点

（1）村俗文化的传承

村俗文化的成因追溯、剖析便可发现，它们几无例外地都根植于被称为母本文化的民俗文化，无一不在乡土民俗的基础上发展创新。村俗文化生态学主张在村落民俗、宗族民俗、建筑民俗、邻舍民俗、艺术民俗、口承民俗等方面的田野调查基础上，了解乡村悠久的发展历史，梳理村俗民俗文化的传承与变迁，挖掘村落发展的文化内涵，对村落历史和文化等方面进行抢救性、记录性、资料性的系统研究，为后世提供珍贵的历史文献，为村落建设规划和具体决策提供基础性资料。

（2）村落文化遗产的保护

一段时期以来，成千上万的传统村落逐渐消失、湮灭，各类商业化开发也是乱象频出。传统村落保护与发展问题越来越受到政府有关部门的重视，也越来越受到社会各界的普遍关注。村俗文化生态学主张，不仅发展村落经济和开发村落产业要与保护文化遗产并重，而且在很大程度上倡导保护优先。在村落保护与发展问题上，人们已经从对单体传统建筑这一物质遗产的关注，发展到对村落整体的、包括物质和非物质文化空间在内的完整空间的关注。

（3）村落与美丽乡村建设

“美丽乡村”成为“美丽中国”的重要组成部分，人们也已越来越深刻认识到“推土机推不出和谐社会，大拆大建建不成美丽中国，钢筋水泥筑不起美好的中国梦”。因此，2014 年中央一号文件明确提出要“制定传统村落保护发展规划，抓紧把有历史文化价值的传统村落和民居列入名录，切实加大投入和保护力度”。“望得见山、看得见水、记得住乡愁”，迅速就引起了人们的强烈共鸣，完全符合村俗文化生态学基本要求。村俗文化生态学主张对传统村落的保护与发展必须坚持“保护为主，抢救第一，合理利用，科学管理”的方针，坚持“修旧如旧”的原则，坚持“以人为本”的导向，坚持科学合理、可持续发展的思路，在充分发掘和保护历史遗迹、文化遗存的基础上，优化美化村庄人居环境，适度开发乡村休闲旅游业，促进传统村落培育为与现代文明有机结合的美丽乡村。

3.3.6 民俗学理论

1）民俗的内涵

“‘民俗’即民间风俗，它是指‘一个国家或民族中广大民众所创造、享用和传承的生活文化’”。民俗学(folklore/folkloristics)是一门针对风俗习惯、传统文学、传统技艺、生活文化及其思考模式进行研究,来阐明这些民俗现象在时空中流变意义的学科。民俗学具有交叉学科的性质。民俗学与发生在我们周围的各种生活现象息息相关。

民俗一词最早见于英国,民俗学产生于19世纪初的欧洲,它源自英语的Folklore。它的原本含意是“民众的知识”或“民间的智慧”(The Lore of Folk),作为科学名称可直译为“关于民众知识的科学”。民俗是居民生活形态的真实反映,举凡生活中食、衣、住、行、育、乐的内涵与形式,以及其间思想、行为、仪式、活动的记录与形成,都是民俗学探讨的主题,这种约定俗成的习惯与风俗,不仅是人们生活的提升与满足,更是民族生存不可或缺的精神支柱,因此,对于民俗学的认知与阐述,是当今国际学术研究极为重视的课题,也是日后研究者刻不容缓的责任与方向。

现代学术界对“民俗”这一概念的阐述也并不完全一致,主要有以下几种:美国民俗学家格特鲁德·普罗科希·库拉撒认为民俗实际是一种公共的产品,是一代一代遗传下来的。乌丙安对民俗的理解是:民俗是世代传袭下来的、同时继续在现实生活中有影响的事象,是形成了许多类型的事象,是有比较相对稳定形式的事象,是表现在人们的行为上、口头上、心理上的事象,是反复出现的深层文化事象。张紫晨理解的所谓民俗乃是创造于民间又传承于民间的具有世代相习的传承性事象(包括思想和行为),它以有规律的活动约束人们的行为和意识。陶立播认为,民俗是一种悠久的历史文化传承,是一种相沿成习的东西,简言之,就是民间风俗。高丙中定义的民俗是具有普遍模式化的生活文化和文化生活。巴兆祥所理解的民俗是在人类历史的发展过程中,一定的群体为适应生产实践和社会生活而逐渐形成的,表现在广泛而富情趣的社会生产与生活方面的一种程式化的生活惯制和生活模式,是一种集体性的文化积淀,是人类物质文化与精神文化的一种最基本的组成部分;创造于民间,传承于社会,并世代延续承袭。而钟敬文则认为民俗是世间广泛流传的各种风俗习尚的简称。中华民族的传统文化可以分为三条干流:第一条是封建地主阶级创造和享用的文化,即上层文化;第二条是以市民文化为主要代表的中层文化;第三条干流是由广大农民及其他劳动人民所创造和传承的文化,即下层文化,中、下层文化就是民俗。此外,仲富兰则认为,民俗是沟通民众物质生活和精神生活、联系传统与现实、反映民间社区的和集体的人群意愿,并主要以人为载体进行世代相习和传承的生生不息的文化现象。

基于上述众多的民俗定义,笔者以为,民俗是在人类生产实践和社会生活发展中创造的,用以沟通民众物质生活和精神生活、联系传统与现实,被一定群体所接受并传承下来的程式化生产生活模式和惯制,是一种集体性的、相对稳定的文化积淀,是人类物质文化与精神文化中最基本的组成部分。

2)民俗学与非物质文化遗产

“非物质文化遗产”源自日语“无形文化财”一词的英译,泛指那些在历史中创造并以活态的形式传承至今的具有重要历史、文化、艺术、科学价值,代表地域文化并为当地社会所认可的,具普世价值的知识类、技术类与技能类传统文化事项。如传统工艺技术、传统节日、传统仪式、民间文学、表演艺术、生产生活知识以及含有大量非物质文化遗产表现形式的文化空间等。

民俗学与非物质文化遗产学不是一个概念,却是一对联系十分密切的概念。两者有相近的学术目标，有相似的历史保护形式和社会认同基础，但也不是所有民俗学的对象都能成为非物质文化遗产。

从民俗史上看，很多民俗保护活动与非物质文化遗产保护的传统形式有相似的历史基础。我国很早就有保护文化的传统，政府下令搜集和保护遗产的文献记载十分丰富。除政府保护外，民俗保护更为普遍。民俗保护是一套广大民间社会自己接受和自愿实行的思维和行动系统，对它展开研究，正是非遗理论的核心部分。历史基础是国情的要素，非遗理论是外来学说，民俗学则长期研究国情文化，占有丰富的国情资源。非物质文化遗产保护的理念支撑是与民俗学及其相关学科如民间文艺学、人类学、文化遗产学、艺术学等的学术发展密切相关的。其背景就是面对全球化到来的凶猛势头，人们更加认识到保持自身特性的重要性，认识到保持文化多样性的必要性，而这种自身的特性以及文化的多样性就集中体现在民俗学的研究对象——民间文化上。正是在民俗学、人类学等相关学科研究成果的推动下，人们对非物质文化的意义的认识才更为深刻，才提出要对非物质文化遗产进行保护。而民俗学的研究向来注重对本民族“根”文化的研究，试图从这种研究中发现民族精神，发现民众普遍的生活逻辑，进而发现民众自己创造的文化对他们自身的巨大意义。

但非物质文化遗产理论毕竟是吸收了现代人文社会科学的综合成果所形成的现代知识体系，也是一种针对世界遗产保护实践所推出的操作框架，它也有一些理念和方法是民俗学所不具备的。认识这种差异，才能减少讨论的盲目性，有益于两者互补。非物质文化遗产理论的指导思想是建立和谐环境文化，这与民俗学是一致的。但非遗理论同时强调有全面保护运行机制和评价标准，这是民俗学所没有的。前者提倡公民社会思想，要求提高世界遗产保护的人类责任感和优秀文明共享意识，这与民俗学以往强调的内部文化唯一性策略相比也有所不同。非物质文化遗产理论的实践机制是政府管理。在这方面，发达国家的保护比我们早，取得了很多实际经验，比如保护资金来源、保护法律和教育政策、保护遗产与经济发展的矛盾处理、政府评价成就的指标不计较保护遗产的成本和劳动等。他们实行的两个方案可供参考：一是政府、学者和经济实体相结合，建立权威性的专业保护遗产机构，能够独立运作遗产保护工作并监督执法，以解决分别行动带来的弊病；二是发展非遗保护非营利事业，以利于非物质文化遗产的可持续保护。对此，民俗学也可参考。

3.4 研究思路与研究方法

3.4.1 研究思路

本研究以高淳村俗文化生态保护实验区为切入点，运用文献研究法、比较分析法、田野调查法及多学科交叉法相结合的方法，总体采用“理论研究—实证分析”的思路，具体在本研究上采用“实地调查分析—收集并整理资料—综合分析研究—梳理归纳总结—完善成果”的技术路线(图 3-2)。

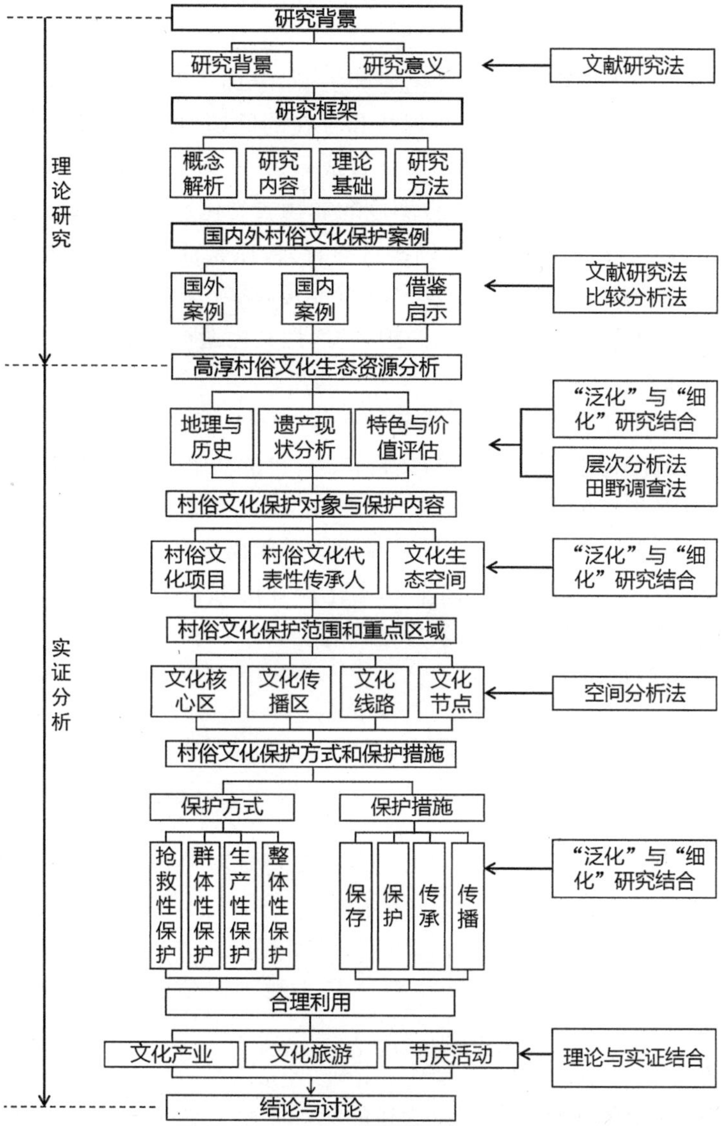

图 3-2　技术路线图

图片来源:自绘

理论研究部分,首先对村俗文化生态保护相关的概念及理论基础进行解构梳理,其次回顾了国内外民俗文化保护研究的现状成果,通过分类解析国内外不同类型村俗文化保护的案例,对比分析并总结其在制度构建及保护措施方面的经验。

实证分析部分,以高淳村俗文化生态保护区为实例,综合考虑其村俗文化资源的起源、发展和分布特点,确定保护内容及保护对象,科学构建指标评价体系,划定村俗文化保护格局,明确村俗文化保护范围和重点区域,并以真实性、活态传承、整体性、促进共享及以人为本为基本原则,确定村俗文化的保护方式和保护措施,并提出合理利用村俗文化的相关建议。

具体思路为:

(1) 制定规划。在科学论证的基础上,编制系统的高淳村俗文化生态实验区保护规划,提出近期工作任务和远期目标。制定具体实施方案,明确阶段性工作重点与步骤,落实责任。

(2) 全面普查。深入调查本地区文化遗产资源,全面了解和掌握非物质文化遗产资源的种类、数量、分布状况、生存环境、保护现状和存在的问题,摸清家底。积极运用现代科技手段,记录整理普查资料,科学保存和汇集普查成果。

(3) 及时抢救。采取有效措施,抢救濒危的非物质文化遗产和珍贵的文物古迹;抓紧保护年事已高的非物质文化遗产传承人,确保后继有人;抓紧征集具有历史、文化和科学价值的非物质文化遗产实物和资料,完善征集和保管制度,落实保护措施。

(4) 分级保护。建立文化遗产分级保护制度,把文化遗产保护工作任务落实到各镇、各行政村,做到守土有责。

(5) 维护生态。以科学的态度,采取各种有效的保护手段与措施,对文化生态保护试验区的与非物质文化遗产传承密切相关的文物古迹、自然生态进行整体性保护,使当地的文化遗产得到可持续保护与传承。

(6) 合理利用。在加强文化遗产保护的同时,对非物质文化遗产进行适度开发利用,发挥其附加值和品牌效应,带动文化旅游业和文化产业的联动发展。对传统手工技艺,进行有针对性的继承发扬,保持文脉延续,发挥地方优势,让农村部分劳动力凭借传统手艺在本土取得生计,振兴手工业,改善农村民生。

3.4.2 研究方法

1) 文献研究法

一方面,通过对高淳地方史志的重点查阅,尤其是对高淳民俗文化的相关史料进行集中梳理,不仅获得了珍贵的史料,同时整体把握了高淳村落的历史演变、文化特征和价值存在,是确定研究重心和选择田野调查点的必要前提;另一方面,对国内外民俗文化保护相关的学术著作和期刊论文的查阅也将会充实我国民俗文化保护方面的理论和实践成果。

2) 田野调查法

目前高淳村俗文化的实地调研将以大量的第一手材料作为研究的重要基础,以期在相对真实可信、数量丰厚的材料中总结出高淳村俗文化现状特点,从而有针对性地提出保护措施。这些田野调查的基本内容包括:亲身参与相关民俗仪式、发放一定数额问卷、对重要研究对象进行访谈等。

3) 比较分析法

本研究通过国内外现有民俗文化保护法律制度构建和项目实践两方面进行对比分析,从差异中发现值得借鉴学习的地方。对比不同国家的民俗文化资源的保护措施与案例,从法律制度及保护措施等方面得出可借鉴的参考方向。

4) 分值评估法

从高淳村俗文化生态中提取不同层次的评价因子,制定出相应的评价体系,按照标准对高淳村俗文化生态现状及价值进行打分。这种方法借鉴了文化遗产等相关评估体系,建立在文献研究与田野调查基础之上,为村俗文化生态保护格局的划定提供了依据。

5）多学科交叉法

本研究重视城市规划学、民俗学与其他交叉学科研究的结合。一方面遵循于城市规划学科研究的基本传统，运用城市规划学科的研究理论和调研方法，包括城市规划学的实地调研方法、面对面访谈法等田野调研方法，以期得到最为真实可信的第一手材料。另一方面，本研究将以村俗文化为研究内容，不免与民俗学、文化生态学、社会学相关联，因此，在文中将采用相关交叉学科的基础理论和基本调研方法，在积极凸显城市规划学科特点的同时，加入了跨学科的深入结合与交流，开辟了新的探索方向。

4 国内外村俗文化生态保护案例借鉴

目前，国际上许多发达国家在村俗文化的保护策略、管理措施与技术手段等方面均有了显著成果，且社会基础与专业基础均较为扎实，因而全面了解和借鉴国外村俗文化保护的成功经验具有很强的学术意义与实践指导价值。相对而言，我国的村俗文化保护工作整体上较为薄弱，村俗文化保护工作无论在意识层面还是操作层面都只是刚刚起步。但国内已经展开并兴起的多处村俗文化保护工作亦对今后的村俗文化保护有实践指导意义，因此有必要对其进行横向比较与经验总结。

故本章节主要通过对国内外典型的村俗文化保护成功的案例进行分类解析，总结不同类型的村俗文化的保护与利用方式，为我国的村俗文化保护提供经验借鉴。

4.1 国外村俗文化保护案例

从 20 世纪中叶开始，国外一些国家就正式开始了保护村俗文化的理论研究和实践工作。时至今日，国外许多国家已经积累下丰富的保护经验。虽然因自然条件和人文条件各有不同，各国的村俗文化保护方法也有所区别，但基本的保护理念和实践原则皆有共性可循，并业已形成了一些国际性的、普遍认可和实行的保护规律。因此，借鉴国外先进的村俗文化保护经验、提高相关理论水平，是我们开展村俗文化保护工作不可或缺的步骤。

国外针对民俗文化保护的相关法律、政策制定等工作主要体现在对更广泛意义的非物质文化遗产的保护上，以下主要就实践层面如国际组织和一些国家的公约性文件、法律法规、政策与做法等方面进行总结(表 4-1)。

表 4-1 国外非物质文化遗产(民俗文化)保护的相关法律、政策、机构设置概况

国家	相关法律文件	相关机构	特点及发展趋势
日本	1950 年颁布《文化财保护法》，首度将非遗纳入保护内容	引入欧美等国保护非遗的登录制度	第一个对于非遗实施活态保护的国家；馆藏非物质文化遗产资源数字化
意大利	—	设立目录及档案材料中央学会、意大利图书馆统一目录及图书目录学情报中央学会、图书修补中央学会等	非物质文化遗产资源的登记、整理工作等书目控制工作，为意大利非物质文化遗产数字化工作带来了极大的便利
法国	—	设立文化遗产教学机构——文化遗产保护学院	首创“文化遗产日”，极大地推动和促进了欧洲对非遗的保护工作

（续表）

国家	相关法律文件	相关机构	特点及发展趋势
美国	1976 年颁布《民俗保护法案》	1948 年建立第一座现代口述历史档案馆；成立民俗学会	本土非遗不多；口述档案是非物质文化遗产研究与保护工作不可或缺的资料来源
韩国	1962 年制定《韩国文化财保护法》	成立专门的非物质文化遗产委员会	着力于传统民族、民间文化的搜集和整理；制定金字塔式的文化传承人制度，最顶层为“保有者”
北欧	—	1972 年成立北欧民俗学协会	最早建立民俗档案；真正实现北欧各国民俗档案馆之间的互通有无与互利合作

国外对于村俗文化的保护研究较早，有关村俗文化生态保护的案例较多（表 4-2），笔者拟对国外村俗文化相关研究予以梳理，以期通过他山之石为当前我国村俗文化研究与实践提供有益的思考与启发。

表 4-2　国外村俗文化分类

村俗文化分类	代表地域	村俗文化示例	代表案例
以本土文化为主	欧洲、日本、韩国、德国	毛利文化、西西里木偶剧、日本阿伊努文化、帕特姆流行节日、日本能乐、中非阿卡俾格米人的口头传承	新西兰毛利村；韩国江陵民俗村；意大利西西里；日本阿寒湖阿伊努文化村
以外来文化为主	澳大利亚、加拿大、美国、北欧	美国移民文化	美国丹麦村、荷兰村、德国村；北欧民俗文化村；芬兰民俗档案馆
本土与外来文化互相融合	南美、印度	印度（印度＋英国）	印度斯坦族

4.1.1　韩国江陵民俗村

1）概况

首尔城南的古代民俗村，民俗村村口摆放着韩、中、英、日 4 种文字介绍。进入村内，可以看到李朝时期先民们的衣食住行、建筑景观和祭祀活动。宗庙的祭祀典礼被韩国指定为第 55 号重要无形文化财；祭祀时所演奏的音乐被韩国指定为第 1 号重要无形文化财。每年春、秋两季，韩国民俗村的主办者和旅游部门的官员想尽各种办法招徕非韩国的游客，韩国国家级的表演团体为外国游客表演韩国传统文化。

2）保护内容

宫廷宗庙祭祀礼乐、江陵端午祭（图 4-1）[49]、假面戏（图 4-2）等国家级重要无形文化财都被作为主要展演的内容和吸引游客的亮点。江陵端午祭，也叫戌衣日，是韩国保存比较完整的传统节日习俗之一。原来在韩国许多地区都有端午习俗，后来随着社会的发展渐渐消失了，唯独江陵地区完整地保存着。韩国江陵的端午祭已有1 000年的历史，60年代韩国政府将端午祭指定为国家“重要无形文化财”，经历了近40年的培育营造，使这 民俗祭祀活动的规模、影响日益扩大；2005年11月，被联合国教科文组织正式确定为“人类口头及非物质文化遗产杰作”。

图 4-1 江陵端午祭
图片来源：mp. weixin. qq. com

图 4-2 假面舞
图片来源：korea. b5m. com

3）保护措施

（1）民众的自主参与是传统文化得以保护与传承的主体保障。2004年江陵端午祭附设20多个参观场所，如农业博物馆、世界民俗馆、韩国民俗馆、江陵端午馆、端午节民俗体验村等。公演馆内，除本国传统节目，还安排许多国外艺术团体的节目。民俗节中还安排各类体验活动：端午民俗体验（做艾子糕、画端午符等），附带活动还有：摄影大会、诗歌演讲大会、武神道特别战、象棋大会、学生美术大会等。表演大会有：江陵地方语言演讲大会、农乐表演大会、儿童农乐表演大会、摔跤大会等等。作为“端午祭”活动核心的祭祀仪式，仍按照传统时间和程序进行。

（2）政府的有效管理是传统文化得以保护与传承的制度保障。在民俗保护中，政府采取有效的措施进行积极干预：积极组织全国性的民俗艺术竞赛，并颁发各类奖项；江陵市长鼓励派农乐义务参加江陵端午祭的风物游艺演出；确认该地农乐为国家“重点无形文物第11-4号”；支持成立“江陵农乐保存会”、开办“江陵农乐学校”、扩大农乐队等等。这些措施导致了“江陵农乐”的活态传承。

（3）民俗学者的参与是传统文化得以保护与传承的智力保障。民俗学者在“江陵端午祭”的发现和传承过程中功不可没。江陵端午祭最初便是由民俗学专家向政府提议，后政府将其列为国家重点文物第13号，从而使这一活动有了制度的保护，获得了传承与创新。

4）合理利用

（1）韩国在村俗文化的商业开发上拥有高明的技巧。江陵端午祭不仅附设若干参观场所，于民俗节中安排各类体验活动，同时与各类表演大会同时进行，兼具本国传统节目和国外艺术团体节目，为本地居民和游客提供多样化的选择。

（2）善于包装和策划，将单一的村俗文化衍生出了丰富多彩的系列活动，不仅促进了韩国旅游业的发展，而且极大地提高了村俗文化的传播和影响力，从而达到社会效益和经济效益的双赢。

(3) 韩国十分重视利用村俗文化来促进旅游业的发展，同时通过现代观光旅游推动村俗文化的保护和发展，这是韩国旅游文化产业开发的主要目标。

4.1.2　新西兰毛利村

1) 概况

毛利文化村[50] (Maori village)位于罗托鲁瓦市东南部，与华卡雷瓦地热保护区毗邻，将毛利人的古老房屋(图 4-3)，经过修缮后集中在这里，村的中央有一处展览所，内部陈列了毛利人独特的雕刻品，是游客了解毛利族文化的最佳场所。

图 4-3　毛利文化村

图片来源：baike. baidu. com

图 4-4　"洪伊"：见面问候礼

图片来源：www. shijiebang. com

2) 保护内容

罗托鲁瓦市是毛利族历史文化荟萃之地，毛利族历史源远流长，其别具一格的文化工艺以及富有特色的见面问候礼(图 4-4)，值得游人在此慢慢品味。毛利族人擅长用地热烧煮食物，游客在罗托鲁瓦可品尝到地道的石头火锅，石头火锅即把经地热烘烫的薄薄石块放进地洞内，再把食物烩熟，风味独特。

3) 保护措施

(1) 以实体空间为载体提供参观空间。以奥克兰博物馆为例，他们为游客提供了如下选项：毛利文化表演、毛利艺术展、火山和恐龙(适合带孩子的家庭)、史蒂文森(Stevenson)发现之旅(适合带孩子的家庭)、毛利影片制作等。将潜在游客分成观赏型、体验型、家庭型和综合型 4 类，并为其分别提供了不同特色的游览项目，不同需求的游客都能在此找到适合自己的游览方式，以自己喜爱的方式体验独特的新西兰毛利文化。

(2) 开设讲习班，提升游客的参与度。在各种毛利文化旅游景点都开设相关的 Workshop(讲习班)供游客学习。游客可在旅游之前在网站上索取相关资料作为背景了解，实景参观后，还可以参加不同的 Workshop，有的为期半天，最长的可达一个星期。同时，很多毛利文化旅游景点都可以办理会员卡，也可以报名参加志愿者服务。

4) 合理利用

将新西兰毛利文化与旅游业结合，注重营销策略，促成全新的文化体验，切实从推广文化的角度将文化和旅游结合起来。

(1) 树立文化品牌意识，而非文化商业化。在打动消费者、创造利润的同时，也扩大了毛利文化的国际知名度,在各种毛利文化旅游景点都开设相关的 Workshop 供游客学习。

(2) 以大环境带动文化营销,并充分利用网络资源。新西兰对毛利文化的宣传力度较大,游客一进入机场就能拿到各种宣传材料和旅游路线的推介。新西兰旅游局的网站上也明确地写着"不体验毛利文化在新西兰的旅行就不完整,全国都能进行毛利文化体验之旅"。

(3) 用优秀的服务意识提供超过游客预期的服务。在毛利文化景点旅游的整个过程中,服务人员提供的优质服务给世界各国的游客留下深刻的印象。他们有问必答,耐心细致,善于从游客的角度考虑问题。这一切要得益于新西兰旅游局定期地对服务人员进行培训。在培训中,服务人员将接受服务理念、服务方法等全方位的培训。一起致力于从不同的服务场合将"新西兰旅游"打造成一个世界文化品牌。

4.1.3 日本阿寒湖阿伊努文化村

1) 概况

阿伊努文化村[51]位于阿寒湖畔西侧,是于 1959 年由第三代园主前田光子女士将土地无偿提供给居住在阿寒湖畔的阿伊努民族而形成的社区。目前居住在阿伊努文化村的阿伊努民族为 36 户,约 130 人(图 4-5)。阿伊努文化村被誉为"民间工艺品与舞蹈"的故乡,这里的阿伊努民族充分利用坐落于日本旅游胜地——阿寒国立公园的地理优势,以出售民间工艺品、表演歌舞、举办富有传统文化色彩的节日——绿球藻节(图 4-6)等方式来经营生活。

图 4-5 阿伊努人

图片来源:bbs. voc. com. cn

图 4-6 绿球藻节

图片来源:blog. sina. com. cn.

2) 保护内容

阿伊努文化村的村俗文化包括民间工艺品、传统歌舞表演、绿球藻节等。民间工艺品包括"阿伊努图纹"及传统雕刻、刺绣文化、木雕工艺品以及刺绣产品等。歌舞及乐器表演分为传统歌舞、歌舞表演、传统乐器及其表演等。绿球藻节包括传统送灵仪式、绿球藻节等,是以保护阿寒湖中的绿球藻为目的而举办的具有浓烈的阿伊努民族传统送灵仪式特点的节日。

3) 保护措施

(1) 语言保护传承。政府组织传统方言辩论大赛、传统语言进入教育系统(传统语言学习教室、传统语言教师培养及认证体系)、传统语言广播节目。

(2) 宗教仪式传承。宗教仪式与日常生活相关,如祖先供奉仪式祈求年年平安、迎接大马哈鱼仪式代表对生产丰收的祈求等。

(3) 传统歌舞发展。建立传统歌舞乐队,通过商业化带动传统歌舞发展。

(4) 传承人培养。"乌雷斯帕"制度是由札幌大学副校长本田优子女士提出的主要以培养阿伊努民族文化传承人(图 4-5)、构建多元文化共同体试点为目的,由大学、企业和学生共同参与的一项制度。此制度从 2010 年开始实施,主要由以下 3 项内容构成:①"乌雷斯帕"奖学金制度;②"乌雷斯帕"会员制度;③"乌雷斯帕"俱乐部制度。通过《阿伊努文化振兴法》确定政府各个部门在文化振兴中的责任和义务。

4.1.4 北欧民俗文化村

1) 概况

民俗文化村又称露天博物馆、户外博物馆、村落博物馆[52],它是传统博物馆的一种形式,已有 100 多年的历史。世界上最早的民俗文化村在北欧,它是挪威于 1851 年建立的桑德瑞克露天博物馆(其主体是农舍),其次是瑞典于 1891 年建立的斯堪森露天博物馆(图 4-7),这种博物馆发展到 20 世纪 70 年代,又派生出一种新型的博物馆——村寨(落)博物馆(有的叫生态博物馆)。具体实例包括挪威首都奥斯陆的挪威民俗博物馆(图 4-8)、奥普兰的里耳哈麦民俗博物馆、瑞典斯坎森户外博物馆等。

图 4-7 斯堪森露天博物馆

图片来源:www.daodao.com

图 4-8 挪威民俗博物馆

图片来源:www.mafengwo.cn.

2) 保护措施

北欧的民俗文化村分为两类:一类为露天博物馆;另一类为村寨博物馆。这两种形式的博物馆(亦即民俗文化村)在世界各地都普遍流行着。

(1) 露天博物馆模式,此类民俗村的做法是将村寨搬到博物馆。如挪威民俗博物馆,搜集挪威各地 17 世纪以来的木质民房,依照地域划分,分别设置于丛林中;里耳哈麦民俗博物馆则搜集了 150 栋古建筑物,其中有农舍、贵族宅第、磨坊等,它将挪威的农村生活及自然环境再现了出来。

(2) 村寨博物馆模式,该类民俗村意图将博物馆搬到村寨,使观众更亲近村寨、亲近村寨生活、走进村寨文化。如斯堪森户外博物馆,它搜集有古老的城镇房屋、农舍、教堂、钟楼等各种建筑,并在观众的参与下举行各种传统节庆活动,还配置有制陶、面包、铁器、印刷等商铺和作坊,以及古老的银行等。

4.1.5 法国生态博物馆

1)概况

生态博物馆理念及其实践最早出现在法国[53],这一活动甚至在“生态博物馆”这一名词诞生之前的20世纪60年代就已经出现,只是那时候还没有被冠以“生态博物馆”之名,但是已经具备了生态博物馆的性质,并且促进生态博物馆理念的最终形成,因此被称为法国“第一代生态博物馆”。比较有代表性的是马尔基兹生态博物馆(图4-9)(The Ecomuseum of Marquéze)和卡马尔格博物馆(图4-10)。1960年代,里维埃将瑞典斯堪森户外民俗博物馆的理念引入法国并进行了创新——借鉴了斯堪森户外民俗博物馆的形式,但是展出的内容均来自原地,而非像斯堪森户外民俗博物馆那样从外地迁来。这种创新的模式,目的是既要保护古建筑和文化遗产,又要关注人类与环境的关系。这一创新思维也迎合了当时在法国兴起的社会风潮——自然环境保育和地区发展运动,号召当地居民积极参与保存其所在地区的自然景观。

图4-9 马尔基兹生态博物馆

图片来源:Fransois Moniot. The Ecomuseum of Marqtkae, Sabres Part of the Regional Natural Park of the Landes de Gascogne [J]. Museum International,1948,85(4).

图4-10 卡马尔格博物馆

图片来源:blog. sina. com. cn

2)保护措施

在里维埃等博物馆专业人员的主导下,法国在加斯科尼劳朗德地区(Landes de Gascogne)的自然公园内创建了一座实验性质的博物馆——马尔基兹生态博物馆,这里独具特色的老式农场和附属建筑物、当地农民使用的器具、家具及传统手工艺等都得到了展示,甚至还饲养了当时的牲畜品种,创造出它们本来就存在于那里的景象。虽然在展示方法上具有“创造”的意味,但目的是“以生态学的方式,呈现环境如何与动物、植物和矿物互动的关系,以及在人类有意识的运作下的变化”,它以该地区的人民为主要展示对象,并不注重游客的数量,甚至将游客视为上帝额外的恩赐。

卡马尔格博物馆创建于临近阿尔(Arles)的卡马尔格地区野生动物公园内,它与马尔基兹生态博物馆不同,并没有散布于整个地区,而是采取传统博物馆的形式在早期一座饲养羊的农场中建成,其宗旨是将这座博物馆视为观光客与居民之间文化沟通的纽带,由居民将该博物馆的信息提供给观光客，当地居民成为博物馆事务的参与者，在参与规划博物馆的同时，也进一步了解自己地区的传统文化和环境。

4.1.6 印度斯坦族服饰文化

1）文化概况

印度作为最悠久的文明古国之一，具有绚丽多样和丰富的文化遗产以及旅游资源，神秘而富有宗教色彩。而印度斯坦族作为印度人数最多的族群，其服饰拥有着神秘而浓郁的印度风情。印度传统女性服饰在经历了英国长达百年的殖民统治后并没有被西式的服饰所同化，印度斯坦族女性的穿衣之道一如当初，秉承着本民族的传统风格[54]。在接下来几十年的发展中，印度斯坦族女性传统服饰也没有被现代的时尚风潮所同化，依然通过不同的方式和途径保持和发扬着本民族的传统和特色，甚至以自身独有的特色和魅力感染和影响着当前的时尚。

2）保护内容

印度斯坦族最具特色的民族女装有纱丽服(SAREE)(图 4-11)、LEHENGA CHOLI 礼服和旁遮比服(PUNJABI)三种。纱丽是印度服饰文化的代表，围在长及足踝的衬裙上的长幅面料，两侧有滚边，上面有刺绣，从腰部围到脚跟成筒裙状，然后将末端披搭在左肩或右肩。印度妇女擅长利用扎、围、绑、裹。每逢节日，人民身着美丽的传统服饰，唱歌跳舞纵情欢乐(图 4-12)。LEHENGA CHOLI 礼服是在隆重场合或舞台上才会穿的贵重服装，款式和纱丽有类似的地方，但 LEHENGA CHOLI 礼服的上衣和裙子才是重点，衣裙上有很多镶嵌工艺，再配肩膀上搭的一条围巾或当作盖头。旁遮比服为印度女装三大类之一，是全印度女性日常最常穿的服装，其最大的特点是方便日常穿着。

图 4-11 斯坦族纱丽服
图片来源：m. haokoo. com

图 4-12 斯坦族歌舞
图片来源：http://image. baidu. com

3）保护措施

(1) 在民俗活动中传承。印度斯坦人的节日大致可分为政治性、季节性、历史性和宗教性节日四类。例如排灯节在公历 10 月、11 月间，是印度教徒最大的节日。节日期间，印度几乎家家都会打扫清洁，张灯结彩，人人盛装以待，点亮象征着光明、繁荣和幸福的蜡烛或油灯，或燃放鞭炮。为夫祈祷节是印度传统的妇女节日。在这一天，已婚妇女都要精心梳洗打扮，穿上自己最美的传统服装，并佩戴相应的配饰，包括在手上画上各种美丽的图案，在月亮出现之前禁食，以祈求神灵保佑丈夫健康长寿。十胜节是印度宗教节日，是为庆祝罗摩战胜十首魔王罗波那而设的节日。节日期间到处都在举办歌颂罗摩事迹的盛会。大街上常能看到乐队以及善男信女簇拥的演艺队伍。演艺队伍中会看到很多绚丽多姿的印度传统服饰。

（2）在婚礼庆典中传承。印度青年男女的传统婚礼仪式以其华丽的服饰、盛大的场面、热情的歌舞等特色闻名。不仅仅是新娘，到场的所有女宾都会身着各色纱丽，光彩照人。举行婚礼的前晚，新娘会在沐浴后把头发梳成一条长辫子，用朱砂涂抹发缝，请祭司在新娘额头上点上红色的吉祥痣，在手臂上绘制寓意吉祥幸福的花纹。盛装的印度新娘，头戴金饰，手上一长串的印度美人镯，一身象征富贵吉祥的大红服饰。色彩艳丽是印度婚纱的特色，印度新娘纱丽服的面料、款式、刺绣、缀珠等都十分精良和考究。另外首饰也是印度婚礼中十分重要的一个部分，新娘会佩戴象征着自己身份的首饰。

（3）在宗教仪式中传承。纱丽是印度教典型的女性传统服装，从公元前到现在一直保持着原来的样式，几乎没有任何变化。最早的纱丽只是在举行宗教仪式的时候穿，后来逐渐演变为妇女的普通装束。每逢宗教庆典或者是祭祀活动时，对参与者穿着的传统服饰的形制、色彩以及质地的要求就更加的严格。所以可以说每一次的宗教活动都是对传统服饰的一次严格地再现。

4）合理利用

（1）宝莱坞电影中的印度斯坦族传统女性服饰。电影在印度人民的生活中具有很大的意义。孟买是印地语电影的制作中心，印度人称之为“宝莱坞”。宝莱坞电影中美女和纱丽可以说是其最大的特色。纱丽本是印度斯坦族最具特色的女性服饰，一般都是女性在出席重要正式活动时穿着的盛装。如今，印度宝莱坞电影中穿着五彩纱丽的美女们越来越多地出现在世界各地的电影屏幕上。除了纱丽以外，电影中的旁遮比服、LEHENGA CHOLI 等也充分显示出印度斯坦族女性服饰的美感。这些服饰形成了印度电影最有代表性的特色，同时印度斯坦族女性服饰也因为印度电影而得到了传承和展现。

（2）旅游产业中的印度斯坦族传统女性服饰。印度有着丰富的旅游资源。在印度，孟买、新德里等各大旅游城市及景点都有纱丽专营店。店里的售货员会很热情地给游客展示不同质地、不同花色的纱丽，帮忙试穿，并给游客介绍穿印度纱丽的好处。在高档纱丽店特别是婚礼礼服店橱窗里展示的纱丽，大都由时装设计师融进许多时尚元素进行设计，精美而华贵，这样的衣服只有在出席重大盛会时才会拿出来穿戴。这些传统服饰的专营店或者是婚纱店不仅仅是当地的旅游特色，也为本民族传统女性服饰的对外传播作出了贡献。

4.1.7 加拿大印第安陶斯古村

1）概况

陶斯（Taos Pueblo）古村（图 4-13、4-14）[55]是一座印第安土著人遗留下来的村落，是至今仍保留着持续了 1 000 年的史前土著人生活传统和建筑风格的土坯村落。陶斯位于里奥格兰德河一个小支流的峡谷里，建于 16 世纪初，是用泥砖和石块建成的村落，1992

年根据文化遗产遴选标准 C(IV)被列入《世界遗产目录》,反映了亚利桑那州和新墨西哥州的印第安人的文明程度。包括一系列的居民点和仪式中心,分布在今天亚利桑那、新墨西哥州,是犹他州与科罗拉多州边界地区的传统的阿那萨基印第安部落文化的典型代表。陶斯印第安村可能出现在公元 1400 年以前,并且是由瓜得鲁普爵士条约确定的边界北部保存的最好的村落。陶斯古村有着浓厚的民俗文化,尤以图腾文化最为著名。

图 4-13　陶斯古村一

图片来源:scenery. nihaowang. com

图 4-14　陶斯古村二

图片来源:http://www. keyunzhan. com

2）保护内容

在美国西部的新墨西哥州地区的印第安人,他们非常重视自己民族的信仰、习俗。例如在婚育中,孕妇不得在家中生产,而要到树林中另搭草棚,生起炉火,由生母接生,丈夫不得靠近。女人分娩生子不是仰卧,而采取蹲式。印第安人的葬礼更有许多信仰、习俗,甚至令人毛骨悚然。图腾柱是加拿大印第安人的文化象征,也是一份宝贵的历史文化遗产。印第安人的图腾柱是加拿大西部不列颠哥伦比亚(British Columbia)等地区的旅游象征物。无论是在博物馆的陈列中,还是在车站、码头、广场、道路或公园,那一根根雕刻有各种动物图案和人形图案的图腾柱,都会以其神秘诡异的气息和绚丽夺目的浓墨重彩,给人以强烈的视觉冲击和心理震撼。

3）保护措施

(1) 成立"图腾柱保护委员会",原地保护图腾柱。由联邦公园部门,或由加拿大全国铁路公司出资在图腾柱原生地建立户外博物馆或公园。这种保护图腾柱新思路的出现既源于人们对濒危遗产价值认识的提高,但更重要的是发现了图腾柱的旅游价值。可以说,选择斯基纳河上游地区作为实施图腾柱保护的重心,主要目的就是为了发展旅游。1924 年,成立"图腾柱保护委员会"专门负责此项工作。具体负责图腾柱修复工作的哈兰·史密斯(Harlan Smith)受命"保护图腾柱及旅游者感兴趣的其他东西",并把有关图腾柱的信息印在列车餐车菜谱的背面,还清除了所有妨碍旅游者从车窗上观看图腾柱景观的障碍物。作为第一个图腾柱保护计划,它在实施过程中虽然有一些不尽如人意之处,但总体来说还是比较成功的,为图腾柱的保护沿着正确的方向走出了重要的一步。

(2) 印第安传统风格村落的复制与重建。从 19 世纪末期拍摄的照片中可以看到:在传统的印第安村落,像森林一样浓密的图腾柱往往面朝大海或河流或湖泊,四处分散在长屋的前面,那些直插云霄的图腾柱上雕刻有各种各样令人惊心动魄的动物形象,如乌鸦、鹰和守望者等。受其启发，人们开始着手重建西北印第安传统风格的村落，将图腾柱保护还原到与长屋、村落融为一体的整体环境之中。1984 年，加拿大文明博物馆建造了一个西北沿岸村庄，在这里人们可以领略展示于近原生环境中的最大规模的全尺寸图腾柱。1998 年，又于第二海滩半岛斯盖给特（Skidegate）西南部兴建一个遗产中心，修建了一大排长屋，屋前有图腾柱，面朝斯盖给特入口。近年来，这种保护方式在复兴雕刻高水平的图腾柱方面取得了很大成功，差不多每个首席雕刻师都带了两个学徒。通过给那些高质量的图腾柱再建近似于全尺寸的、活生生的村落背景，可以实现通过单独保护而不能达到的效果。

4）合理利用

当代社会中呈现出一派繁荣景象的印第安图腾柱文化是一种典型的旅游商业文化。图腾柱文化繁荣复兴最为突出的外在表现有两个：①以硅质模型图腾柱雕刻制品为代表的印第安手工艺术品的大量生产。早在 1820 年代，海达雕刻师就用硅质黏土岩制造便于携带的小东西卖给白人做纪念品。1860 年代，图腾柱模型已成为最受欢迎的雕刻作品。到 19 世纪晚期，不仅北部地区，而且南部地区，甚至东部平原印第安人都生产雕刻模型图腾柱，成为考夫曼所谓“旅游艺术”之最早表现。今天，硅质模型图腾柱已成为国际旅游者到不列颠哥伦比亚旅游时首选的标准纪念物品。②图腾公园的大量涌现和图腾之城的诞生。以图腾柱文化遗产为主要观赏对象的民族旅游业得到了超常发展，其中最著名的图腾柱主题公园是位于维多利亚的雷鸟公园。“图腾之城”即邓肯市。1985 年，为庆祝第一民族的历史传统，邓肯市市长道格拉斯·贝克（Douglas Barker）发起了一项“图腾柱项目”，与当地印第安考丁人（Cowichan）的图腾雕刻师合作雕刻竖立图腾柱，以庆祝印第安古老的艺术在西北沿岸的复兴。新雕刻的图腾柱除了展现出西北海岸区印第安的传统文化外，深受现代艺术的影响，在造型及色彩上较古老图腾柱活泼。这些竖立在火车站、市政厅、公园广场等地多达 40 根的印第安图腾柱，为邓肯市赢得“图腾之城”的美誉。

4.1.8 美国俄亥俄州德国村

1）概况

德国村（German Village）[56]是阿德莱德市阿德莱德山上的一个小镇，里面皆为德国后裔，故名为德国村。德国村是位于俄亥俄州哥伦布市中心区南部的一个历史住区，其是在 19 世纪早中期由大量德国移民聚集而形成的，住区内大量保留至今的历史建筑也主要在那个时期建成。第一次世界大战期间，由于美国人民反德国情绪的高涨，住区开始衰退。战后受禁酒令的影响，地方啤酒厂关闭，使住区的衰退加速，随着整个南部地区被划定为工业制造业区，居民开始迁移。到 20 世纪 50 年代，住区成为贫民窟，居民减少了近 1/3。就在住区几近消亡的时候，住区活动家弗兰克·费阿奇（Frank Fetch）不顾当时公众的反对，毅然在此购买了房屋，并成立了住区社团（Village Society），决定重建德国村（图 4-15、图 4-16）。

2）保护措施

1960 年，在修复好 8 栋房屋后，德国村组织了第一次“家居庭院游”（Haus und Garten-Tour），吸引了大量游客和媒体的关注，同时也使更多的人投入到住区的改造更新之中，从此，德国村便进入了复兴的进程。现今的德国村以它迷人的砖块街道、精致的花园庭院、友好的生活方式、别具特色的餐厅和商店，以及丰富的社会活动而闻名，其历史文化特征得到了完整的保留，并成为住区繁荣发展的基石和最大的吸引点。1976 年德国村被登录为“国家历史场所”，2007 年经白宫认可，成为“保护美国社区”(Preserve America Community)。

图 4-15　德国村夜景

图片来源：http://www.usqiaobao.com

图 4-16　德国村入口

图片来源：http://www.usqiaobao.com

4.1.9　意大利西西里

1) 概况

西西里岛位于意大利南部，是地中海最大的岛屿。形成于 19 世纪初期的西西里的傀儡木偶剧(图 4-17、图 4-18)，在该岛平民阶层中获得了巨大成功。这种戏剧一般为家庭剧团经营，艺人们为自己传统的表演和技艺而骄傲，并以家族的方式代代相传。意大利西西里傀儡戏着重表现的是宏伟的史诗和英雄的传奇故事。一直到 20 世纪 50 年代，这种傀儡木偶剧在意大利还十分流行。

除了表演一些传统的历史题材的史诗故事之外，艺人们还根据诗歌、浪漫传奇或流行的歌剧以及一些来源于生活的基本的故事情节，用精雕细刻的偶人和道具进行即席创作，对白也都是即席编创。傀儡戏艺人专门请手工精湛的工匠设计木偶形象。采用数十年流传下来的制作方法，经过雕刻、着色等复杂制作过程，制作出来的木偶精美异常，偶人的面部表情都被高度地夸张。表演场地的舞台也不马虎，色彩鲜亮的舞台两翼和精致的背景看上去赏心悦目。但随着娱乐方式的增多和电视的出现，此项技艺呈现了衰落的趋势。

图 4-17　傀儡戏

图片来源：baike.baidu.com

图 4-18　木偶剧

图片来源：www.71.cn

2）保护措施

为延续和保护这一古老的戏剧表演形式，政府及一些组织皆采取了一定的保护措施。2001年联合国教科文组织将西西里木偶剧列入《人类口头和非物质文化遗产代表作》名录。联合国世界遗产委员会的保护计划，包括为青年木偶艺人开办培训学校、举办西西里木偶节并设奖项、举行国内外的展览、创立木偶戏学校等等。意大利政府为年轻的傀儡戏艺人开设专门的培训班或创立专门的傀儡戏学校，使他们尽早地掌握传统傀儡戏表演技艺及傀儡戏人偶的制作工艺。在西西里岛的商店和摊铺上到处都可以买到木偶，木偶已经成为西西里岛的著名纪念品，吸引着各方游客。

4.1.10 德国陶努斯黑森公园

1）概况

黑森公园（图4-19、图4-20）[57]位于黑森州陶努斯（Taunus）地区的Neu－Anspach。陶努斯，一个有山、有古堡、有温泉的地方，位于莱茵河中段，原本就是一个旅游和疗养休闲的胜地。这里不仅有优美的自然景观，也有丰富的人文历史。公元1世纪，为了保卫已经征服的莱茵河东岸地区，罗马人开始在这里修筑边防城墙和望哨塔。在一些森林地带，这些建筑物的废墟仍依稀可见。黑森公园始建于1974年，占地65公顷（约合650 000 m^2），共有7个建筑群组100多座建筑物。黑森公园不仅在地理位置上位于黑森州的中部，在内容上也试图成为该州的核心露天博物馆。它的主旨在于“搜集、研究和展出乡村日常文化的物品，为的是让已经成为过去的现实生活免于被遗忘的命运”。

黑森公园是一个规模比较大、经营比较好的村落博物馆。它的主旨、活动和风格基本上代表了德国村落博物馆目前和近期内的发展走向：博物馆不再仅仅是保存文物的仓库，而是大众获取与交流文化信息的平台。这一新理念在实践中的具体形式则表现为各种长项展览和专题展览更新频繁，专业讲解和通俗学术报告增加，更多关注儿童、青少年的需求，重视融知识性与趣味性、娱乐性为一体的文化传播方式。

图4-19 黑森公园一景

图片来源：blog. sina. com. cn

图4-20 黑森公园

图片来源：blog. sina. com. cn

2）保护措施

（1）定期组织展览演示活动。在每年4～10月的参观旺季，黑森公园会定期提供各种传统的日常活动和工艺流程的演示或表演活动。这些演示活动包括靛染、旋工、印刷、理发、给动物喂料、1928年家庭妇女的工作、历史上的农业耕作、木鞋制造、编筐、制作黏土砖、邮局服务、玩偶制作、房屋装修、家具制作、石匠工作、制陶、造车、修表、编绳、织布等。除此而外，黑森公园也组织举办不同内容的30多个常规展览和十几个特殊展览。在展览期间参观者可以看到手工业传统的现场演示，如玻璃器皿的制造、啤酒酿造等。

(2) 博物馆展演与学习、培训相结合。强调学习本土知识、学习来自身边和日常生活中的知识以提高独立处理问题的能力是德国小学常识课(Sachekunde)的首要目的和要求。黑森公园有两名专门负责教育教学内容的工作人员，他们一方面为中小学生提供博物馆展览的讲解，同时也协助学校教师组织学生参加不同的主题活动小组，使学生在阅读文字资料的同时也获得动手实践的机会。这些项目包括"处于自给自足和手工业专门化之间的乡村工作""乡村的纺织品""乡下孩子的生活""黏土建筑""房屋建筑""日常文化和童话世界""玩偶剧排演：农场里的动物""从前的人们如何生活"等。

当然，博物馆也承担教师培训的工作。以最近的活动为例，教师培训包括如下专题课："如何将露天博物馆用于教学""传统的土木混合建筑方法""黏土建筑""乡村的纺织品生产(老手艺)""乡村妇女的生活""玩偶剧道具制作""从前如何洗衣服""来到黑森州的被驱逐者"(指第二次世界大战之后，那些被现在的一些东欧国家如波兰、捷克等驱逐出来的原德国人)"绘画与素描""从前孩子们怎样游戏"等。在服务于公众之余，博物馆也面向私人顾客，他们也可以根据顾客的需求举办别开生面的婚礼或者孩子的生日派对。

4.2　国内村俗文化保护案例

因国内对村俗文化的相关研究起步较晚，目前关于国内村俗文化的保护工作仍处于探索阶段。从区域文化上看，国内的村俗文化可在我国地域文化分布格局的基础上进行如下分类(表4-3)，本节将按照地域文化类别对国内不同类型的村俗文化保护案例进行分类解析，以期总结出不同地域文化影响下的村俗文化保护的相关经验。

表4-3　国内不同地域文化的村俗文化表现形式一览表

地域文化	分布地域	文化特色	代表古村落
中原文化	河南省及附近地区	九朝古都洛阳，十朝都会开封，豫剧优美动听，民风习俗淳厚	河南古村落
吴越文化	长江三角洲，太湖流域和杭州湾沿岸	水文化，农耕文化，典雅秀丽的江南园林，吴侬软语的方言特色，婉转悠扬的越剧、评弹，精细富丽的锦乡丝绸	浙江、江苏古村落
徽文化	产生并植根于徽州本土，向外辐射	民生淳厚，力农务本，包括新安理学、徽剧、徽州方言等	安徽古村落
闽南文化	台湾海峡两岸	多元复合型文化，传统文化、外来文化与少数民族文化习俗交融	福建古村落
岭南文化	南岭以南的粤桂琼港澳	历史上与中原文化一脉相承，传统文化与岭南园林、民居建筑、造型艺术等外来文化交融，广东音乐、粤剧等	广东、广西古村落

（续表）

地域文化	分布地域	文化特色	代表古村落
关东文化	辽宁、吉林、黑龙江、内蒙古四省区	游牧狩猎的少数民族文化，“二人转”活泼风趣，满族“骑射”独具风格	内蒙古、东北三省古村落
多民族文化	四川、云南、贵州及广西等省份	少数民族聚居，民族风情绚丽多彩，高山高原地理孕育下独具特色的地域文化	四川、云南、贵州古村落
西域文化	包括新疆、西藏、青海及甘肃地区	民族风情绚丽多彩，有浓厚的藏传佛教色彩，独具特色的西藏佛教艺术的高原游牧文化	新疆、西藏古村落

来源：笔者根据相关文献整理

4.2.1 山西运城阎景村

1）概况

阎景村[58]位于山西省运城市万荣县高村乡，与邻县临猗距离较近，村落面积为640 000 m^2，常住人口2 300人，地理位置复杂，南北距离3 km，入选第一批国家级传统村落名单。据村中碑刻记载，阎景村至明中期已初具规模。阎景村作为国家级传统村落，在这块土地上孕育着深厚的民俗文化，尤以民间传说故事、民间舞蹈最为精彩(图4-21，4-22)。

图4-21 万荣笑话博览园

图片来源：blog.163.com

图4-22 万荣花鼓

图片来源：www.hntac.com

2）保护内容

主要表现在：李氏家族的慈善故事传说、万荣笑话及万荣抬阁艺术。李氏家族的慈善故事是该村的文化标志，不仅反映着村落文化的发展历史，也传承并弘扬着当地的慈善理念传统；万荣笑话虽不是阎景村所独有的文化资源，但阎景村为其搭建了一个全方位展示的场所和平台，举办“笑文化旅游节”、创办笑话王国，并组织优秀民间艺人登台为游客讲述正宗万荣笑话。

3）保护措施

(1) 化“无形”为“有形”。这种策略适用于各种类型的村俗文化，主要是将文化遗产的内涵形象化，主要可以分为以下几个途径：①保护。运用数字化技术，可最大限度地适应旅游业中村俗文化项目的保护及开展。通过录音机、录像机、网络等工具，将李家大院的建筑风格、善文化故事、万荣笑话进行数字化，制作成音像制品，以便更好地保护与传承；建立阎景村数字化民俗博物馆，对民俗文化遗产如万荣笑话漫画、笑话音频、优秀剪纸作品、李家善文化故事插画、传统手工艺传承人视频等进行全面、立体展示和保护；开辟万荣笑话专栏，内容包括视频动漫、原创笑话、笑话图集、经典笑话等，不仅用文字叙述，更补充了形象生动的动画人物，更富有搞笑情节；组织专门团队演出万荣笑话，并制成视频在网上发布，现在已经略成规模。②传承。通过文学的形式对区域内非物质文化进行二次创作、创新，从而推动村俗文化的传播。例如，白静、蔡明领衔的电视连续剧《快乐的万家村》就是以阎景村为背景，讲述新时代下的运城市苹果产业发展的故事，剧情中串联着大量的万荣笑话；李家行善的故事也被拍成一个传奇晋商故事向大众介绍，突出李家在不同历史背景下，始终践行善文化的事迹。③传播。对李家大院及笑话园所包含的村俗文化进行宣传，对阎景村进行形象定位，甚至可适当借助在广大人民群众心目中名气较大的阎景师范学校宣传李家大院，加深人们对李家"儒商大院"的认可。可拍摄包含李家善文化、万荣笑话因素的地方宣传片，在传媒领域播放进行宣传，让更多的人了解万荣李家的行善故事，弘扬正能量，扩大万荣笑话知名度，丰富人民群众精神文化生活。

(2) 保护和培养传承人，营造村俗文化传承环境。"传承"是村俗文化保护工作的核心和灵魂，没有了传承，村俗文化就不能成为民众的生活样态。在传承工作中最关键的是保护与培养传承人，并为其营造良好的传承条件。人是村俗文化产业的承载者、传播者。村俗文化传承人不仅代表着某项村俗文化的物质层面，更代表了村俗文化内在的人文精神。为使万荣花鼓这项村俗文化能够传承下去，成立了由3位老人组成的"老来乐"花鼓队，随着队员阵容的不断扩大，老人们投入巨大精力带徒弟，并坚持每周到小学教小学生们打花鼓；对花鼓进行创新，更改花鼓绑缚的位置，改变表演需要的人数，增加全身花鼓的数量，增添花鼓表演的观赏性；将万荣花鼓编成健身操，免费教授群众等。

4) 合理利用

(1) 农耕文明与文化创意产业相结合，寻找文化产业领域的经济增长点。阎景村拥有十分丰富而独特的村俗文化，充分挖掘村俗文化的独特性、传奇性、全球性等特征，发展以数字化生产为主要手段的高附加值的文化创意产业，鼓励并扶持对万荣笑话、李氏家族行善故事、李家大院建筑、万荣花鼓、地窨院建造技艺、剪纸艺术等村俗文化进行数字化转化与开发，借助数字化手段传播文化产品，丰富文化表演形式，拓宽文化传播渠道。

(2) 景区综合利用。阎景村主要的村俗文化为万荣抬阁、万荣花鼓、万荣笑话与善文化等。李家大院与笑话园隔马路相望，可实行联合旅游套票，增强两者的联系，延长游客停留时间，丰富游客旅游体验。李家大院院内规划有运城市唯一一座晋南民俗博物馆，利用时可将笑话、抬阁、花鼓、地窨院建造技艺等予以展示。地窨院建造技艺主要通过实物性的建筑体现；抬阁的表演者多为3～8岁儿童，且制作过程较复杂，不适宜做常规表演，可选择春节期间在民俗区进行专场演出；万荣花鼓受众面大于抬阁，适宜做常规表演。

(3) 开辟农事体验区，吸引稳定客源。阎景村以种植棉花、苹果为主，农耕文明发达，因此，开辟常规性、系统性的农耕体验区可强化景区的主题定位，突出当地的农耕特色。传统农耕文化具备游览功能与体验功能，但由于受农耕文化的物化载体过小及硬件设施的限制，游客只能走马观花，无法全身心参与体验。因而阎景村可结合24节气的传统习俗，在全年大部分旅游时间提供固定性的、系统的农耕体验旅游项目，打造具有鲜明地区特色的品牌旅游项目，扩大游客的体验范围，延长游客的旅游时间，同时也丰富了游客的旅游体验，提高了游玩的满意度，直接拉动当地的经济增长。

4.2.2 山西临汾师家沟村

1）概况

师家沟古村[59]属于山西省临汾市汾西县僧念镇。汾西之地历史悠久，县内保留着新石器时代的文化遗址，早在数千年前这里已经有了人类活动遗迹。封建社会时，黄河流域凭借丰富的资源优势成为诸侯争夺的地方。山西省的村落生活基本上以伦理和家族关系为基础，宗族文化生活气息浓厚。宗族是以同姓家庭为基本单位形成的亲缘聚居形态特征，一个宗族中的人有着共同的祖先，后随着子孙的繁衍而不断扩大规模形成大型的族群，族群内部有着不可分割的血缘关系，而在宗族内部有一套牢不可破的规矩制度对族内人的行为规范进行约束，统称为家法。这种思想内涵渗透了中国传统的忠孝节义观念。

2）保护内容

师家沟古村落的村民在这里生活，继承和发展着晋商的文化传统。其中山西的丰富面食、节日期间的舞狮子传统（图 4-23），以及窗花、剪纸、门帘等各种手工艺制作是整个古村落保护体系中的重要组成部分。政府部门应该积极支持民间艺术活动以及手工艺的传承，通过资金补贴，人才培养和采用信息化的新型手段等方式将传统艺术保留下来，同时在师家沟古村的旅游发展规划过程中加强对传统文化的融合与创新。

图 4-23 师家沟舞狮

图片来源：country. huanqiu. com

图 4-24 师家沟村

图片来源：www. mapshow. cn

自建村的数百年以来，师家沟古村（图 4-24）不但留下了大批宝贵的物质文化遗产，也留下了丰富的非物质文化遗产。师家沟民风淳朴，村民有着山西农民所特有的淳厚善良的品质，又有师家沟祖辈耕读传家的传统，村中老人大都通晓文字，谈吐之间有着师家沟文人的雅致。师家虽然是儒商之家，但是仍以农耕为主，于农民而言，祭祀诸神是必不可少的，因此在村落当中建有庙宇建筑，用来祈求风调雨顺。清朝中期，戏曲文化曾经盛极一时，在古村落中大都有戏台。在师家沟村戏台经常与庙宇结合，节日期间人们聚集在庙宇当中看戏，也为庙宇增添了不少香火。除了祭祀农耕诸神，当地百姓还保存着生子之前拜娘娘庙的习俗，村人淳朴地认为，求子需要拜娘娘庙，而娘娘自会让你早得贵子。舞狮子是师家沟村民代代相传的民间艺术形式，有着悠久的历史，每年春节期间，当地人会在各个村子巡回表演，用来表达庆祝的心情，而师家沟最为出色的便是舞狮队伍，上到花甲老人，下到十几岁的孩子，都积极参与其中，舞狮子的技艺精湛，场面宏大。在师家沟村，随处可见妇女在门外纳凉，她们手中都拿着纺锤纺线，一边纺麻线一边话家常，纺锤一转一拉，麻线就纺出来。这种手工纺出的麻线结实耐用，无法扯断，当地人们大多将这种线用来纳鞋底。令师家沟村民最为得意的除了这里的纳鞋底，更有绣鞋垫的技术，大红喜字、鸳鸯戏水、牡丹荷花等寓意吉祥的纹样都可以绣在鞋垫上面。图案的颜色绮丽，形式优美，是民间手工艺品的精华所在。另外剪纸也是常见的手工艺品，只要家中有喜事的时候，人们就会用红纸剪出各种的花样，字的周围环绕着花瓣和藤蔓，或者是喜鹊、蝙蝠、灯笼，等等。门帘也是师家沟村的一大特色，村里人比较简朴，门帘大都是用剩下的破旧衣服碎布料拼合形成，根据布料的大小和颜色，村人发挥自己的想象力，组合出各种形式的花样门帘，色彩朴实，图案丰富，有边角装饰、格子装饰等等，很多人家常在黑边赭底上面填补上色彩鲜明的菱形布块，整个图案带给人们的是一种安静祥和的感受。布块上面绣着包含了年年有余、龙腾虎跃等具有典型象征意义的纹样，为古朴的民居增添了许多色彩，同时也表达了人们对美好生活的愿望。

3）保护措施

师家沟古村落在村俗文化的保护措施上主要体现在以下几点：①挖掘古村落文化内涵。尽量保持村落的天然生态系统，避免因为过度商业化而使得师家沟村流失原本自然和古朴的特色。同时，注重彰显师家沟村的文化魅力，村子里的宅院和府邸的名称由来、村子规划和建设的风水学知识、村子当中与师姓人有关的故事和传奇等等这些都是古村落有待挖掘的文化内涵。在文化旅游开发过程中要将这些有故事的点挖掘出来并形成体系。②保护现有民俗文化资源。挖掘师姓家族的生活传统、传奇故事，在山西的大家族的发迹、鼎盛、衰落为时间脉络，建设主题文化游，例如在景区内部建设山西美食小街道、故事一条街，另外选择不同的宅院举办相关的活动来还原家族生活的原貌，婚俗、家法家规、祭祀祖先等等，也是文化生态的一部分。③保护村俗文化传承队伍。利用古村落内部现有的居民，培养一支具有民俗文化特色的演出队伍，排练与师姓家族传奇故事相关的表演节目，掺杂山西省特色的歌唱和舞蹈表演等等，为游客奉献精彩的传统文化表演，是彰显文化特色的举措。

4）合理利用

在合理利用师家沟古村村俗文化方面主要表现为以下几种形式：①加强旅游氛围的营造。通过古村落文化生态环境的塑造以及旅游文化的宣传、专业旅游服务人才的培训，使当地的村民逐渐熟悉旅游开发模式。另外，要具备合作意识，为了避免在旅游发展过程中的产品服务同质化以及内部竞争，师家沟村应与周围的古村落共同制定整体发展规划，实现整体上的共融性以及个体上的独特性，形成区域内的古村落旅游组团，通过共同合作来增强整体的旅游接待能力和品牌集聚效应。②促进师家沟古村文化旅游发展，继续提升师家沟古村的文化旅游资源。村子里的传统手工艺品虽然颇具特色，但是都是源自于各家各户自己使用，没有形成规模，另外产品的选材普通，制作不够精致。因此可以通过引入专业人才，整合当地资源，共同形成对传统手工艺的重新挖掘和加工，形成规模化的手工艺品设计、加工和制作链条，从而有效满足景区的旅游纪念品供应。其次，发展文化附加产品，设计和制作带有典型晋商文化特色，以及师家沟古村文化背景的旅游地图、导游手册、藏书、书法以及绘画作品等等，不但能够增加景区的文化氛围，同时也可以提供给游客作为旅游纪念品。③创新旅游方式。近几年近郊乡村游成为热点，师家沟古村在旅游过程中可以推出乡村游的主题，在推广师家沟古村建筑文化的同时，通过在村周边的新区开设小型生态农田，挖掘养鱼塘，塑造天然景观，形成与古建筑和谐一致的生态乡村景观，让游客们在参观古村建筑之后，可以直接到新区内欣赏山西省独特的自然风光，还能够吃到地地道道的山西美食。

4.2.3 黔西南布依族苗族自治州兴义

1）概况

兴义市地处黔、滇、桂三省（区）结合部，是黔西南布依族苗族自治州首府，是黔西南州政治、经济、文化、教育、信息、交通、商业中心，是贵州省4大主要中心城市之一[60]。各个村落聚居地区都有不同的民族构成和丰富多样的民俗文化资源，其中以布依族为代表的少数民族民俗文化呈现水乳交融、多彩绚烂的多元化姿态。除汉族外，这里的世居民族有布依、苗、侗、土家、彝、仡佬、水、回和白9个少数民族。其中以布依族、苗族、彝族分布面最广，其他民族分布较为零星分散。主要呈现出大杂居、小聚居的格局。在长期的社会历史发展过程中，各民族之间荣辱与共，各自传统民俗文化相互融合吸收，且不失特色。

2）保护内容

兴义乡村民俗资源类型丰富多样，民族文化浓厚。兴义乡村民俗资源类型可分为饮食民俗、民族服饰、建筑民居、节庆民俗、游艺民俗5大类。这里节庆丰富，除了与其他民族相同的春节、清明、端午、中秋、重阳等传统节日外，还有许多地方传统特色节日，其中最具特色的有三月三、六月六、查白歌节（图4-25）、火把节（图4-26）等。游艺民俗包括了地方民间音乐、地方民间戏剧、民间表演娱乐、民间竞技游乐、民间工艺等。

图4-25 兴义查白歌节
图片来源：www.mafengwo.cn

图4-26 兴义火把节
图片来源：travel.qunar.com

3）保护措施

（1）积极举办民俗旅游活动。各级乡镇政府鼓励下五屯、坪东、黄草、马岭、郑屯等近10个民族乡镇发展以“农家乐”为主题的乡村民俗旅游活动，初步形成“一乡一特”“一村一品”的文化旅游格局。如纳灰村坚持走文化旅游结合的路子，打造“农家文化”，利用独特的农家文化、优美的环境、良好的生态、热情纯朴的服务，开设了“农家乐”“乡村旅游”等项目，为纳灰村增添了新的经济增长点。郑屯镇民族村组建了苗族文艺演出队，常年开展各种民俗文化活动，村风文明淳朴，成了远近闻名的文明村。巴结镇南龙古寨乡土文化浓郁，古寨民歌、“八音坐唱”等民间艺术的完整传承，为南龙古寨增添了厚重的文化内涵。现今“农家乐"经营点已从2006年最初的十来户发展到200余户。此外很多地区的节庆民俗活动都已由政府扶植，如顶效的查白歌节、巴结和丰都的"六月六"、仓更乡和洛万乡的"三月三"、鲁布格镇的火把节等。在乡村旅游产品项目建设中，有以上纳灰布依古寨、中纳灰布依古寨、下纳灰布依古寨、南龙古寨、间歇泉村、冷洞村、坝盘村等为核心的大景区生态型复合乡村旅游产品，也有以兴义南龙、兴义鲁屯、兴义间歇泉、兴义楼纳、兴义郑屯为核心的遗产型乡村旅游产品，还有以六月六（布依族）、三月三（布依族）、八月八（苗族）、火把节（彝族）、开斋节（回族）、荷花节（时令）、桃花节（时令）、春茶节（时令）、漂流节（体育）等民族、时令、赛事节日为重点的民族节日。

（2）大力培育民俗表演团队。民俗表演团队方面，兴义乡镇现有民族歌舞剧团、鲁屯围鼓舞队、布依八音表演队、老年合唱团、舞蹈队、花灯队、金钱棍队、山歌队、腰鼓队、舞龙队、舞狮队等共218支。涉及地方民间音乐、地方民间戏剧、民间娱乐表演、民间竞技游乐、民间工艺等。分布在兴义的25个乡镇（办）、180个村和36个社区，其中较优秀的布依八音表演队和鲁屯围鼓舞队都曾多次受邀参加国内外演出，八音表演队曾经在中央芭蕾舞台演出，也曾到意大利、韩国、马来西亚、新加坡等国演出。

（3）建立乡村民俗博物馆等展演设施。在乡村民俗旅游景点方面，建立了一批较完整的乡村民俗文化景点：下五屯婚俗博物馆、刘氏庄园、马岭河奇石园、顶效贵州龙博物馆、郑屯镇坡岗村布依生态博物馆、南龙布依古寨等共10余处，现正积极争取世行"兴义自然与文化遗产地基础设施"项目贷款，将要投入开工建设的有：刘氏庄园建筑群恢复保护利用工程、万峰林民俗文化村、轩辕龙乡村俱乐部、中国800罗汉石景园、下五屯万峰林民俗文化演出厅等。

4）合理利用

（1）结合民俗资源发展文化旅游。兴义各个民俗文化村镇周边旅游景观丰富多样，种类齐全，拥有自然风光、农家度假、名人故居、历史古迹等景观。这些景观有的历史悠久，有的文化积淀深厚，适合综合开发，互补共进。如猫猫洞、营盘山、张口洞等地的出土文物，证明了兴义在1.2万年前就有古人类活动。悠久的历史为兴义当地留下了大量历史古迹，如捧乍石刻、鲁屯石牌坊、水晶观、云重寺、禹王宫等；奇特的地貌结构造就了物产的丰富多样，适合开展地理与物产相结合的自然生态旅游，如雄奇挺拔的峰林奇观、"贵州龙"化石群、天沟地缝般的马岭河大峡谷、"五最"之景清水河、神秘壮观的地下溶洞群、一通三县的车榔温泉、太阳泉、多个民族聚居的独家村等。结合各地的历史遗迹、峰谷、岩洞、河泉的特点，可建成集峰谷河流、历史古迹、乡村民俗为一体的少数民族文化生态旅游区。

（2）将民俗旅游资源聚集于节庆和集会进行开发。兴义定期举办的乡村节会民俗旅游产品有查白歌节、六月六、三月三、火把节等民族节日。此外，还有一些根据兴义各乡村的自然景观、农产品及特产资源作为主题的节庆活动，比如顶效桃花节、兴义美食节等。这些都对兴义当地乡村民俗文化的展现和弘扬起重要作用，如查白歌节，期间会有对歌、八音坐唱、布依傩戏、尤勒、高台狮灯、土布土纸制作等丰富多样的乡村民俗文化活动。节庆活动能够促进兴义市乃至整个黔西南旅游业的经济发展，如观赏石博览会，节内除了展出奇石收藏外，还会对兴义各处的旅游景点和民俗文化进行介绍和宣传，每年都会吸引大批来自加拿大、美国、新加坡、日本、韩国等多个国家和地区的外来游客，这就使节庆会场变成了一个对外招商引资和文化交流的重要平台。每年的会展在带动兴义市工业、餐饮、住宿等服务业发展的同时，又为周边的乡村旅游区带来了客源，推动了乡村经济的发展。

4.2.4 江西安福塘边村

1）概况

塘边村[61]是江西省吉安市安福县洲湖镇下辖村，是明清时期的群落式民居。距离县城约30 km。村内的古民居群，展现了明清建筑风格，池塘星罗棋布，古村绿意盎然，一派江南水乡风光。2003年8月，经江西省人民政府批准，塘边村被列为省首批“历史文化古村”。而后于2012年与2014年先后被评为“中国传统村落”及“中国历史文化名村”。

2）保护内容

塘边村村俗文化主要包括其源起及其农商文化发展史、宗族文化、传统生活生产工艺及习俗，如节日活动、酒文化（图4-27）等方面。具体保护以下几个方面：①文脉及传说。塘边人耕读立基，崇商重文。村庄呈绕塘而建的“圆形”格局，并非环境限制，而是与传统农商文化相关。②宗族祠堂文化。塘边村的古民居群，每个群落一侧均建祠堂（图4-28）。如文明坊的滋德堂、八栋屋的致美堂等。在古代宗族社会，祠堂是陈列祖宗牌位、子孙祭祀先祖之所。由于群落中民居间距不超过2米，巷道狭窄，娶亲嫁女进不去花轿，老人过世抬不出灵柩，所以祠堂还是各家办红白喜事的公共场所。③塘边酒文化。酒文化是塘边村的特色之一。塘边人热情豪爽，大方好客，家中常有宾客来访，同时也爱串门，酒桌饭局不少。平时有酒，逢年过节更要闹酒。树民所蒸水酒主要为立冬所制冬酒，按酿造季节不同还有桃花酒、秋季红等。

图4-27 塘边村酒文化

图片来源：http://25000647.qzone.qq.com

图4-28 塘边村民居照壁

图片来源：news.sina.com.cn

3）保护措施

对村俗文化运用文字、录像、网络等方式进行记录并以多种形式予以保存；利用空置古民居进行展示、宣传，提高居民认知度和保护意识，帮助传统习俗的传承。目前塘边人中年轻一代十有八九在外求学，勤勉读书的传统延续至今，文化程度的不断提高也是宣传保护传承的基础，加深年轻一代对家乡的认知和情感有助于未来的文化传承。

4.2.5 江西景德镇严台村

1）概况

严台村[62]古称严溪，位于江西省景德镇市浮梁县江村乡北部，与安徽省祁门县渚口乡和闪里镇相邻。据史料记载，严台村起源于东汉光武年间，已有 1 100 多年的建村历史。2008 年 12 月，严台村被列入第四批“中国历史文化名村”。

2）保护内容

严台村（图 4-29）内有明清徽派建筑（图 4-30）140 多幢，非物质遗产丰富，主要包括以下几个方面：传统徽派建筑建造工艺、美好的传说故事、当地特有的民俗节庆文化以及独特的瓷茶文化资源。

图 4-29 严台村全景
图片来源：fashion. ifeng. com

图 4-30 严台村徽派建筑
图片来源：blog. sina. com. cn

3）保护措施

（1）固定时间的非遗展演。深入挖掘村俗文化的核心，通过文化展演的模式，促使村俗文化广为人知，代代相传。例如，可将节事、民俗文化通过演艺的形式显现出来，加强旅游体验，促进非遗的传播和交流，提高古村落知名度。

（2）加强非遗的活态传承。实施活态保护，就是要尊重文化遗产自身的文化特征和传承规律，注重文化遗产传承与发展的可持续意义。实施活态传承最重要的就是人的参与，人和人的生活场景才是最宝贵的旅游资源，人的衣、食、住、行的日常生活背后即是活态的村俗文化传统。自觉融入古村落生活之中从而避免建筑“空心”现象，让古村落的村俗文化在人的生活中实现传承。

（3）建立非遗传承人保护制度，加强数字化保护。非遗的传承，首先就是人的传承。许多非遗项目，包括口述传说、民间手工艺、表演艺术等，都需要代代相传。因此，应向省和国家积极申报古村落非遗项目及其传承人，通过江西省乃至国家相关部门对非遗传承人的保护和经济资助，为传承人传承非遗项目提供基本保障。另外，应逐步完善非遗传承人保护制度，并设立村俗文化传承人数据库，记录传承人的基本信息，定期更新，实现对传承人的动态管理和保护。应通过摄像、录音、后期动画制作等数字化保护方式对非遗项目进行信息的采集、记录和整理，通过网络、书刊和媒体的宣传，使旅游参观者产生更为直观的理解。

4）合理利用

开发非遗文化旅游项目。古村落旅游应在保护的基础上，对具有地域性的非遗进行合理利用，依托中国历史文化名村的品牌文化和非遗项目的文化魅力，形成特色文化旅游，深入挖掘非遗的文化内涵，推动我国古村落的可持续发展。如结合浮梁地区其他古村落文化旅游项目，形成文化旅游片区，创造非遗的综合影响力。

4.2.6 湖南岳阳张谷英村

1）概况

张谷英村(图 4-31)[63]位于湖南岳阳县境内，明洪武四年(1371 年)，由始祖张谷英定址建造，村域面积 5 万多平方米。历经明清两代多次兴建而成，聚族而居，历 600 年沧桑。因独有的历史文化底蕴和文物价值，使其获得我国湘楚民居“活化石”的美誉，先后被评为“全国重点文物保护单位”和“中国历史文化名村”。

图 4-31　张谷英村航拍图
图片来源：www.hpa.net.cn

图 4-32　张谷英村民俗文化活动开幕仪式
图片来源：news.sina.com.cn

2）保护内容

村落物质遗产以及类型丰富的非物质文化资源(图 4-32)，如民间礼仪、民间风俗、民间演艺、雕刻艺术、陶瓷艺术、传统民间节庆活动和民间信仰等。

3）保护措施

村俗文化的保护。结合物质形态的历史文化保护及村落开敞空间的规划设计，为非物质形态的历史文化遗产提供生存与展示的舞台。

张谷英村内村俗文化的具体保护措施：①博物馆保护方式。主要针对面临失传的村俗文化。针对该类遗产应通过录音录像的方式进行保存，并建立博物馆来收藏整理地方物质与非物质遗产资料，通过博物馆的展览、播放让人们认识了解这一文化现象与存在。②整体人文生态保护。保护与文化遗产相关的生态元素。任何一种民间艺术形式都产生于一定的文化生态之中，活在一定的地域里，保护某一艺术形式，要尽可能地保护与其相关的生态元素，使其成为地方文化遗产的一项代表作。任何民间艺术一旦脱离了其诞生和发展的地方泥土，就很难存活，必须整体保护其生存土壤和其他人文生态因素。③数字化与网络传承方式。借助数字化、网络化方式进行保护与传播是最有效的途径。无论是文字还是图片，还是音乐图像都可以借助网络实现全球超越时间空间的资源共享，并起到广而告之的作用，例如“张谷英网”网站的开启，让更多的人通过网络了解和发展张谷英的文化和艺术。

4）合理利用

开创休闲旅游体验与农耕文化展示，建立合理的旅游支撑保护模式。张谷英村旅游资源类型齐全，数量丰富，其物质文化遗产与非物质文化遗产使整个区域具有整体优势。因此，对其保护与利用，应采用生态旅游、乡村文化旅游相结合的模式，并加强旅游服务设施的建设。张谷英村村俗文化通过一些物质载体和空间进行传承、发展和展示。具体可通过名村展示体系、广场规划和村庄雕塑小品系统规划来实现，结合旅游开发建立文物古迹和遗址标识系统、博物馆系统、表演系统、数字化网络系统，让人们在参观游乐中感受张谷英村历史文化的博大精深，从而促进对村俗文化的保护和传承。

具体展示体系可分为以下几种：①院落展示——通过物质载体将非物质文化活灵活现地、立体地表现或展示出来。祭祀先祖的活动在大门祖庭开展，舞龙舞狮等大型活动在古村广场等大型空间展示。②农田展示——观赏性强、经济效益高的地方农林作物展示和农业生活亲身体验。③观景点展示——在制高点观赏张谷英古建筑整体格局全貌及其地形地貌，同时体会张谷英村风水文化。④游客服务中心——售票、接待、宣传资料、纪念品、小食品销售，全方位弘扬和发展张谷英村非物质文化。

4.2.7　湖南祁阳龙溪村

1）概况

龙溪古村[64]位于祁阳县潘市镇，始建于明代 1498 年，李氏祖上迁居于此，因善经商家境殷实，遂大兴土木，修建了大量的房屋，故又称“李家大院”。拥有一大批明清时期兴建的古建筑，占地 36 000 m^2，建筑面积 11 000 m^2。经过 500 多年的不断完善和历史积淀，龙溪村已形成完整的村落格局，并拥有丰富的历史文化遗存。2008 年龙溪村被湖南省人民政府公布为第二批省级历史文化名村。

图 4-33　龙溪祁剧

图片来源：www.syxwnet.com

图 4-34　龙溪村李氏宗祠

图片来源：www.360doc.com

2）保护内容

龙溪村的村俗文化丰富，历史文化底蕴深厚，具有典型的地方特色，具体包括节庆与民间礼仪、地方剧种(图 4-33)、地方风俗以及地方传统手工艺等。具体保护内容包括：①节庆与民间礼仪。龙溪村拥有特色的传统节日 12 个，每年除夕到来之前都要在李氏宗祠(图 4-34)举行盛大的祭祀活动。规划完善李氏宗祠设施，并于传统节日在此举行祭祖活动，再现当年的历史场景和生活风貌。②地方风俗。龙溪村久受中国传统文化的熏陶，村内以农耕文化为主题的门联、横匾众多，承传着耕读文化的遗风，耐人寻味。“务本堂”“五美堂”“明伦堂”“亦爱堂”“仁者堂”“序伦堂”等意味深邃的堂名体现了古村人代以承传的精神信仰与道德崇尚。"摇钱树""聚宝盆""麒麟送子"等泥塑装饰作品,更是农家期盼子孙发家致富、人丁兴旺最为具体生动的写照。村里独自成栋的花厅,是宗族接待贵宾、品茶饮酒、赏花看戏的地方,反映了李氏一族热情好客的习俗和生活情趣的高雅。规划恢复古村公共建筑的名称匾额,倡导耕读传家的生活风尚。

3) 保护措施

龙溪村村俗文化的具体保护措施为:①展馆保护方式。可考虑把李氏宗祠改造为龙溪村历史文化展馆,收藏整理能体现龙溪村非物质遗产的物品和资料,以录音录像的方式保存即将失传的村俗文化,以定期展览收藏品、播放资料片的形式让人们了解这一文化现象与存在。②文化生态环境保护。龙溪村的人文生态环境是民间艺术生长的土壤,保护某一艺术形式,要尽可能地保护与其相联系的生活方式、风俗习惯,使其保持旺盛的生命力。③数字化保护方式。利用数字化、网络化进行保护与传播,实现全球超越时间空间的资源共享。

4) 合理利用

促进龙溪村村俗文化与文化旅游相结合,建立可持续保护与开发机制。认定并统计龙溪村的重要村俗文化,将之与旅游经济相结合,进行重点开发。如举行农耕文化节,吸引国内外游客前来观光旅游等。

4.2.8 江苏南京窦村

1) 概况

窦村位于江苏南京市江宁区,是一个古村落,自然村村庄集中建设范围约 150 000 m^2。始于明朝初年,明太祖朱元璋定都南京后大兴石刻,于是召集全国各地手艺精湛的石匠来到南京进行都城建设和南京古城墙建设。城墙建成后因后期维护的需要,大批石匠未返原籍继续留在南京。于是来自五湖四海的石匠聚集到青龙山山脚下而形成"石匠村"。杰出的石刻工艺与当地的社会生产、生活习俗、生活情趣、文化艺术、礼仪风俗等相结合,体现了窦村独特的地方特色和浓郁的地方风情(图 4-35、图 4-36)。

图 4-35 窦村石刻一
图片来源:www.zfancy.net

图 4-36 窦村石刻二
图片来源:roll.sohu.com

2) 保护内容

窦村的村俗文化主要包括窦村传统、历史传说、民俗风情等。其中有婚嫁习俗等。

3）保护措施

窦村村俗文化的具体保护措施可分为如下几种：①建立传承保护机制。加大对各级保护名录项目传承人的保护，对于一些传承薄弱的村俗文化项目，尽快培育、命名代表性传承人，加大保护和支持力度，鼓励开展传习活动，逐步建立科学有效的村俗文化传承机制，使村俗文化能够源远流长。②建设一批村俗文化的展示场所。加强各类民间传统文化传习场所的保护与建设工作，利用民俗博物馆和建筑艺术博物馆等公共建筑、游客设施等，将普查、收集、整理的村俗文化需保存和可保存部分，进行科学保存、保护及展示。③完善村俗文化保护的宣传机制。组织民间艺人、民间艺术表演队伍，积极参与文化交流活动。加强民间文化与旅游联姻，扩展民间文化的传播途径，加大民间文化的宣传力度，增加民俗旅游的吸引力。让更多的民间文化面向群众、走上舞台，满足群众日益增长的多元化文化需求。④加强村俗文化保护队伍的建设。由文化主管部门牵头，建立村俗文化保护工作机构，成立村俗文化保护工程专家委员会。组织专家对保护工作和人员队伍进行重点指导和培训。

4）合理利用

根据对古村的功能定位，古村中的业态引导分为 6 个部分：石刻工艺品制作、培训与出售，青年旅社，农家乐体验，滨水文化休闲，农产品销售，摄影工作室（表 4-4）。

表 4-4　窦村业态引导意向

类型	空间载体	具体内容
石刻工艺品制作、培训与销售	石工艺坊	当地居民从事石刻工艺品制作，业余爱好者在此可得到石刻技艺培训，并集中在石工艺坊的西侧销售
青年旅社	各自民居	政府引导鼓励居民开放民居，并形成各自特色，逐步形成慢生活体验区
农家乐体验	田园风光	结合古村的天然优势设置农家乐体验，在农家乐的旅游观光、餐饮娱乐中融入劳动锻炼、农耕体验等
滨水文化休闲	滨水文化休闲中心	结合古村现有水系水塘，设置滨水文化休闲中心，内设咖啡厅、茶社、桌游吧等项目
农产品销售	农产品销售点	为游客提供窦村本地区特优农产品的同时销售和推广窦村文化及生活方式
摄影工作室	摄影工作室	艺术写真、婚纱摄影、平面宣传、广告设计等

4.2.9　江苏南京湖熟村

1）概况

湖熟文化是中华早期文明形成的代表文化之一，代表了长江中下游地区 4000～5000 年的灿烂文化，也是中华文明从“星罗棋布”向“多元一体”演化过程中的文化代表之一。以湖熟文化为代表的考古发掘证明，南京自古就是南北、东西文化交流的结合点，对于中国西北和东南两大地区文化的交流，曾经起过独特的作用。

湖熟历史绵长，人文荟萃。历史上由于经济发达，艺术纷呈，曾是许多历史名人的居住地，例如：湖熟侯刘胥、南朝梁皇族萧统、报业大王史量才、丹青名家董伯，加上丰富的时岁节日，形成内涵深厚的文化传统。

2）保护内容

非物质要素即人文环境，反映在居民的社会生产、生活习俗、生活情趣、文化艺术、礼仪风俗等各方面，重点是南京板鸭盐水鸭制作工艺、周岗红木雕刻、荡湖船、龙都娃娃鼓（图 4-37）、万安脸子会（图 4-38）、赛龙舟和湖熟回民生活习俗等村俗文化。保护已公布的 7 项村俗文化，继续推动传统文化、传统工艺和民俗等村俗文化项目的普查和建档。

图 4-37　龙都娃娃鼓

图片来源：ldxx. jnedu. net. cn

图 4-38　万安脸子会

图片来源：roll. sohu. com

3）保护措施

按照“保护为主、抢救第一、合理利用、传承发展”的原则，对村俗文化及其栖息地实施整体保护。①列入省、市村俗文化名录的项目，湖熟街道办事处应当明确保护责任单位，落实保护责任，并在年度财政预算中安排资金，专项用于村俗文化的普查、征集、抢救、研究、传播、宣传教育等事项。保护责任单位应当按照村俗文化保护的相关规定履行保护义务。②对于现有村俗文化的重要创作、收藏和传播机构、场所，应建立村俗文化空间。对本市村俗文化的代表性传承人，湖熟街道办事处应当通过提供必要的场所、资金等方式，鼓励、支持代表性传承人开展传承活动。鼓励成立民俗协会等社团从事研究、创作和传播，鼓励高等院校设立相关专业和课程，培养专门人才。③为村俗文化提供空间载体。建立博物馆和展览馆，组织民俗活动和节庆，丰富古镇文化活动。根据“有效保护、合理使用、加强管理”的文物保护、利用指导思想，建立专题博物馆，运用丰富的文物资源，真实生动地反映和展现湖熟的历史和文化，构筑多方位的历史文化遗产展示体系，重点展示湖熟历史文化。④保护和恢复传统地名以及街巷历史名称。保护有深刻历史内涵的地名及街巷名称，城市建设道路命名中应尽可能采用历史上有内涵的名称，有条件恢复历史地名的应及早恢复，新命名的地名要注意与传统文化氛围相协调。建立健全相关技术规范，历史名称不得随意更改。⑤保护和发展传统商业和传统工艺。大力扶持老字号，继承发扬传统经营管理特色，在灵顺南路、姚东大街、姚西大街鼓励老字号集聚发展；同时建设传统商业博物馆，举办传统商业展览，进行传统工艺宣传和生产活动。⑥鼓励地方社区、团体和个人保护和宣传独特的无形文化遗产。运用文学、电影、电视、图像、录音等方式，促进无形文化遗产转变为有形形式,以利于村俗文化的保护和延续。

4) 合理利用

通过文化线路串联整合文化景观,形成整体展示湖熟独特古村风貌的历史文化空间网络,全力推进湖熟古村文化旅游产业的繁荣。突出湖熟文化、明清文化、山水文化和名人文化特色。重点建设湖熟历史文化博物馆、湖熟传统工艺展览馆等。挖掘刘胥、张栋梁、史量才等名人在湖熟的相关文化资源,彰显湖熟的历史文化特色。

4.2.10 浙江斯宅古村

1) 概况

斯宅村[65]处于山清水秀的文化生态旅游镇——浙江省诸暨市东白湖镇。诸暨市是越国故都、西施故乡,位于浙江省中部,现有人口 102 万,面积 2 318 km^2。此地山岩峻秀、林木葱茏、风景秀丽、人才辈出,古代建筑更是星罗棋布。2001 年被国务院评为“国家重点文物保护单位”,2012 年入选“中国景观村落”,并于 2013 年 5 月入选中国首批传统村落。

图 4-39 斯宅龙灯

图片来源:blog. sina. com. cn

图 4-40 斯宅建筑工艺

图片来源:www. 360doc. com

2) 保护内容

存在于斯宅村内的民间习俗、民间节庆、民间崇拜、民间传说、民间故事、民间歌谣、民俗语言、民间手工技艺等组成了斯宅村村俗文化,构成了斯宅村文化遗产的精神形态。具体包括“龙灯”(图 4-39)与“扬扬马”等民俗活动,百一公传说、清水钓鳖等民间传说。村落非遗种类丰富,建筑工艺精湛(图 4-40),原真性及活态性强,具有深厚的文化底蕴。

3) 保护措施

斯宅古村村俗文化保护具体体现在以下几点:①加大宣传力度。在古村落中培养专职的解说员,讲解斯宅村的历史渊源、斯氏家族的传说故事、古村落的名人逸事等,可以使得这些村俗文化代代相传,激发旅客忆古情怀,让游客体味古村波澜壮阔的历史。②充分挖掘文化资源。对古村落的诗词歌赋、故事传说和有代表性的耕读文化资源提炼挖掘,取其精华,去其糟粕;并且将斯宅村的选址、村落规划、建筑布局过程中的风水文化进行科学的分析,使得古人天人合一的精神和人与自然和谐相处的关系引发大家的思考。③开创不同的展示方式。通过从事劳动、参观村民生产活动现场、参观和运用早期的农具和生活器具等方式展示古村落的生活和农村耕读文化;在华国公别墅或笔锋书院内,可以设计古代时的上课场景,设计青少年课外教育基地、国学经典朗读以及祭祖庆典的重现来体现中国传统耕读文化的核心,使得重视教育、热爱学习的文化传统得以传承。

4) 合理利用

对斯宅古村村俗文化的合理利用可分为:①建立以文化为基础的新型文化遗产开发模式。斯宅作为东白湖发展生态文化休闲游的重要组成部分,尝试将人们引入以文化体验为主,在观赏中感悟和学习,放松情绪,了解古今差异化体验的文化模式。②开创民俗体验式旅游。通过古村落村民家访,农业耕作与种植,学习织布、编织、炒茶、摘香榧、做糖秧等特色民俗民风活动,接触热情好客的村民,让游客得到最直接的民俗体验。

4.2.11 广西龙脊平安壮寨

1) 概况

龙脊,是龙胜县龙脊壮族聚居区的统称,位于广西壮族自治区北部、桂林市西境。龙脊的主体民族是壮族,他们自称为“布也”。平安壮寨是龙脊十三寨之一,是一个典型的壮族村寨,在民居建筑和民族服饰上都颇具壮族风味。平安村历史悠久,根据当地流传的村寨历史,他们的先人从明代万历年间迁入现在的居地,已有500多年的历史,他们世世代代生息繁衍,建设着自己的家园。平安寨原来属于龙脊村,由于人口发展过快,从中分离出来,如今已是独立的行政村。

2) 保护内容

平安壮寨[66]的外显文化除以梯田为核心的物质文化外,社会文化和精神文化等亦是平安壮寨的珍贵财富。

图 4-41 红衣节
图片来源:www.ylly.cn

图 4-42 竹竿舞
图片来源:wzhd.gxnews.com.cn

(1) 社会文化。社会文化以寨老制、婚丧礼仪、节日习俗(图 4-41、4-42)为代表。寨老制是平安寨的自治组织,历史形成的一种村民自治制度。寨老制分为村寨寨老、联村寨老和十三寨寨老三级组织。村寨寨老组织、联村寨老组织都是以血缘为纽带,十三寨寨老组织则不同,它完全是建立在以地缘为纽带的基础上。寨老制持续建立时间较久,长期以来对促进壮族地区的社会发展起到了相当大的作用。平安壮寨婚姻家庭形态为一夫一妻制,一家三代同堂。婚仪有订婚、准口、结婚三个程序。并在提亲、合八字、讲定、准备嫁妆、入新房、招赘等婚前婚后各环节中都遵循一定的礼仪风俗。丧葬习俗则实行土葬。人死有报丧、净身入棺、打斋、掩埋、立坟堂等仪俗，与当地瑶、汉民族基本相同。

（2）精神文化。精神文化以语言、自然崇拜、宗教信仰、民间工艺、游艺民俗为代表。壮语是平安壮族的母语。龙脊壮族移居桂北山区几百年来，始终保持着自己的民族传统语言。他们的语言属壮族北部方言“布也”土语，无论在词汇还是语法上都很有特点。平安壮民有崇拜自然物现象。人们把水潭、巨石、古树、山坡等自然物视作能保佑人丁兴旺、五谷丰登的神灵而加以崇拜。遇小孩体弱多病，父母即请巫师占卜拜寄等。平安壮族信仰巫教、道教和师公教。师公教是壮族传统文化和民俗形态的母源，是壮族传统文化中具有相对稳定性和共同性的部分。平安壮民有着一手精巧的民间工艺，成为民族文化的重要组成部分。民间工艺有壮锦、方格巾、绣花鞋、绣球等。

3）保护措施

对平安壮寨村俗文化的具体保护措施为：①完善相关的保护性政策、法规体系。通过立法，加强当地民众的法规意识，减少盲目的、粗暴的开发方式，从而减少民族文化在旅游开发中所受到的损害。自觉地把保护民族文化作为己任，积极维护民族文化的良性发展。②提高决策领导、管理人员、开发商的文化水平。只有认识到民族传统文化的价值所在，才能在实际操作中自觉采取保护措施。没有相关的专业知识，人们无法意识到其行为的破坏性；即使保护起来也会感觉到心有余而力不足，达不到理想的效果。③增强当地群众的自我保护意识。通过教育等手段，使当地群众意识到自己民族的文化是本民族生存和发展的根本。通过游客对当地文化的参观、参与，更加增强民族自信心和自豪感，加强对自身文化的承传。当地群众自觉抵制外来的不良影响，是保护民族文化最有效的途径。④正确引导游客的行为，增强其对民族文化的保护意识。游客在欣赏美丽而神秘的民族文化的时候，应当尊重被访问地的文化、风俗习惯，采取文化相对主义的态度来对待当地民族文化。学会站在文化主位的角度，接受文化多元一体的人类社会现实。

4）合理利用

平安壮寨在保护其村俗文化上主要采用与旅游开发结合的方式，实现民族文化现代化是旅游开发的目标。①开发考古遗址、名胜古迹、民族文物、生产生活传承物等民族文化旅游资源。②实体展示民间村俗文化。民间工艺制作、生产技能、音乐歌舞等民族文化旅游资源，通过当地群众展示而成了旅游产品。③科学地开发民族文化旅游资源，精心生产民族文化旅游产品，完善旅游产品的审查制度。将民族节庆活动、结婚礼仪和神秘的宗教仪式等对旅游者有很强的吸引力的民族文化旅游资源转化成数字化文化资源对游客开放，突破文化旅游资源有严格的场合限定和时间限制的弊端。

4.2.12 广西南宁缸瓦窑村

1）概况

缸瓦窑村[67]，是一个曾经以制作缸瓦为营生并鼎盛一时的村庄，位于南宁市良庆区良庆街西北面，近邻五象大道，距市中心 12 km。原占地面积 584 000 m^2，现人口 1 200 人。约在清朝后期，有制陶艺人在此建窑居住从事陶艺制作（图 4-43）。上世纪 70 年代以前，这里生产缸、罐、煲、碗等180多种陶制产品，远销广东、香港、澳门等地。在缸瓦烧制的鼎盛时期，全村有大小20几条窑，每年出缸瓦数百窑，慢慢变迁为今天的缸瓦窑村。

图4-43　缸瓦窑村陶制品
图片来源：news. cyol. com

图4-44　缸瓦窑村香火龙
图片来源：www. nnnews. net

2）保护内容

村中特色文化资源底蕴深厚，最主要就是村俗文化——香火龙民俗文化（图4-44）等。香火龙民俗文化伴随缸瓦窑村缸瓦烧制的鼎盛而兴起，发源于广东佛山市的制陶古镇石湾镇，由清代传入缸瓦窑村，流传至今已经有300多年的历史，原为“火龙窑”点火前奏的庆典。而后形成包括制陶器、烧龙窑、祭窑神、舞“香火龙”等独有的特色民俗文化。香火龙舞2007年10月被公布为南宁市第一批非物质文化遗产，2010年5月被列入自治区非物质文化遗产保护名录。

3）保护措施

缸瓦窑村在村俗文化的保护措施上主要体现在以下几点：①依托非遗资源优势，建设特色城镇。发掘原有的地方资源，结合地方地理环境、历史沿革、民俗节庆、民俗文物、名胜古迹、休闲景点，运用创新的思维建设特色城镇。利用现有的窑址、庭院，经过修复、完善后形成了富有创意的民俗文化村；通过传统窑洞、传统建筑等景观协调组合，营造出了具有传统风格的居住形式。吸引国内外艺术家到此进行艺术创作、交流等，形成具有较大影响力的广西当代艺术家群落的文化品牌，甚至建设中国—东盟瓦窑（南宁）国际艺术城、建立瓦窑影视拍摄基地等。最终建成既接续传统文脉又富有时代风貌的现代化新城镇，提升城镇文化品位。②营造文化社区，重建非遗文化空间。在保证居民日常生活正常进行的前提下，合理开发利用村落非遗资源，保留每一个景观地自己的“场所精神”。团结各方力量调动居民的积极性，营造社区共同的文化氛围，发展社区独特产品产业，结合当地发展的诉求，以整个村落作为民俗文化空间。

4）合理利用

利用非遗发展文化产业，推进就地城镇化。文化产业化是对文化的一种再认识、再研究、再开发、再利用、再创新的重生过程。建立陶制品展示交易中心，从事城镇文化产权流通、文化艺术品等文化交易活动，成为文化消费和文化产品加工基地；同时还可配合地方行销的策略，活化村落经济的繁荣。发展经济的同时也要注意维持村落的生态环境和人文传统，以避免传统城镇化、工业化带来的环境破坏等问题。实现村民社会地位和职业的转换，即由村民转换为文化产业从业者、民俗文化工作者、民俗表演者、民俗旅游接待户，实现村民就地城镇化。

4.2.13　云南弥勒可邑村

1）概况

可邑村[68]位于云南省弥勒县城之北，这里群山环抱，万木葱茏。境内东西约宽 4 km，南北长约 8 km，总面积为 32 km^2，建村历史可追溯至清顺治五年（1648 年）。这里是 2009 年“国际人类学与民族学联合会第十六届大会”的学术考察点和 2010 年“全国少数民族传统体育学术大会”的考察点。

2）保护内容

可邑村的民间信仰主要有毕摩教、自然崇拜（山神、火神）、天主教。可邑村的民族传统体育是其非遗保护的核心，儿童青少年的娱乐项目有玩家家、踢毽子、弹玻珠、跳方格，另外还有拿石头、跳皮筋、滚铁环、跷跷板、翻跟头等等；成年人的娱乐主要有阿细跳月（图 4-45）、“细乐”、霸王鞭（图 4-46）、高跷、摔跤、斗牛、篮球赛等。摔跤和斗牛是每年彝族火把节必演的传统节目。2008 年 6 月，阿细跳月被国务院批准为第二批国家级非物质文化遗产；2008 年 11 月，弥勒县被文化部命名为“中国民间（彝族阿细跳月）文化艺术之乡”。

图 4-45　阿细跳月
图片来源：www. sheyou. cn

图 4-46　霸王鞭
图片来源：www. nnnews. net

3）保护措施

可邑村在村俗文化的保护措施上主要体现为以下几点：①现代体育改造。现代体育化的传承路径有三种：一是进行竞技性改造后通过仪式化的赛会进行传承，包括各级各类运动会、民族运动会、单项赛会等；二是突出民族传统体育的健身功能，改编成民族健身舞（操）等；三是将民族传统体育文化形式纳入学校体育领域，如广州亚运会上龙舟成为正式项目。②非物质文化遗产申报。非物质文化遗产名录申报，通过全国自下而上的遗产申报工作，培养和锻炼了数以千万计的非物质文化遗产保护工作的专业工作队伍，极大地提升了我国文化领导部门和事业单位的工作水平。传承人登记制度可分为以自然人名义传承的“个体传承项目”、以团体名义传承的“团体传承项目”和以群体名义传承的“群体传承项目”三大类。绝大多数村俗文化项目，都是通过群体的力量代代相传的。如彝族摔跤、白族霸王鞭等都是这类遗产的典型代表，反映出这类遗产在传承过程中所具有的公众普遍参与的特点。③资料库与信息库建构。通过收藏实物的方式来保护村俗文化。采用互联网等信息化方式对其进行保护。

4）合理利用

发展文化旅游，将体育文化加入文化旅游的文化链体系当中作集中式的展演，并与游客产生积极的互动。少数民族传统体育的独特性、原真性、身体的展演性、可参与性形成了旅游产业别具特色和吸引力的重要文化资源。由于少数民族体育文化主要来自农耕文明，因此应对少数民族体育项目进行筛选、改造、包装，提高其审美、竞技、健身的价值，以个性化的感受吸引国内外游客，拓展民族地区旅游业的发展空间。

4.2.14 新疆哈密阿勒屯村

1）概况

阿勒屯村[69]位于哈密市南郊的少数民族聚居区，具有较好的区位条件，文化氛围浓厚，交通可达性较好，周边生态环境优美。1990 年由新疆维吾尔自治区人民政府公布为自治区重点文物保护单位。2008 年，新疆维吾尔自治区哈密市回城乡阿勒屯村被评为"中国历史文化名村"。

2）保护内容

阿勒屯村拥有丰富的村俗文化，具体包括宗教信仰、民族习俗、节庆活动、红白喜事及相关手工艺等。哈密维吾尔族在历史上曾先后信奉过萨满教、摩尼教、景教、祆教和佛教；阿勒屯村内维吾尔族习俗体现在村民的吃穿住行等方面，比如饮食、禁忌、衣着、房屋布置等；哈密维吾尔族的传统节目主要有"肉孜节"（开斋节）、"古尔邦节"（宰牲节）（图 4-47）、"奴肉孜节"（迎春节）等；伊斯兰教的教义和丧葬习俗对维吾尔族丧葬制度的形成起了决定性作用；哈密刺绣（图 4-48）为国家级非物质文化遗产；哈密剪纸普及面广。

图 4-47　古尔邦节

图片来源：info. tujia. com

图 4-48　哈密刺绣

图片来源：www. zzhz. net

3）保护措施

（1）传统手工艺保护

①培养优秀传承人才。结合文化站现有各种培训班，在原有基础上进行宣传，扩大培训规模，定期集中培训各种民间工艺人才，同时定期（如每年一次）进行考核，使其传统手工艺在年轻人中得到继承和发扬。②通过各类赛事推广。在现有市级与乡级各种赛事的基

础上，定期(如每年一次)举行名村内部相关艺术比赛，设立相关奖项，既能检验年轻一代的学习能力，又能提高大家的艺术水平。同时一方面活跃名村内部艺术文化氛围；另一方面提高大家对于提升艺术文化修养的积极性。

(2) 活态传承

①突出研究重点。寻求传承途径研究上，突出哈密木卡姆的原生态性、民间性，加强对原有传承特点、民间传统艺人学习技巧等的研究力度，找出现代社会条件下适合于哈密木卡姆传承的新模式、新途径。②强化传承方式。民间木卡姆根植于绿洲乡村的原生态环境氛围，以家庭院落为主要表演场所，传授的方式都是口授，又分师徒传授、家族传授，以师徒传授为主。传统木卡姆艺术都是非盈利性质，未来传承中继续保留强化这一传授模式，并对传承人及其场所进行登记、挂牌等。依托文化站已形成的木卡姆活动场地，扩大规模，建立现代学习班。③开拓公共演艺空间。在地区木卡姆传承中心及乡文化站木卡姆活动中心的基础上，让木卡姆演艺真正回到村落民间场所，开拓各类公共开放空间或者民居院落场所，让游客欣赏真正民间独特的哈密十二木卡姆表演。④通过现代教育进行推广。与高度组织化的现代教育建立合作关系，使木卡姆、剪纸等艺术成为中小学艺术审美教育的一部分，大力培养学生的兴趣和爱好。与此同时，尽量利用现代化手段，如音像媒体、电视广播等，加强宣传力度，提高影响力。⑤举办木卡姆赛事。通过举办“阿勒屯村民间文化艺术节”，引入哈密木卡姆演艺赛事，通过有奖竞赛的方式，一方面提高哈密木卡姆的影响力；另一方面又提高大家学习木卡姆艺术的积极性，有力地推动了木卡姆艺术的传承。

(3) 文体活动传承

传统文体娱乐活动主要有传统摔跤、斗鸡、斗羊、拔河、秋千等，这些活动主要是在传统节日时开展的，平时组织的相对较少。这些活动中，摔跤、拔河、斗鸡属于阿勒屯村传统优势项目，曾多次在市运动会上取得佳绩。在未来发展中可以将下列文体活动与文化旅游相结合进行展示和演艺，成为集中组织开办名村文化展示的另一类形式。①组织创办传统体育文化节；②定期在村落内部组织中等规模文体活动；③增设名村部分公共开敞空间，作为村民文体活动场地；④在主要景点增加传统文娱活动表演项目及场地；⑤结合现代教育，将部分活动(如传统摔跤、拔河等)引入学校体育中。

4) 合理利用

在合理利用方面主要表现为以下几种形式：①开拓民间作坊。结合农家乐，选择开拓10户(阿加汗家、玉素甫家等)回城乡维吾尔民间绘画剪纸艺人庭院，对院落进行维修及环境改造；同时对其文化艺术空间进行挂牌保护和标识，标明非物质文化遗产的名称、内容、传承人(讲述人、隶属人)等信息，让游客实地参观维吾尔民间艺人的剪纸、刺绣、绘画技艺，并出售手工艺品，同时对感兴趣的游客进行现场授教，让游客体验其传统手工艺。②文化站集中展示。扩大文化站影响力，集中展示回城乡民间手工艺品展(剪纸、绘画、刺绣等)，让游客体验其传统手工艺，并配备讲解员进行讲解。③旅游景点集中展示。主要旅游景点具有一定吸引力，选择几处景点内部或者周围废弃民居进行功能置换，改造为民间艺术展示厅，作为民间艺术交流平台。④增强标识设计。结合各景点自身环境改造，进行外部环境规划设计、主题设计，设置主题小公园，多方面体现传统工艺元素，同时在村落标识系统设计中大量运用传统文化元素。

4.2.15 内蒙古呼伦贝尔鄂伦春

1）概况

鄂伦春自治旗[70]是鄂伦春族人口分布最多的地区之一。鄂伦春传统文化属于典型的游猎文化，这种文化来自于充裕的自然环境空间和良好的动植物生态系统，有别于通古斯东北亚以农耕为基础的文化，有别于游牧文化，有别于工商和手工业为主的少数族群文化。作为典型的东北亚通古斯狩猎文化代表，鄂伦春民族文化具有如下的特点：在文化分布地理区位上，位于中国东北部森林低山丘陵区域，区位相对偏僻，传统民族生存空间环境较为广阔，目前现有居住环境大大缩小，人口总量较少，与其他民族混合居住，且比例较小。

2）保护内容

鄂伦春民族文化类型多样，经过几千年的积淀与发展，形成了今天独树一帜的民族文化，其中以非物质文化遗产为主。具体包括语言、萨满文化、民间文学与口头艺术、民间音乐与舞蹈（图 4-49）、狩猎文化（图 4-50）、民族服饰、民族工艺及民俗节庆等。其中民俗和节庆对于增强民族认同感、展开鄂伦春民俗文化旅游具有极大的价值。体育游艺项目有许多项可以直接作为民俗活动或竞技项目发展，能够符合现代社会旅游发展中娱乐、健身的需求。

图 4-49 民族音乐演奏

图片来源：www.azg168.cn

图 4-50 牧马表演

图片来源：www.nmrb.com.cn

3）保护措施

①建议成立民族文化遗产保护中心。民族文化遗产保护中心统一负责鄂伦春族和其他少数民族民族文化遗产管理和保护研究。勘察、记录并系统地将鄂伦春族非物质文化遗产进行分类整理，建立档案和数据库。②制定科学的评审标准。建立、完善鄂伦春旗的三级（国家级、省级和自治旗级）非物质文化遗产名录体系。建立非物质文化遗产传承机制，并对传承人采用命名、授予称号和扶持等方式，鼓励代表性传承人的传习活动。③保护民俗文化村。通过保护民俗文化村，提升鄂伦春猎民乡的品位与层次，改善人居环境，在保护的基础上繁荣发展民族文化。民俗文化村应遵循统一规划、差异发展的原则，每个民俗村均有不同的主体，例如可选择的主题有“萨满宗教”“图腾崇拜”“密林狩猎”“节日欢庆”“日常起居”“手工技艺”“舞蹈展示”等。④划分不同民族文化传承保护

区。在空间布局方面，初步完成语言文化传承、狩猎文化传承、节日庆典文化、民族宗教文化、民族手工艺品加工等文化传承体系的分区布局。在社会活动组织方面，建立以民族节日为主线的节日活动，形成民族文化传承的舆论环境氛围，为文化旅游创造良好的环境条件。

4）合理利用

开创文化旅游，具体包括狩猎文化体验展示、滨水渔猎文化体验、民族工艺美术展示、音乐舞蹈说唱演艺、民族饮食文化体验等。通过民族工艺品加工制作培训，依托民族文化展示区和游客接待服务区，形成民族工艺品产销一条龙服务。

①狩猎文化体验展示。主要包括：培训营地安全知识，行走路线，自救常识的教育；通过现场解说和提示标志牌，进行野生动物喜爱的植物和相关植物知识的教育；现场演示教授野外饮食、取火、休息、伤病处理等安全自救知识。进行狩猎实战活动，提高对游客吸引力和趣味度。②滨水渔猎文化体验。狩猎文化传承区以山地体验为主，依托狩猎文化传承区，建立滨水渔猎文化休闲体验区，形成“依山傍水，文化占中”的生态文化旅游格局，相比于山地狩猎文化内涵的综合性，以生态休闲为主的滨水渔猎文化休闲体验区包括滨水休闲步道、烧烤篝火活动、垂钓活动、短距离漂流等内容，和周边地区的其他滨水休闲项目相类似。③民族工艺美术展示。依托游客服务中心、民俗文化展示中心、其他接待服务设施，进行民族工艺美术作品制作展示、商品销售，带动桦树皮工艺美术品、木雕艺术品、民族服装、通古斯民族的其他工艺美术品的制作销售，形成流程化、标准化民族工艺品加工基地，改善当地就业结构。④音乐舞蹈说唱演艺。依托游客服务中心、民俗文化展示中心，展开民族歌曲和民族舞蹈以及民间说唱艺术，与民族工艺品制作演示、民族工艺品展览、民族工艺品销售形成系列化一体化民俗文化展示活动。⑤民族饮食文化体验。兴安岭地区在食物原材料和烹调方式方面具有其他地区不可比拟的材料环保优势，比如具有地区特色的餐前饮料山定子汁、蓝莓汁，具有特色的四叶子汤、烤羊肉、狍子肉等特色食品，使游客体验到以美味绿色为特色的区域饮食文化，与狩猎文化体验、滨水渔猎文化体验、民族工艺美术体验、音乐舞蹈艺术体验等相结合，形成具有民族特色的鄂伦春民族文化体验产品。

4.3 案例借鉴与启示

4.3.1 案例总结与评析

通过对国外地区与外来文化、国内不同地域文化影响下的多个村俗文化保护案例进行系统梳理和比较，从制度及机构设置、保护内容、保护措施及合理利用等方面进行了总结与评析，以期为我国村俗文化保护工作提供可资借鉴的保护措施及利用方式(表 4-5)。

表 4-5 国内外村俗文化保护案例总结与评析

内容	国外	国内	评析
制度及机构设置	法律政策：以日本《文化财保护法》为代表，美国、韩国、法国等发达国家均出台相关法律法规为“无形文化遗产”提供法律保障； 机构设置：中央、地方政府、非政府组织三级架构，分工明确，配合密切； 培训机制：以法国文化遗产教学机构——文化遗产保护学院为代表	法律政策：从文化传承、传承人等方面建立了相关制度； 机构设置：建立了民族文化遗产保护中心、民俗文化村等相关机构等	国外建立了健全的法律法规、科学的管理组织体系及专业的科研机构和培训机制，对国内制度建设具有重要指导意义
保护内容	本土文化：日本、韩国、德国以传统节庆、民间习俗、民间手工技艺为代表的本土文化； 外来文化：美国移民文化； 融合文化：南美、印度等融合文化	各地域文化背景下的民间文化，包括民间习俗、民间节庆、民间崇拜、民间传说、民间故事、民间歌谣、民俗语言、民间手工技艺等	国内：本土民俗文化为主； 国外：本土民俗文化，外来移民文化
保护措施	强调民众的自主参与、政府的有效管理及民俗学者的参与； 强调传承方式，在民俗活动、婚礼庆典及宗教仪式中传承	提高政府、村民、游客等的保护意识； 将村俗文化化“无形”为“有形”； 采用博物馆、文化社区、整体保护等不同展示方式	国外强调政府、民俗学者、民众等各层级实现多方参与，同时强调不同的展示方式； 国内强调从意识、措施及展示方式等方面进行展示
合理利用	通过文化旅游、文化创意传承传播	与文化创意产业结合，采用生产性保护方式； 与旅游结合，开创民俗体验式旅游	国内外在村落文化的合理利用方面的尝试均围绕文化产业、文化旅游等方面

4.3.2 案例借鉴与启示

通过对国内外不同类型的村俗文化保护案例进行比较分析，可以发现，目前国内大部分保护实践的观点都较为相近，在具体保护措施方面大体可分为将村俗文化有形化、采用不同展示方式等。在合理利用方面大多采用与文化创意产业、文化旅游及传统节庆相结合的模式。本研究将从制度及机构设置、保护内容、保护措施和合理利用 4 方面对村俗文化进行保护与传承(表 4-6)。

表 4-6 国内外村俗文化保护案例借鉴与启示

内容	借鉴与启示
制度及机构设置	建立健全的法律法规； 建立科学的管理组织体系； 建立专业的科研机构和培训机制

（续表）

内容	借鉴与启示
保护内容	确定各级保护名录； 以民俗文化为主的村俗文化； 文化空间
保护措施	建立评价体系，划定整体系统保护格局； 采用抢救、群体、生产、整体性保护等保护方式； 具体采用保存、保护两种措施； 具体措施采用博物馆、文化社区等不同展示方式
合理利用	注重村俗文化保护与文化产业发展相结合； 注重村俗文化保护与文化生态旅游相结合； 注重村俗文化保护与传统节庆活动相结合

5 文化生态资源与文化生态分析

文化生态是影响文化生存、发展的各要素的有机统一体，它包括文化的自然生态（或称自然环境）和社会生态（或称文化生态、社会环境）两方面。其中，自然生态资源包括地理环境、气候条件、生物状貌等要素，文化生态资源包括历史沿革、生产方式、生活方式、政治制度、社会组织、社会思想等要素。文化生态分析即是对上述文化生态资源的保护名录、类型特点、存续现存、传承人、展示体系及保护利用等方面进行的梳理、归纳及问题总结。

5.1 地理与历史

5.1.1 地理环境

高淳区（图 5-1）位于江苏省西南端，南京市南部。北临溧水，东界溧阳，南部和西部与安徽省郎溪、宣城、当涂三县接壤，总面积约 802 km^2。黄山与茅山余脉在此相接，古阳江自西向东贯穿全境，固城、石臼二湖依偎南北，山水环抱，人文荟萃，被清乾隆皇帝誉为“江南圣地”。

高淳地势总体低平，坡度较缓，可利用地较多。地貌分为低山丘陵和平原圩区两大类型。东部是蜿蜒起伏的丘陵岗地，地面高程一般在 15～35 m，最高的九龙山海拔为 204 m，属茅山余脉。西部是一望无垠的湖盆平原，为固城、丹阳、石臼三湖环绕，水网密集，地面高程在 5～7 m。固城湖位于两大地貌过渡区域，石臼湖位于圩区北部，并扩展到安徽省和溧水区，通过溧水区及江宁区境内的河流与长江相通。胥河横贯东西，连接太湖水系和水阳江水系。水资源时间、空间分布不匀。高淳属北亚热带和中亚热带过渡季风气候区，年降水量 1 157 mm，年平均气温 15.9℃，四季分明，雨量充沛，光照充足，气候宜人。高淳区最大降雨量和最小降雨量相差较大，大小比为 3∶1，丰水期降雨集中，而枯水期降雨量占全年比重较低。

另外由于东西部地形地势差异，水资源空间分布差异也较大，西部阳江、砖墙两镇，地势较低，河沟纵横、水网密布，水资源丰富；中部古柏、淳溪、固城属半丘陵半圩区地区，水资源尚可；东部漆桥、东坝、桠溪为丘陵山区，水资源相对贫乏，除主要补给河流胥河外，其他很多小河道主要靠径流补给，且多数河流为断头河，水资源无保障。地表水资源丰富，但利用不足。区域内沟汊纵横，水域辽阔，地表水丰富，境内主要河流有水阳江、胥河、运粮河、官溪河、石固河、港口河、漆桥河、漕塘河、沛桥河、松溪河、桠溪河等，分属水阳江、太湖两大水系。胥河、官溪河经固城湖相连，东西向横穿区内，茅东闸为两大水系之界，西部属水阳

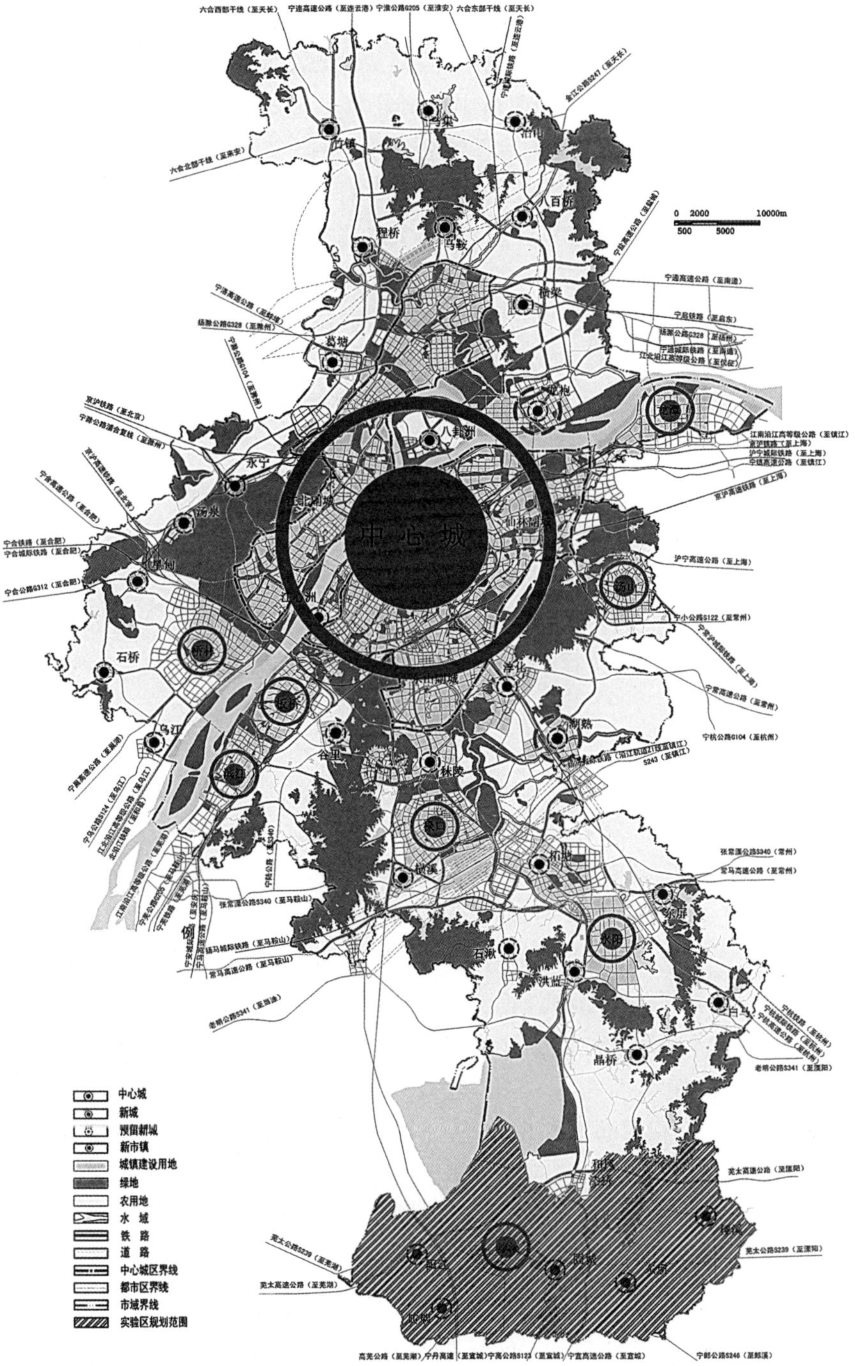

图 5-1 高淳区位图

图片来源:自绘

江水系，流域面积 597.5 km^2。水阳江过境水量丰富，约为区地表径流量的 10 倍，在考虑提引客水、库塘供水、工农业回归水再利用后，特殊干旱年仍存在一定程度的缺水现象。水环境污染、水资源实际可利用量减少。近年来，随着高淳经济的发展，对水环境造成的压力也日益加重。全区 11 个水质监测点的水质监测结果表明，各骨干河道主要的超标项目为总氮、氨氮、总磷和溶解氧，在各项评价项目中总氮超标率最高。

高淳拥有较为丰富的自然资源。气候资源以太阳能资源、风能资源为主。就太阳能资源而言，高淳区常年太阳辐射总量为 113.8 千卡/平方厘米·年，表现为冬少夏多，春秋适中。全年以 8 月份为最多(13.774 千卡/平方厘米·月)，12 月份最少(5.975 千卡/平方厘米·月)。夏季的 7 月，日辐射总量可达 720.8 千卡/平方厘米·日，冬季 1 月，日辐射总量不到夏季的 50%，为 324.8 千卡/平方厘米·日。故太阳能资源季节分布特点为夏盛冬弱，稳定性较差，利用率较次，属于太阳能可利用区。就风能资源而言，高淳区季风气候明显，冬季多偏北风，夏季多偏南风，春秋两季多偏东风。平均风速一般冬季大，分别为 3.2 米/秒和 3.5 米/秒；夏季小，分别为 3.1 米/秒和 3 米/秒。全年平均 8 级以上大风日数为 8 天。大风季节性变化，以夏季最多，平均大风日数 3.1 天；春季次之，平均 3 天；秋冬最少，平均 1.3 天和 1.1 天。常年以偏东风最多，风向频率为 24%；东北风和东南风次之，风向频率为 16%和 14%。年平均风速以东北偏东风最大，为 4 米/秒；东北偏北风次之，为 3.8 米/秒。当风速在 3～20 米/秒时所产生的风能是我国在当前技术条件下可利用的能量，称为有效风能。高淳区年平均有效风能功率密度为 50～80 瓦/平方米，累积小时数在4 000～5 000 小时，属风能可利用区。

高淳水资源可分为地表径流、过境水以及地下水。就地表径流而言，据《南京自然地理志》载，溧水、高淳两区年径流深等值线在 350～400 mm。据水利部长江水利委员会 1992 年 2 月《水阳江、青弋江、漳河流域防洪补充规划报告》载，新河庄多年平均径流深 649 mm。据此高淳区多年平均径流深按 400 mm 计算，全区年地表径流量当在 3.2 亿立方米左右。但由于降水的时空分布、地形地貌、下垫面状况、前期雨量影响等因素，上述估算与实际有一定距离，而且不同年份，差异较大。经过计算，高淳区各典型年的地表径流量是：平水年 2.14 亿立方米，中等干旱年 1.6 亿立方米，特殊干旱年 0.16 亿立方米。就过境水而言，高淳区地处水阳江下游，水阳江由南向北流经西部圩区。水阳江新河庄以上积水面积7 346km^2。过境水量与高淳径流量基本同步，丰水年来水亦丰，枯水年来水亦枯。由于上游降雨量与本地基本接近，按积水面积缩放计算，高淳区各典型年的过境水量：平水年 23.11 亿立方米，中等干旱年 17.48 亿立方米，特殊干旱年 1.51 亿立方米。就地下水而言，高淳区地下水开采资源总量约为3 252 万立方米/年。其中孔隙水区开采资源量 2 014 万立方米/年；裂隙水区开采资源量 1 149.36 万立方米/年。由于裂隙水分布不均，找水难度大，而地表水又较丰富，其水质基本符合饮水要求。

此外，高淳土地资源状况为 2010 年高淳区农业用地面积约 510 km^2，占区域总面积的 63.7%；建设用地面积约 71 km^2，占区域总面积的 8.9%；河湖面积约 220 km^2，占区域总面积的 27.4%。至 2020 年，高淳的基本农田约束性保护指标维持在 361.85 km^2。

5.1.2 历史沿革

高淳历史沿革可大概分为先秦时期、秦至宋、元至清末、民国至今四个时期。

先秦时期——夏代，约公元前1800年左右，县地本属越国。后为商势力范围。西周时，封周章于吴地，国号吴。今县域属吴。景王四年（前541），吴筑固城为濑渚邑，在今县城中部偏南。五年迁邑陵平山，称陵平。春秋时期，公元前538年，楚伐吴，占固城，《太平寰宇记》载："楚平王都于固城。"今县地属楚。公元前506年，吴王命伍子胥伐楚，烧固城，火烧行宫，城被毁。经千年岁月沧桑，今固城遗址尚存。战国初年，越灭吴，地遂入越。公元前333年，楚败越，尽取吴故地，改陵平为平陵邑。高淳地域再属楚。

秦至宋——公元前221年，秦统一中国，以平陵置溧阳县，隶会稽郡。高淳地遂属溧阳县，直至800年后，隋分溧阳建溧水县止。西汉，初以韩信为楚王，后封同姓王于吴，故地历为荆国、吴国、江都国，均领溧阳县，高淳先后为各王国之领地。武帝元狩二年（前121），废江都国，又改鄣郡为丹阳郡，领县十七，溧阳其一。高淳县地隶于丹阳郡溧阳县至隋初。自东汉光武年起，至隋初割溧阳置溧水县止，固城为溧阳县治560多年（溧阳县治迁今旧县村）。三国吴析溧阳东南境置永安县，西晋改为永世，属义兴郡，高淳地在溧阳西南境，当属丹阳郡溧阳县不改，南朝因之。隋开皇九年（589）平陈，废丹阳郡，置蒋州，溧阳隶蒋州；十一年（591），溧阳西北境及丹阳县故地置溧水县，属蒋州，高淳地遂属溧水。隋、唐时溧水隶属关系变更频繁，高淳地域亦随而改隶润州、蒋州、宣州、江宁郡及昇州。至唐末，杨行密据昇州，遂入杨吴版图。南唐，溧水隶于江宁府。北宋改府为昇州，后又升为江宁府；南宋建炎年改名建康府，均属溧水县。元时改府为路，溧水县属建康路；元贞元年（1295），升溧水为州，高淳地域属建康路溧水州；建康路后改称集庆路，溧水州隶属不变。

元至清末——明太祖朱元璋改应天府，溧水隶于应天府，为畿县。《嘉靖高淳县志》载："高淳本溧水乡镇……弘治辛亥（1491），应天府丞冀绮以地远民难牵制，奏请割西南七乡，即镇为县。"高淳自此建置为县，属应天府。县名的由来，同书记载：高淳为"本县古镇地……本府欲置为县，拟名淳化奏奉，钦定高淳"。县因高淳古镇而得名。高淳镇即今淳溪镇，自建县始，县治即设于此镇，历时500年不改。清，改明应天府为江宁府，高淳属之。太平天国定都天京期间，高淳县属天京省江宁郡。清同治三年（1864）陷天京，高淳复属江宁府。

民国至今——民国元年（1912），废府，高淳县隶属江苏省。1914年，于省、县两级间设道，高淳属江苏省金陵道。1927年废道，县隶于江苏省。1934年，江苏省实行行政区督察制，高淳县属溧阳行政督察区。1935年9月改属第十行政督察区（驻江宁）。1937年12月7日，侵华日军陷高淳县城，建立伪政权；民国高淳县政府撤至第五区青桂塘，受江南行署第一区行政督察专员公署管辖。1943年9月底，日军占领高淳全境。1944年1月，随新四军挺进敌后建立抗日根据地，高淳县抗日民主政府成立，属苏南行政公署领导。6月，高淳、溧水两县民主政权合并成立溧高县抗日民主政府，先后属苏南第三、第一行政区领导。1945年8月28日新四军攻克高淳县城，成立高淳县抗日民主政府，与溧高县抗日民主政府并存。

9 月底，新四军北撤，两县抗日民主政府随军撤离。民国高淳县政府 10 月 2 日进驻县城，属第一区行政督察专员公署管辖。1949 年 5 月 2 日，高淳县全境解放，成立高淳县人民政府，由苏南行政公署镇江地区专员公署领导。1953 年 1 月，撤销苏南行政区，成立江苏省，高淳县属江苏省镇江专区；1958 年改为常州专区，高淳属之；1959 年又改为镇江专区，高淳县属镇江专区。1983 年 3 月 1 日，实行市管县体制，高淳县由镇江专区划归南京市管辖。2005 年 3 月，撤销定埠镇，区划调整后，高淳县辖 8 个镇：淳溪镇、阳江镇、砖墙镇、古柏镇、漆桥镇、固城镇、东坝镇、桠溪镇。2013 年 2 月 20 日，国务院批准撤销高淳县，设立南京市高淳区，下设 8 个镇。

5.1.3 文化资源

高淳非物质文化遗产资源丰富，分布广泛。大量的高淳民歌、民间舞蹈具有顽强的生命力，活跃在高淳城乡。其中，民间舞蹈跳五猖、狮子舞、高跷、大马灯等主要集中在高淳山乡片；龙灯、打水浒、叠罗汉、龙吟车、荡旱船、蚌仙舞等主要集中在高淳圩乡片。人生礼俗、岁时节令等传统习俗与全区人民的生产、生活如影随形。

2006 年至 2009 年，高淳区开展非遗普查工作。共搜集到 2 000 多条非遗线索，编写了约 100 万字的《江苏省非物质文化遗产普查 · 高淳区资料汇编》。从总体上说，高淳民间文学、民间音乐、传统舞类资源较为丰富，分别占总数的 50%、18%、7%；岁时节令、人生礼俗、民间信仰、民间知识、传统戏曲、游艺、传统体育与竞技类资源也比较丰富，约占 25%。在非遗普查的基础上，高淳区积极开展非遗名录项目申报工作。截至 2012 年上半年，有非遗项目 500 多项，其中国家级非遗名录 1 项，省级非遗名录 13 项，市级非遗名录 24 项，区级非遗名录 99 项。高淳区已逐步建立了国家、省、市、区 4 级非遗名录的保护体系。高淳非物质文化遗产资源主要门类如下：

第一，民间文学丰富多彩。它反映了高淳的历史变迁、名人轶事和地方风情，是劳动人民智慧的结晶。就民间故事而言，它可分为神话类、人物、地名传说类和故事类，在思想内容上，大多是讴歌真、善、美，鞭挞假、丑、恶，反映了广大人民群众对美好生活的向往。像卞和献玉的故事、伍子胥与浣纱女的故事、崔致远与双女坟的故事，具有重要的历史价值，同时，传承这些历史故事，作为文化旅游资源，具有重要的利用价值。

第二，高淳民歌面广量大。高淳民歌形式多样，曲调丰富，在吴歌中独树一帜，在高淳村俗文化活动中，发挥重要作用。在内容上，可分为劳动歌、时政歌、仪式歌、情歌、儿歌、历史传说歌等 6 类。劳动歌是反映本地区劳动生产的歌曲。栽秧歌、耘田歌、放牛歌等世代相传。例如在上世纪 50 年代就扬名省内外的《五月栽秧》《采菱角》，具有浓烈的水乡韵味。《五月栽秧》原歌曾被南京师范大学音乐系作为教材，经音乐家路行编创后，列为历次江苏声乐比赛民族唱法必唱歌曲。众所周知，14 岁的邓丽君在 1966 年凭着一首《采红菱》的演唱，一炮走红，而日后成为华人乐坛的巨星。据有关专家认为，邓丽君演唱的这首《采红菱》，其音乐旋律与高淳民歌《采菱角》如出一辙。值得一提的是，劳动号子是高淳民歌的一大特色，如打夯号子、车水号子、龙船号子，号声嘹亮悠长，具有劳动节奏感。而大量仪式歌如上梁歌、送房歌、哭嫁、洗衣歌等，充分反映了高淳传统的民风民俗，也生动体现了高淳人民建设美好家园、追求幸福生活的思想情感。高淳民歌中有许多优美的情歌，在高淳最早流行的情歌是南朝时期的《华山畿》，载入《吴歌》，经胡适先生、钱南扬教授等名家考证，《华山畿》源于高淳。《华山畿》在高淳长期的流行过程中，演变成高淳民歌《十月陈梅》《十二月望郎》，世代相传。高淳民歌具有独特的艺术特征，从音乐的艺术角度看，高淳民歌是以五声调式构成旋律；从演唱形式看，它是以民间小调为主；从旋律的行走方向看，高淳民歌基本上是以 3、6、1 为主，组成骨干音，构成音乐结构上的变化，具有很强的艺术魅力，在吴歌中独树一帜。例如：《一粒种子一棵秧》中采用的角调，在全国独一无二。同时，高淳民歌生活气息浓，涉及内容广，对研究社会学、民俗学、语言学具有重要的参考价值。

第三，曲艺送春家喻户晓。高淳送春起源于明代的“村田乐”，明清以来，一直在高淳民间流传。每逢新春佳节，送春艺人走村串巷，开展送春活动，演唱人员众多。送春活动不仅丰富了农村节日文化生活，而且生动地反映了当地的民风习俗，同时为江南一带曲艺的形成和发展提供了佐证。

第四，戏曲活动经久不衰。高淳就有一句“出门山歌进门戏”的流行语，这是对高淳人爱唱歌爱看戏最形象的概括。据考证，从元代开始，高淳地区就流行戏曲活动。最早的是高淳阳腔目连戏，它是我国重要的历史宗教戏，在高淳已流行 700 年之久。高淳阳腔目连戏对研究中国传统戏剧的产生和发展具有重要的参考价值。高淳高腔、高拨子是高淳传统的曲调，对徽剧、京剧产生过重大影响。200 年前，徽剧流入高淳。高淳戏曲活动日益频繁，徽戏、徽夹京、京戏、花鼓戏等种类很多。晚清至民国期间，高淳民间纷纷成立京剧班，如老全福班、金台班、春福班、全福班、洪福班、寿星班等。直至 1952 年，全区尚有业余剧团 30 多个。1955 年，高淳区锡剧团成立，锡剧又很快在高淳流行，深受群众喜爱。可以说，高淳是传统戏曲之乡。戏台多、唱戏多是高淳的一大特色。高淳的古戏台遍布城乡，据不完全统计，直至 1958 年高淳尚有 28 处古戏台。目前，保存完好的古戏台中有 4 处系省级文保单位。其中固城刘家陇戏台始建于元代，东坝戏台、沧溪戏台规模之大、保存之好，堪称江苏古戏台之最。近年来，高淳农村不少地方又建起了新戏台，其规模不亚于古戏台。每年春天，高淳农村各地都要搭建草台唱戏，往往一唱就是三、五天。据近几年统计，高淳每年平均要唱 300 场戏左右。当地百姓在欢乐祥和的氛围中享受着丰盛的戏剧大餐。这种在其他地区不多见的场景，被新闻媒体称为“高淳文化现象”。

第五，民间舞蹈种类繁多。高淳舞蹈大体可分为宗教信仰舞蹈、岁时节令习俗舞蹈以及生产习俗舞蹈。宗教信仰舞蹈在每年各镇较大的地方性庙会期间进行表演。桠溪镇祠山庙会有跳五猖，淳溪镇有龙吟车，古柏镇有跳八怪（跳八佾）等。岁时节令习俗舞蹈在每年春节期间和其他重大节日期间进行表演。有龙灯、大马灯（竹马）、中马灯、小马灯、打水浒、打叉、叠罗汉、踩高跷、狮子舞等。在这些活动中，叠罗汉、打水浒自南宋以来，世代相传；东坝大马灯以其规模宏大、形式独特而著称，在全国已有一定的知名度。高淳的龙舞品种很多，有抬龙、康龙、板龙、双龙、单龙等。其中，淳溪镇长芦杨家抬龙规模巨大，气势恢宏，极为壮观。生产习俗舞蹈主要有采茶舞、采菱舞、荡旱船、蚌仙舞等，具有浓郁的江南水乡特色。上述这些民间舞蹈，深深扎根于高淳民间，极大地丰富了群众文化生活。它既彰显了高淳民间舞蹈的独特风格，也反映了高淳地区的村俗文化表现形式的多样性。

第六，传统手工技艺异彩纷呈。高淳人民勤劳智慧，心灵手巧，民间能工巧匠层出不穷。例如高淳剪纸、蓝印花布、手工布鞋独具地方特色;豆腐制品、糕点制品、水产品腌制等都有诀窍;木雕、编织等技艺独特。尤其是高淳羽毛扇,久负盛名。明嘉靖年间,高淳羽毛扇就流入皇宫,被列为"贡扇"。清代中晚期,高淳区已有 10 多户羽毛扇商号。1914 年,高淳羽毛扇在巴拿马"万国博览会"上获银奖。解放后,高淳羽毛扇产销量大增,产品销往欧美、大洋洲等 23 个国家和地区。目前高淳羽毛扇已成为旅游工艺品,深受游客的青睐。

第七,民俗文化积淀深厚。高淳悠久的历史和优美的生态环境孕育了多姿多彩的村俗风情。高淳民风习俗既具有南北交融的共性,也具有相对独立的个性。其生活习俗、礼仪习俗、生产习俗、节日习俗由来已久,婚丧喜庆礼仪程序纷繁,节日庆典活动隆重热烈,人际关系循礼尚义,日常生活从俭求美,这些在高淳人民的生活中处处得到了体现,淳朴的民风一直延续至今。

第八,民间知识内容广泛。高淳作为江南鱼米之乡,反映物候天象、农林牧渔以及传统医药等方面的民间知识非常丰富。近年来,通过非遗普查,我区共收集整理了近千条民间谚语。这些民间知识至今对生产、生活还有重要的参考价值,高淳传统医药也很突出,如梁氏骨科,对骨伤的治疗有独到之处,在苏、浙、皖地区有很大影响。

5.2 遗产现状分析

5.2.1 非物质文化遗产

在高淳区域内,依托绝佳自然生态环境存在的不仅有大量的物质文化资源,如淳溪老街、古村落等,而且还有丰富灿烂的非物质文化遗产(图 5-2),如民间文学、民间音乐、民间舞蹈、传统戏剧、曲艺、杂技与竞技、传统美术、传统技艺、传统医药、民俗等。高淳村俗文化生态保护实验区非物质文化遗产内容丰富,类型繁多,具有很高社会文化价值。截至 2012 年,高淳村俗文化生态保护实验区已建立非物质文化遗产四级名录体系,共有国家级名录 1 项,省级以上名录 13 项,市级以上名录 24 项,区级名录 99 项。该区非物质文化遗产项目涵盖国家公布的非物质文化遗产名录 10 大类。高淳村俗文化生态保护实验区在传承人和传承基地建设方面已初具规模,高淳区现有 1 个国家级传承人,6 个省级传承人,17 个市级传承人,45 个区级传承人。目前有 5 个项目有非物质文化遗产项目传习基地,分别为:东坝大马灯、桠溪跳五猖、长芦杨家抬龙、高淳羽毛扇、梁氏骨科。

1) 民间文学

(1) 保护名录

高淳区民间文学(图 5-3)有省级名录 3 项,分别是崔致远与双女坟的故事(图 5-4)、伍子胥与浣纱女的故事(图 5-5)、卞和献玉的传说;市级名录 2 项,分别是脱尾龙的传说、白鹿行踪的传说;区级名录 31 项,分别是高淳"四宝"的来历、高淳方言、左伯桃和羊角哀的故事、孔子与游子山的传说、齐泰削藩的故事、双桥渡的传说、杨家四知堂、邢鹤的故事、魏泽救孤的传说、曹村五家头古柏的传说、介子推的传说、平丞相造漆桥的传说、十二月望郎(歌谣)、

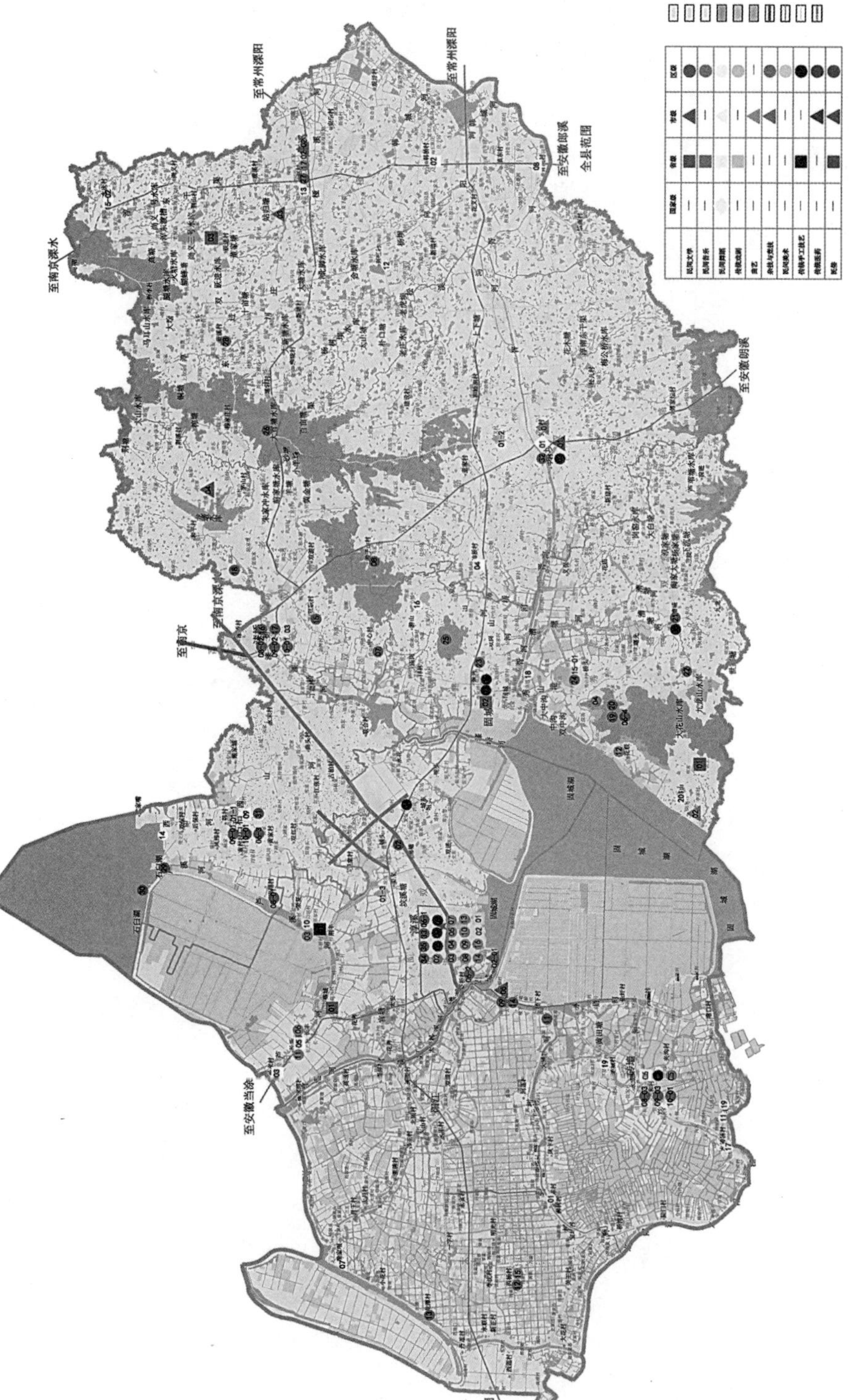

图 5-2 非物质文化遗产现状资源分布图

图片来源:自绘

图 5-3 民间文学现状分布图

图片来源：自绘

图 5-4 崔致远与双女坟的故事遗址
图片来源:高淳县文化广电局

图 5-5 伍子胥与浣纱女的故事遗址
图片来源:高淳县文化广电局

雌雄狮子山的传说、花山“年成树”的传说、九龙山的传说、破坝的传说、清水塘与浊水塘的传说、秀山的传说、禅林轶事、大官塘和腾龙山的传说、华山梁祝传说、马步桥的来历、神话石臼湖、龟山蛇山的传说、韩门三进士的故事、杨鸣忠打虎、十月陈梅、魏良臣的故事、甘霖的故事、高淳民间谚语。

(2) 类型特点

高淳民间文学大致分为 4 类:歌谣、谚语、故事和传说、其他类。歌谣类型的民间文学有《十二月望郎》《十月陈梅》。谚语类民间文学有:古柏民间谚语、固城民间谚语、阳江民间谚语、漆桥民间谚语、砖墙民间谚语。故事和传说类民间文学有:崔致远与双女坟的故事、伍子胥与浣纱女的故事、卞和献玉的传说、脱尾龙的传说、左伯桃和羊角哀的故事、孔子与游子山的传说、齐泰削藩的故事、白鹿行踪的传说、双桥渡的传说、杨家四知堂、邢鹤的故事、魏泽救孤的传说、曹村五家头古柏的传说、介子推的传说、平丞相造漆桥的传说、雌雄狮子山的传说、花山“年成树”的传说、九龙山的传说、破坝的传说、清水塘与浊水塘的传说、秀山的传说、禅林轶事、大官塘和腾龙山的传说、华山梁祝传说、马步桥的来历、神话石臼湖、龟山蛇山的传说、韩门三进士的故事、杨鸣忠打虎、魏良臣的故事、甘霖的故事。其他类民间文学为高淳方言。共同反映了高淳人生活的点点滴滴,是高淳社会民间生活的鲜活见证,广泛分布于整个文化生态实验区内。因为各区民间文学类别不同,各有自己的特点。此类文学依托各地方言口头传播,很大程度上保持着文化形态的原生性。

(3) 存续现状

民间文学的传承人较为广泛,基本以口述者为主,也包括一部分收集整理者(当地的退休教师、乡镇村干或文化爱好者)和高校研究者。近年来,经过当地文化部门多次组织普查,已经将相关普查成果汇编成书。但实际口述者,特别是用纯正方言讲述的越来越少,少数讲述人年岁已高,受众面越来越窄,口头传承面临很大的困难。

(4) 区级及以上保护名录代表性传承人

其中市级非物质文化遗产项目崔致远与双女坟的故事、伍子胥与浣纱女的故事、卞和献玉的传说、脱尾龙的传说均认定代表性传承人(图 5-6),崔致远与双女坟的故事传承人为

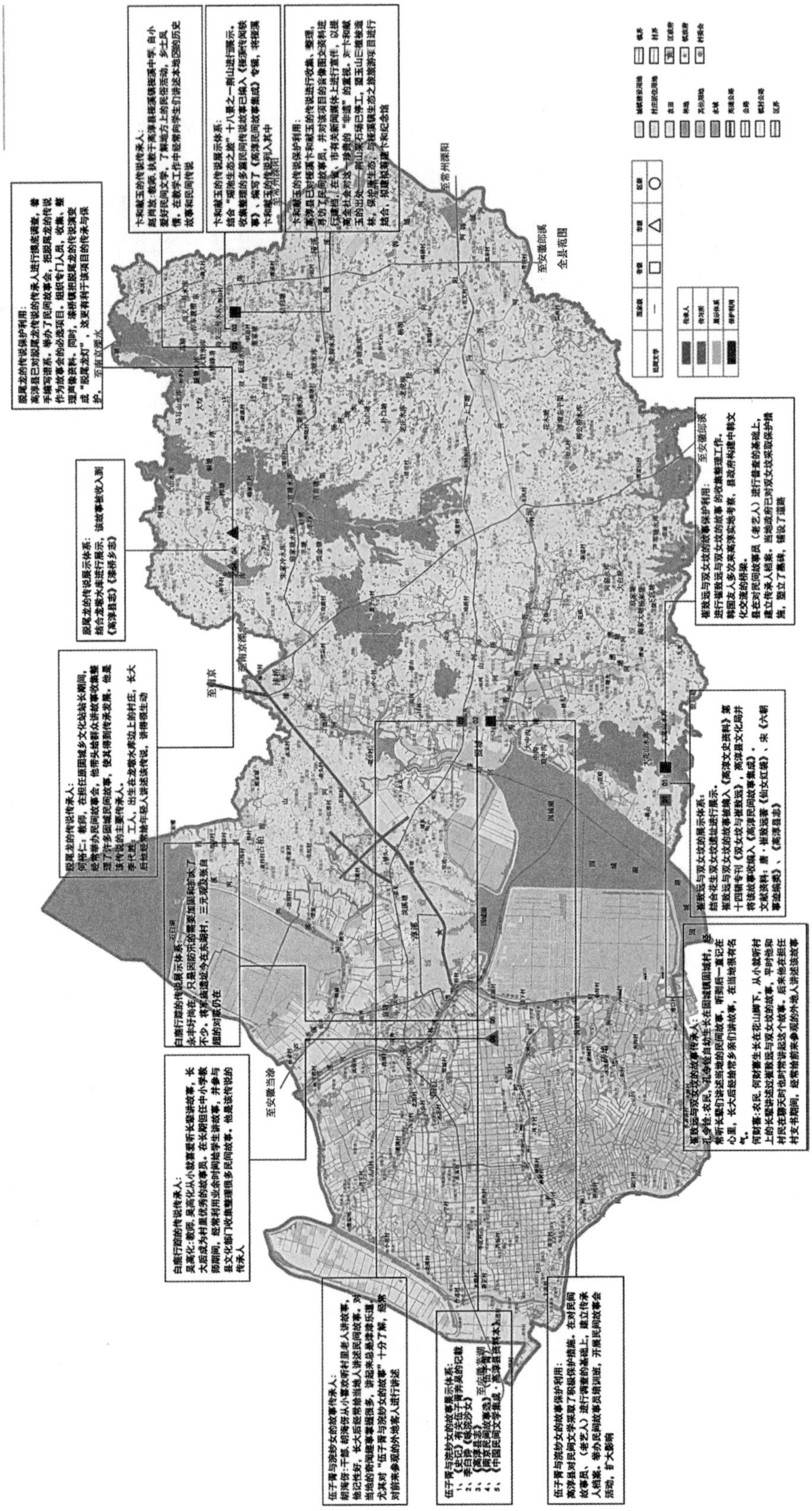

图 5-6　民间文学现状传承人分布图
图片来源：自绘

农民孔令铨、何财喜(曾经担任村支书);伍子胥与浣纱女的故事传承人为胡海伢(干部);卞和献玉的传说传承人为教师赵肖放(执教于高淳区桠溪镇桠溪中学);脱尾龙的传说传承人为教师何裕仁(曾担任固城乡文化站站长)、工人李代胜。另外,白鹿行踪的传说传承人为教师吴高化,他在担任中小学教师期间,经常利用业余时间给学生讲故事,并协同区文化部门,收集整理了很多民间故事。

(5) 区级及以上保护名录展示体系

对区级及以上保护名录结合相关场所进行展示。崔致远与双女坟的故事——结合花山双女坟遗址进行展示。崔致远与双女坟的故事被编入《高淳文史资料》第十四辑专刊《双女坟与崔致远》,高淳区文化局并将该故事收编入《高淳民间故事集成》。伍子胥与浣纱女的故事——结合固城镇伍子胥塑像、固城遗址进行展示。高淳区文化局将该故事收编入《高淳民间故事集成》及《高淳文史资料》第十四辑专刊《双女坟与崔致远》。卞和献玉的传说——结合"瑶池生态之旅"十八景之一荆山进行展示。收集整理的多篇民间传说故事已编入《桠溪传闻轶事》、编写了《高淳民间故事集成》专辑,将桠溪卞和献玉的传说列入其中。脱尾龙的传说——结合龙墩水库进行展示。该故事被收入《高淳县志》《漆桥乡志》。白鹿行踪的传说则结合永丰圩遗址进行展示。将军庙遗址今在东湖村,三元观及张自超的对联仍在,该故事被收入《高淳县志》。

(6) 保护利用

对民间文学进行保护利用。就崔致远与双女坟的故事而言,进行崔致远与双女坟的故事的收集整理工作。韩国友人多次来高淳实地考察,区政府构建中韩文化交流的桥梁。高淳区在对民间故事员、老艺人进行普查的基础上,建立传承人档案。当地政府已对双女坟采取保护措施,树立了墓碑,铺设了道路。就伍子胥与浣纱女的故事而言,高淳区对民间文学采取了积极的保护措施。同样在对民间故事员、老艺人进行调查的基础上,建立了传承人档案;还举办民间故事员培训班,开展民间故事会活动,扩大影响。就卞和献玉的传说而言,高淳区已对桠溪卞和献玉的传说进行收集、整理,寻访了民间故事员,并对该项目的音像图文资料进行建档,在省、市有关新闻媒体上进行宣传,以提高全社会对这一珍贵"非遗"的重视。对卞和献玉的出处——荆山采石场采取停工,对望玉山进行了植被造林,保护原生态,与桠溪镇生态之旅旅游项目进行结合,拟筹建卞和纪念馆。就脱尾龙的传说而言,高淳区已对脱尾龙传说的传承人进行摸底调查,着手编写谱系;举办了民间故事会,把脱尾龙的传说作为故事会的必选项目;组织专门人员,收集、整理声像资料。同时,漆桥镇把脱尾龙的传说演变成"脱尾龙灯",这更有利于该项目的传承与保护。

(7) 存在问题

整体而言,目前在对高淳民间文化的保护与利用方面存在诸多问题,具体有如下几点:①谚语、传说、故事、歌谣、方言等属于口头遗产,其表现形式具有极端的不稳定性,随着交流方式多样化、信息传递快速化,这种口传文化的生存空间受到了很大的挤压。由于交通闭塞,使高淳方言成为吴语伸向江淮"官话"的一座"孤岛"。②存在着代表性传承人难以确定的问题,阻碍了此类文化的有效传承。③随着岁月的流逝和一批批知晓生活类文学的老人相继离世,而年轻一辈又缺乏学习传统文化和方言的意识,这类"流动记忆"正面临消失。④因为文化媒体的多样化,以及广大青少年欣赏心理与兴趣的转移,真正懂得欣赏这种口碑流传的人文类文学的人越来越少,后继乏人。⑤城市化进程的影响下传统民间生活条件、生产方式的改变，使非物质文化空间也发生着改变，对非物质文化遗产的发展存在不利影响，文化生态保护受到侵蚀。

2）民间音乐

（1）保护名录

高淳民间音乐(图 5-7)有省级名录 1 项，为高淳民歌；市级名录 1 项，为十番锣鼓；区级名录 15 项，分别是五月插秧、新四军歌曲——石臼渔歌、田歌：采菱角、田歌：一粒下土万担粮、习俗歌：哭嫁、龙船号子拨开龙头摆开梢、龙船号子、乘风破浪冲向前、春歌：杨柳青青江水平、高淳高拨子、故事传说歌：十字喜、劳动号子：要把圩堤修得好、车水号子一串香袋串姐头、田歌：风吹杨柳绿沉沉、牧歌：放牛哥哥苦哀哀、丝弦锣鼓。

（2）类型特点

高淳民间音乐大致分为两类：一类是从日常生活中提炼的民歌、歌谣、劳动号子、故事传说等生活类音乐；一类是与游艺活动相关的音乐，为器乐、戏曲音乐。生活类音乐民歌类为高淳民歌(图 5-8)、采菱角、杨柳青青江水平、龙船号子：乘风破浪冲向前、牧歌：放牛哥哥苦哀哀、田歌：一粒下土万担粮、五月插秧歌、习俗歌：哭嫁、风吹杨柳绿沉沉、车水号子：一串香袋串姐头、劳动号子：要把圩堤修得好。生活类音乐歌谣表现力也十分丰富，有的直爽畅快，有的哀怨凄楚，有的嬉笑逗闹。高淳民歌，形式多样，曲调丰富，内容广泛。从音乐的角度看，高淳民歌是以五声调式构成旋律。游艺类音乐有器乐类和戏曲音乐及其他，器乐类包括十番锣鼓、丝弦锣鼓等，这类音乐大多与游艺活动结合；戏曲音乐类为高拨子；其他类为石臼渔歌(新四军抗日歌)，有些还结合民间小调加以改动创新。目前此类音乐既能作为游艺活动的伴奏，也可在固定场所单独演奏。

图 5-8　高淳民歌——五月插秧

图片来源：高淳县文化广电局

（3）存续现状

高淳民歌是劳动人民在自己亲身经历过的事物的基础上，通过自由想象，把情感形象带入其中，从而达到情真意切、声情并茂的效果。高淳民歌来自田野，劳动过程中和劳动之余，人们即兴演唱，愉悦身心。尤其是劳动号子，节奏欢快，一唱众和，既可以缓解体力疲劳，又可以增强劳动的合力，提高干活效率。由于年轻人大多追求城市化的生活，生活类音乐缺乏新一代、有影响力的传承人。游艺类音乐沿用至今，深受当地农民喜爱，但近年来呈萎缩之势，只能在少数保留有业余剧团的乡村或举办民俗活动时才有演奏。

（4）区级及以上保护名录代表性传承人

区级以上的保护名录均有认定传承人(图 5-9)，以下从高淳民歌、十番锣鼓、丝弦锣鼓、新四军歌曲及龙船号子 5 方面分别进行介绍。

高淳民歌的传承人为夏晓玲、陈九林等。夏晓玲从小爱好文艺，16 岁开始参加各种文艺活动，擅长演唱高淳民歌，近十多年来经常参加省、市、区各类民歌、戏曲的比赛活动，多次获奖。2008 年，夏晓玲和高淳其他几位民歌手所唱的高淳民歌，参加了中央电视台举办的全国非遗项目专场演出。陈九林自幼爱好文艺，曾是高淳区文化馆馆长，现住高淳区文

图 5-7　民间音乐现状分布图

图片来源：自绘

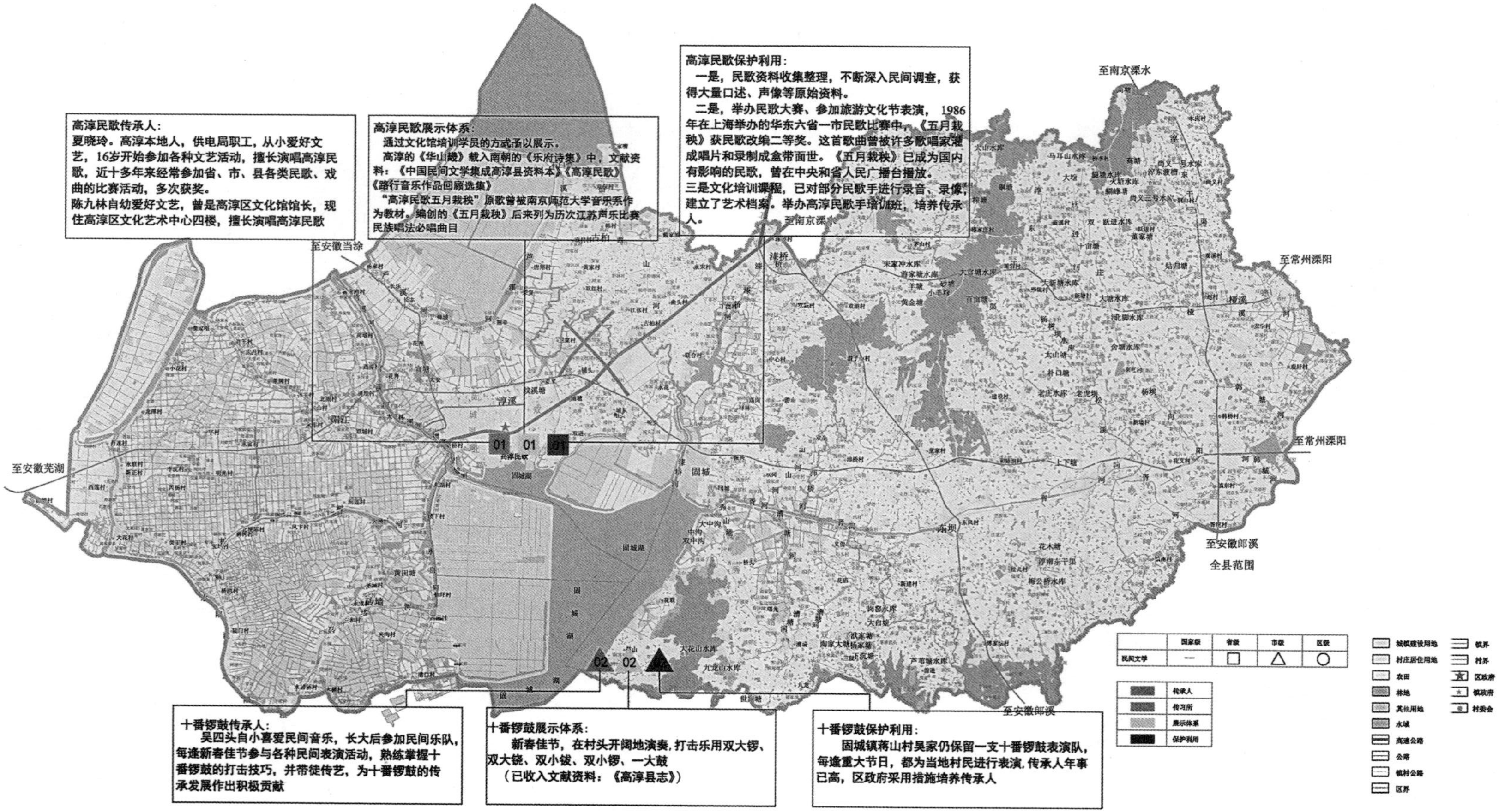

图 5-9　民间音乐现状传承人分布图

图片来源：自绘

化艺术中心四楼，擅长演唱高淳民歌，近十多年来经常参加省、市、区各类民歌、戏曲的比赛活动，多次获奖。

十番锣鼓的传承人为吴四头。吴四头自小喜爱民间音乐，长大后参加民间乐队，每逢新春佳节参与各种民间表演活动，熟练掌握十番锣鼓的打击技巧，并带徒传艺，为十番锣鼓的传承发展作出积极贡献。

丝弦锣鼓的传承人为赵老虎，农民，爱好民间文艺，他的祖父首创丝弦锣鼓，他继承了这一技艺，并记谱传承将之发扬光大，还培训了好几个民间乐队，都成为很有特色的民间器乐队。

新四军歌曲——石臼渔歌的传承人为陈九林，其爱好音乐，曾任高淳区锡剧团乐队队长、区文化馆馆长，积极开展对高淳民间音乐的收集整理工作，为传承高淳民歌作出积极贡献。

龙船号子：乘风破浪冲向前、拨开龙头摆开梢的传承人为查育辉，教师，出生在一个民间艺人家庭，对高淳的民歌更是有着浓厚的兴趣，因为对音乐的浓厚兴趣，自己也从事了音乐教育工作，在工作期间曾多次随高淳文化局下乡演出。

(5) 区级及以上保护名录展示体系

对区级及以上保护名录结合相关场所进行展示。高淳民歌——通过文化馆培训学员的方式予以展示。高淳的《华山畿》载入南朝的《乐府诗集》中，高淳民歌五月栽秧原歌曾被南京师范大学音乐系作为教材。编创的《五月栽秧》后来列为历次江苏声乐比赛民族唱法必唱曲目。十番锣鼓——于新春佳节在村头开阔地演奏，打击乐用双大锣、双大铙、双小钹、双小锣、一大鼓，已收入文献资料《高淳县志》。丝弦锣鼓——于庆典、结婚、丧事、庙会等时节演出，演员头扎白巾，穿白对襟大褂，红灯笼裤，进行打击乐表演，已收入文献资料《高淳县志》。新四军歌曲——石臼渔歌于 1991 年获南京市文艺调演音乐创作一等奖；2008 年，在第九届“文艺之春”中荣获“中国民歌十大金曲金奖”，已收入文献资料《高淳县志》《战斗在石臼湖上》及《从硝烟中走来》。龙船号子：乘风破浪冲向前、拨开龙头摆开梢——在龙舟竞渡时演唱，主要曲目《拨开龙头摆开梢》《花号子》，收入文献资料《高淳民歌》。

(6) 保护利用

对民间音乐进行保护利用。就高淳民歌而言，具体措施为：一是民歌资料收集整理，不断深入民间调查，获得大量口述、声像等原始资料。二是举办民歌大赛、参加文化旅游表演。1986 年在上海举办的华东六省一市民歌比赛中，《五月栽秧》获民歌改编二等奖。这首歌曲曾被许多歌唱家录成唱片和录制成盒带面世。《五月栽秧》已成为国内有影响的民歌，曾在中央和省人民广播台播放。三是文化培训课程，已对部分民歌手进行录音、录像，建立了艺术档案；举办高淳民歌手培训班，培养传承人。就十番锣鼓而言，固城镇蒋山村吴家仍保留一支十番锣鼓表演队，每逢重大节日，都为当地村民进行表演，传承人年事已高，区政府采取措施培养传承人；就丝弦锣鼓而言，桠溪镇有三个乐队：赵村乐队、西庄里乐队、桠溪乐队，经常演出，赵老虎是代表性传承人；就新四军歌曲——石臼渔歌而言，石臼渔歌的展览、播放、普及，培养了新一批传承人；就龙船号子：乘风破浪冲向前、拨开龙头摆开梢而言，对龙船号子进行展览、播放、普及，培养新一批传承人。

（7）存在问题

整体而言，目前在对高淳民间音乐的保护与利用方面存在诸多问题，具体有如下几点：①诸如民歌、小曲小调的生活类音乐的产生，通常要经过一个较长的渐变积累过程，并随着时代的进步产生新的曲调和唱词。但随着城市化进程的加快，会唱原生态民歌的人越来越少，年轻人甚至不知道当地有民歌，更无法创造新时代的高淳民歌。②游艺类音乐大多是农民闲时自发进行排练和表演的，缺乏专项经费支持，影响了群众参与的积极性。③目前只有文化部门少数单位进行高淳民歌的收集整理，缺乏相关部门的协调和配合，很少有部门长期不间断地整理、研究和传播，民众关注度不高。④年轻人对民歌失去兴趣，随着时代的进步和网络的发展，年轻人追潮流，都爱上了流行歌曲、网络歌曲，劲爆的音乐加上适应现代社会的歌词，他们对本地的民歌失去了兴趣，使民歌遭到冷落，让民歌失去了赖以生存的土壤。

3）民间舞蹈

（1）保护名录

高淳民间舞蹈有国家级名录 1 项，为东坝大马灯（图 5-10）。省级名录 5 项，分别是长芦杨家抬龙、沛桥高跷、砖墙打罗汉、长乐龙吟车、椏溪跳五猖。市级名录 3 项，分别是椏溪小马灯、阳江打水浒、古柏跳八恺。区级名录 10 项，分别是古柏打莲湘、淳溪荡旱船、固城荡旱船、固城大马灯、固城高跷、椏溪陈家打叉、椏溪狮子灯、砖墙打水浒、砖墙中马灯、固城武五猖（图 5-11）。

图 5-10　东坝大马灯
图片来源：高淳县文化广电局

（2）类型特点

大致分为三类，分别是岁时节令习俗舞蹈、宗教信仰舞蹈和生活习俗舞蹈。

岁时节令习俗舞蹈有东坝大马灯、沛桥高跷、砖墙打罗汉（图 5-12）、椏溪小马灯、长芦杨家抬龙（图 5-13）、阳江打水浒、固城大马灯、固城高跷、椏溪陈家打叉、椏溪狮子灯、椏溪永庆马灯、砖墙打水浒、砖墙中马灯、长乐龙吟车出游（图 5-14）、古柏跳八恺、阳江板龙。在这些活动中，叠罗汉、打水浒自南宋以来，世代相传；东坝大马灯以其规模宏大、形式独特而著称，在全国已有一定的知名度。

宗教信仰舞蹈有椏溪跳五猖、固城武五猖，起源于西周，属古代祭祀舞蹈。原为古代宫廷傩舞，后传入民间，演化成“跳五猖”活动。跳五猖由 5 个人戴猖神面具，着神袍，扮 5 位猖神，掺入土地、城隍、僧、道、役卒多人组成。五猖神手执刀、剑、鞭、锤、叉器械，作巡视状出场，随后是朝拜四方、布列方阵、踩碎步、跑穿插，展臂跷腿，前倾后仰，跑圆场。黑面猖神居中，青、赤、黄、白四猖神团聚收场。舞蹈动作粗犷狂放，配以浑厚凝重的大锣大鼓大喇叭，气氛极其热烈。

生活习俗舞蹈有淳溪荡旱船、固城荡旱船，具有浓郁的江南水乡特色。

上述这些民间舞蹈，深深扎根于高淳民间，极大地丰富了群众文化生活。它既彰显了高淳民间舞蹈的独特风格，也反映了高淳地区的村俗文化表现形式的多样性。

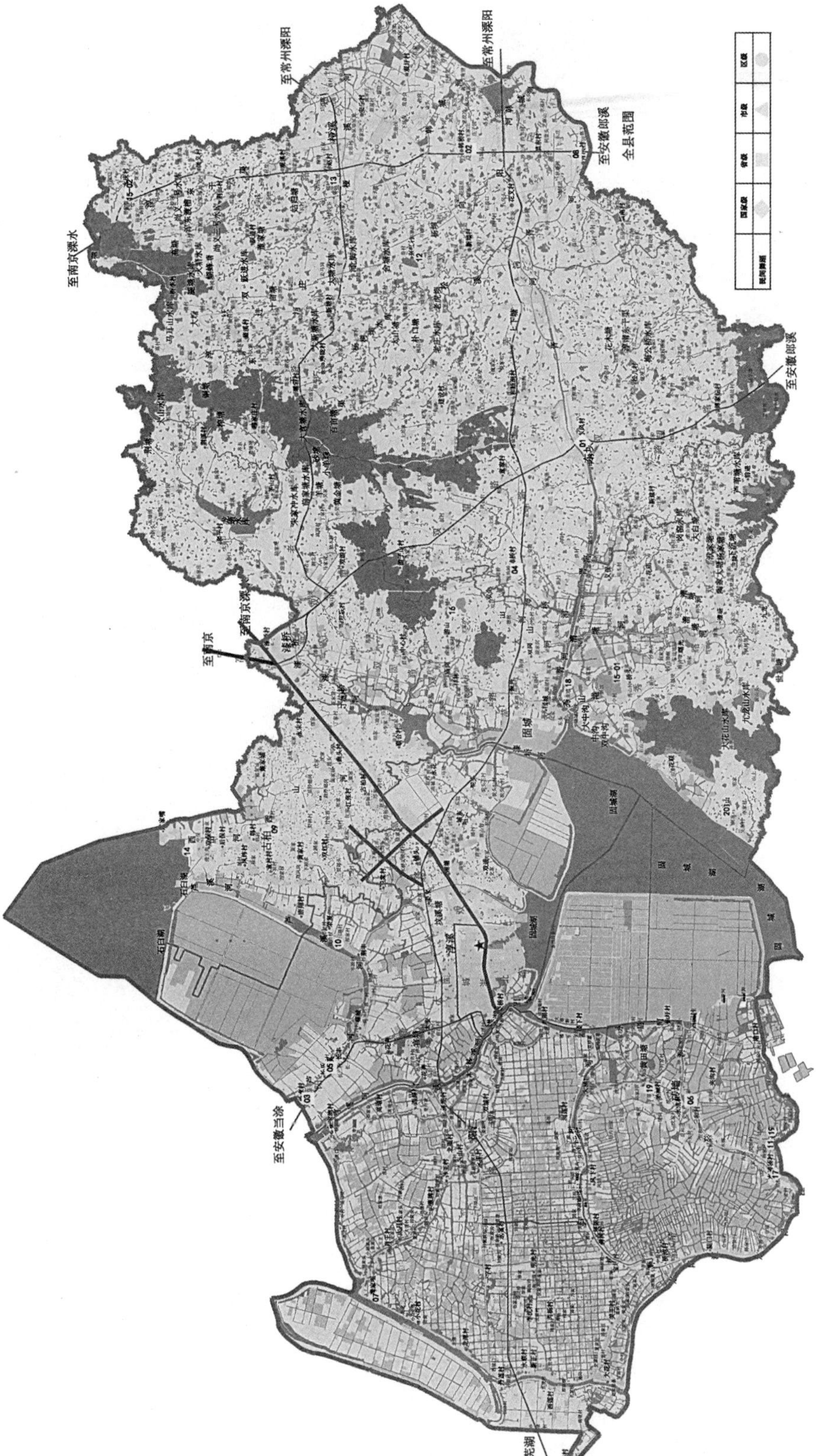

图 5-11 民间舞蹈现状分布图

图片来源：自绘

图 5-12 砖墙打罗汉
图片来源:高淳县文化广电局

图 5-13 长芦杨家抬龙表演
图片来源:高淳县文化广电局

(3) 存续现状

近年来,各类民间舞蹈和民间祭祀活动都是在传统节日中传承的,一些民间舞蹈为满足旅游市场需要陆续被复活,但渐渐远离其初始目的,渐变成一种热闹的娱乐活动。

(4) 区级及以上保护名录代表性传承人

图 5-14 长乐龙吟车出游
图片来源:高淳县文化广电局

区级以上的保护名录均有认定传承人(图 5-16),以下分别对不同的民间舞蹈名录进行介绍。

东坝大马灯的传承人为汤春山和汤裕道。汤春山(图 5-15)是东坝大马灯领队、东坝镇东坝村主任,自小参加东坝大马灯表演活动,1985 年起成为东坝大马灯表演队的主力队员。他虚心向老艺人学习,积极探索大马灯的舞蹈技艺、起源、竹马制作等,已成为东坝大马灯的新一代传承人。汤裕道为农民,大马灯核心人物,自小参加东坝大马灯表演活动。改革开放后,成为东坝大马灯表演队的主力队员。长芦杨家抬龙传承人为杨茂萱,农民,自小喜爱民间艺术,8 岁就随大人学习舞龙,长大后积极参与当地的舞龙活动,并注意收集龙灯的文物资料,从 1998 年起担任龙会主任至今。沛桥高跷传承人为陈方年和杨克鼎。陈方年是农民,24 岁起参与高跷表演,参与表演时间长,经验丰富,60 岁以后还能上跷、唢呐配乐等,近年来主要担任高跷技艺指导和配乐。杨克鼎,农民,1947 年(18 岁)开始参与高跷活动,后来上跷跑灯,高跷技艺熟练,现在主要担任高跷技艺指导工作。砖墙打罗汉传承人为王身辉,农民,从 10 岁起喜爱习武,长大后在当地老师傅的传教下,从不间断武术训练,成为叠罗汉的教练和骨干。长乐龙吟车传承人为夏定龙,农民,经常观看龙吟车表演,1988 年开始师承吴灵富学习龙吟车制作与表演技巧,现为长乐龙吟车主要技术指导之一,授徒夏双根、夏友图。椏溪跳五猖传承人为杨保头,农民,年轻时就是“跳五猖”主要演员,对“跳五猖”的曲牌、表演程式、队形布阵、场记熟谙于心,参加过镇地区、南京市民间文艺表演,有一定的组织传授能力,对传承这一活动起了一定的作用,现为韩城村“五猖会”会长。桠溪小马灯传承人为肖德平，农民，喜爱文艺活动，小时参加过跳“小马灯”，对“小马灯”的跳法、程式、服装、竹马的制作等比较精通，对培训跳“小马灯”的儿童，做了大量的指导工作。阳江打水浒传承人为刘维清，农民，自幼酷爱武术，受家族影响，从小便随父亲练习打水浒，对打水浒的各种招式、表现方法及器具的制作应用和锣鼓陈式的传承和推广延续作出了很大的贡献。古柏跳八恺传承人其一为马永福，农民，跳八怪的表演者，经常参加跳八怪的表演活动，现在是村上举办跳八怪的主持人之一；其二为马永德，农民，担任过跳八怪的表演者，现为村上举行跳八怪活动的教练。

图 5-15 传承人收藏行当图

图片来源：高淳文化广电局

(5) 区级及以上保护名录传习所

对区级及以上保护名录建立传习所。就东坝大马灯而言，现已建立传习基地，已组建了一支稳定的表演队伍，开辟了表演基地，建立了陈列馆，常年可以开展表演活动，经常赴全国各地表演。这些基地使高淳瑰丽多彩的非物质文化遗产享誉海内外。就桠溪跳五猖而言，稳定了演出队伍，添置了活动设备，安排了固定的排练场所，并在韩城村设立传习基地，桠溪镇韩城村，被誉为“傩舞第一村”。就长芦杨家抬龙而言，长芦杨家村自发成立长芦抬龙灯会，并于 2006 年兴建了表演基地，为长芦抬龙的传承打下了基础。

(6) 区级及以上保护名录展示体系

对区级及以上保护名录结合相关场所进行展示。东坝大马灯——东坝大马灯已组建了一支稳定的表演队伍，常年可以开展表演活动，经常赴全国各地表演并获奖，现已收入文献资料《高淳县志》。长芦杨家抬龙——采用边行边舞、沿村巡游形式，现已收入文献资料《高淳县志》。沛桥高跷——春节期间在农村广场予以展示，高淳区重视对东坝沛桥高跷的挖掘，整理，现已收入文献资料《高淳县志》。砖墙打罗汉——利用农村公屋及户外空地作训练和表演场所，亦应邀赴各处社戏的台上表演，常于社戏演出前登台，表演时间长约一小时左右。长乐龙吟车——在新春佳节期间举办龙吟车巡游活动，表演场地是本村的村巷和广场，现已收入文献资料《高淳县志》。桠溪跳五猖——乾隆年间传下来的《跳五猖》行当图，目前仍保存在桠溪镇韩城村，图上清楚地描绘出五猖神群舞的阵势以及所祭祀的 57 位神灵。区文化部门将桠溪跳五猖列入民间优秀传统文化的普查重点，整理了桠溪跳五猖的有关资料，并入选《中国民族民间舞蹈集成》，后又列入《中华舞蹈志 · 江苏卷》。桠溪跳五猖丰富了农村庙会、节日文化活动，推动了农村文化旅游。桠溪小马灯——一般从正月初一开始出场，正月十八罢灯，广场巡演，现已收入文献资料《高淳县志》。阳江打水浒——于新春佳节期间在阳江各村搭台巡回表演，现已收入文献资料《高淳县志》。古柏跳八恺——在村上开阔地带或村间路上巡游展示。

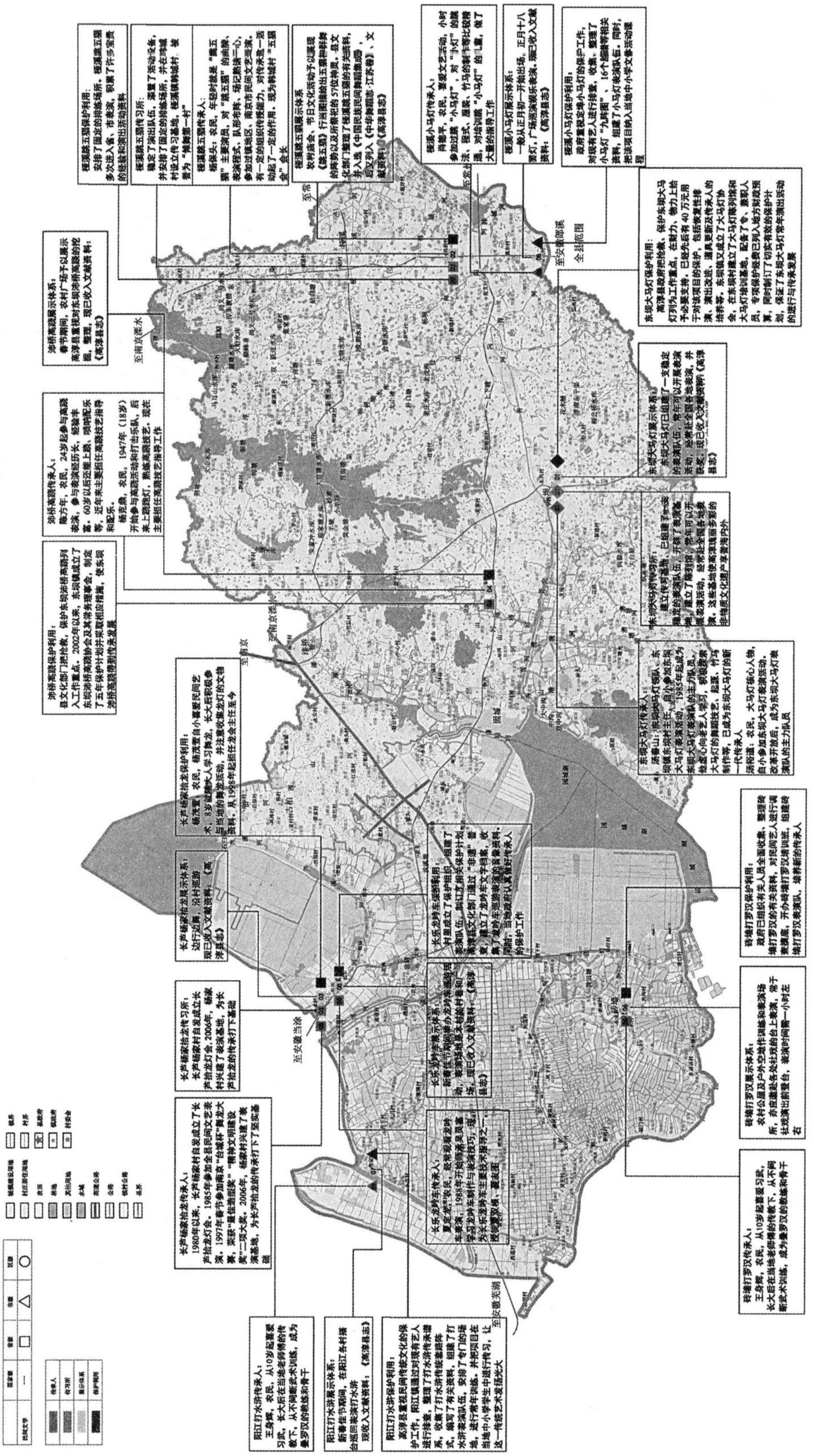

图 5-16　民间舞蹈现状传承人分布图
图片来源：自绘

(7) 保护利用

对民间舞蹈进行合理保护利用。东坝大马灯——20世纪八九十年代,高淳区政府把抢救、保护东坝大马灯列为工作重点,在财力、物力上给予必要支持。目前,通过政府投入、社会捐资等途径,已经先后有40万元用于对该项目的保护,包括恢复性排演、演出改进、道具更新及传承人的培养等。东坝大马灯也走出了高淳区域,先后到南京、沈阳、广州、北京、上海、大连、杭州等地进行演出,将影响扩大到了全国范围。近年来,东坝镇又成立了大马灯协会,在东坝村建立了大马灯陈列馆和大马灯培训基地,配备了专、兼职人员,专项保护经费已列入地方财政预算,同时制订了切实有效的保护计划,保证了东坝大马灯常年演出活动的进行与传承发展。长芦杨家抬龙——1980年以来,长芦杨家村自发成立了长芦抬龙灯会。1985年参加全区民间文艺调演。1997年春节参加南京"台城杯"舞龙大赛,荣获"最佳造型奖""精神文明建设奖"二项大奖。2006年,杨家村兴建了表演基地,为长芦抬龙的传承打下了坚实基础。沛桥高跷——地方政府和区文化部门实施抢救性保护,把抢救、保护东坝沛桥高跷列入工作重点。2002年以来,东坝镇成立了东坝沛桥高跷协会及其常务理事会,制订了五年保护计划并采取相应措施,使东坝沛桥高跷得到传承发展。砖墙打罗汉——当地政府已组织有关人员全面收集、整理砖墙打罗汉的有关资料,对民间艺人进行调查摸底,开办砖墙打罗汉培训班,组建砖墙打罗汉表演队,培养新的传承人。长乐龙吟车——政府进行抢救保护下,使中断40年的龙吟车巡游表演于1988年再次兴起。近年来,村里成立了保护组织,组建了表演队伍,制订了相关保护计划。高淳区文化部门通过"非遗"普查,建立了龙吟车文字档案,收集了龙吟车巡游表演的音像资料。同时,当地政府认真做好传承人的保护工作。桠溪跳五猖——高淳区对桠溪跳五猖采取了许多保护措施,加强了组织领导,稳定了演出队伍,添置了活动设备,并安排了固定的排练场所。桠溪跳五猖多次参加省、市表演,积累了许多宝贵的经验和演出活动资料。桠溪小马灯——政府重视定埠小马灯的保护工作,对现有艺人进行排查,收集、整理了小马灯"九阵图"、16个脸谱等相关资料,组建了小马灯表演队伍。同时,把该项目纳入当地中小学文体活动课程。阳江打水浒——高淳区重视民间传统文化的保护工作,阳江镇通过对现有艺人进行排查,整理了打水浒传承谱系,收集了打水浒传统套路阵式,编写了有关资料,组建了打水浒表演队伍,安排了专门的场地,进行常年训练。并把项目在当地中小学学生中进行传习,让这一传统艺术发扬光大。古柏跳八恺——收集、整理了相关资料,以便将这一古代傩舞流传下去。

(8) 存在问题

整体而言,目前在对高淳民间舞蹈的保护与利用方面存在诸多问题,具体有如下几点:①民间舞蹈原先都是农民闲暇时自发组织排练表演,缺乏专项经费扶持。同时随着农村劳力的对外输出,造成了民间舞蹈团体缺乏演出人员和后续传承人。此外,由于年轻人基本上都外出务工,开展民间舞蹈、传统戏剧表演活动受到很大限制。②大部分舞蹈都缺乏生存土壤,尤其是祭祀类舞蹈,随着农村群众观念的变化,以及现代娱乐方式的影响,原来敬神祭祀、自娱自乐的功能与现代文明已不能相互融合,同样也失去了演出机会。③一些加工整理后获得演出机会的舞蹈,比如长芦杨家抬龙、砖墙打罗汉、桠溪小马灯等舞蹈,虽然能在各种表演与大赛中演出、获奖,但已经变成少数的专业团体的表演项目,人工加工痕迹明显,失去了民间舞蹈所承载的历史文化信息。

4）传统戏剧

（1）保护名录

高淳传统戏曲(图 5-17)有省级名录 1 项，是高淳阳腔目连戏。区级名录 2 项，分别为高淳锡剧、高淳高腔。

（2）类型特点

高淳地区传统戏剧分为两类：曲牌体制的戏曲剧种类和民间小戏剧种类。曲牌体制的戏曲剧种类为高淳阳腔目连戏、高淳高腔；民间小戏剧种类为高淳锡剧。高淳阳腔目连戏(图 5-18)又叫“太平戏”，由做法事发展成舞台演出，宗教色彩较浓。高淳还有木偶演出的目连戏，称为“小目连”，其剧本声腔与人演的相同。按唱腔划分，目连戏有东路腔、西路腔之分。西路腔又名南陵腔；东路腔又名水阳腔，简称阳腔。高淳阳腔目连戏属东路腔，它的最大特点是“一唱众和，锣鼓节音，不被管弦”。作为中国最古老的剧种，高淳阳腔目连戏是在宋元杂剧的基础上，汲取道佛音乐和地方民歌而发展起来的独特剧种。从演员角色、舞台表演、唱腔设计、音乐伴奏等诸方面都为中国传统戏剧的发展铺垫了基础。高淳阳腔目连戏的舞台表演艺术、唱腔、曲牌，尤其是“武场”杂技，具有强烈的艺术性，既体现了南宋以后文人学者的创作结晶、成果，也包含了僧人、道士和民间艺人的心血和汗水。高淳阳腔目连戏中的“高腔”和“高拨子”分别被徽剧、京剧所吸收，其生、旦、净、末、丑诸多角色亦已成为中国传统戏剧的固定角色。高淳高腔戏说唱均采用高淳方言，在语调上具有浓郁的地方特色，结合古中州韵。高淳高腔为“一唱众和”，“锣鼓节拍”，无管弦伴奏的徒歌。它的音乐是用曲牌联套兼以板式变化而构成。唱腔曲牌为其主要组成部分，现存曲牌 45 支(包括同名曲牌)，是南北曲的“改调歌之”。唱腔旋律较平直，多口语化，保持了原始古朴面貌。高淳锡剧的曲调，旋律优美流畅，富有水乡特色，是素称“吴侬软语”的江南方言语调美化的结晶，长于抒情，偏于柔美，稍欠刚劲。主要曲调有“簧调”“大陆调”“铃铃调”和“南方调”等。它们的曲式都是上下句结构，都可在上下句间插入若干句“清板”。“清板”旋律简单，近似朗诵，是锡剧和滩簧系统各剧种共有的特点。

（3）存续现状

高淳戏曲活动日益频繁，徽戏、徽夹京、京戏、花鼓戏种类很多。1955 年，高淳区锡剧团成立，锡剧很快在高淳流行，深受群众喜爱。可以说，高淳是传统戏曲之乡。戏台多、唱戏多是高淳的一大特色。高淳的古戏台遍布城乡。近年来，高淳农村不少地方又建起了新戏台，其规模不亚于古戏台。每年春天，高淳农村各地都要搭建草台唱戏，往往一唱就是三五天。据近几年统计，平均每年要唱 300 场戏左右。当地百姓在欢乐祥和的氛围中享受着丰盛的戏剧大餐。这种在其他地区不多见的场景，被新闻媒体称为“高淳文化现象”。高淳阳腔目连戏最后一次公开演出是在 1947 年，解放后就停止了公开演出。1958 年 10 月，江苏省戏校举办目连班，1960 年解散。如今老艺人已相继去世，原有的高淳阳腔目连戏史料零散、匮缺，收集、考证、整理工作难度大。相关原生态资料的音像、图片等现代化的留存，目前尚属空白。知情者甚少，其唱腔、舞台艺术濒临失传之危。“武场”特技表演已经基本失传。高淳区将保护高淳阳腔目连戏列入区非物质文化遗产重点保护项目之一，已组织专门人员对有关史料进行收集。

图 5-17　传统戏剧现状分布图

图片来源：自绘

(4) 传承人

区级以上的保护名录均有认定传承人(图 5-19),以下分别对不同的传统戏剧名录进行介绍:

图 5-18　阳腔目连戏表演
图片来源:高淳县文化广电局

高淳阳腔目连戏传承人,其一为叶同春,民间艺人,年迈。在做道士期间,学唱阳腔目连戏,为众生做道场演唱。新中国成立后,在高淳区业余剧团打杂,协助乐队搞演奏。1956 年进入区锡剧团从事器乐等工作。近几年,为抢救高淳阳腔目连戏,积极配合区文化部门,开展对剧本、唱腔和舞台表演的辅导工作。其二为赵仲珠,民间艺人,年迈。熟练演唱阳腔目连戏。20 岁起在师傅赵瑞连的指导下,参加阳腔目连戏的演出活动,一直至解放初期。近几年,为抢救高淳阳腔目连戏,积极配合区文化部门,开展对阳腔目连戏的剧本、唱腔和舞台表演的辅导工作。

高淳高腔的传承人为徐敦彩,教师。徐敦彩自幼喜爱民间传统戏剧,并跟长辈学会演唱高腔,长大后曾扮演高腔戏剧中的女角色,20 世纪 50 年代末,多次参加乡里组织的文艺会演。

高淳锡剧的传承人为虞丽莉,高淳锡剧剧团演员,出身于锡剧世家,她 30 多年的舞台表演艺术,给高淳及周边地区的广大人民群众留下了深刻的印象,为高淳的戏剧发展作出了贡献。1981 年 4 月至 1990 年 3 月担任区政协第一、二、三届兼职副主席,直至退休。

(5) 展示体系

对区级及以上保护名录结合相关场所进行展示。高淳阳腔目连戏——高淳阳腔目连戏以目连救母为主线,其剧本源于明代郑之珍《目连救母劝善戏文》,现存剧本有清末本地人僧超轮抄本《阳腔目连戏》。区文化部门组织专人开展对阳腔目连戏的项目普查、资料征集工作。高淳高腔——1988 年以来,《南京戏曲志》编辑室的黄文虎等同志对高淳高腔进行调查收集,挖掘到了一些弥足珍贵的高淳高腔资料。高淳区文化部门,整理收入相关文献资料《南京戏曲资料汇编》《高淳县志》。高淳锡剧——各大戏楼组成“锡剧团”表演展示。

(6) 保护利用

对传统戏剧进行合理保护利用。高淳阳腔目连戏——从清道光年间算起到现在已有五代传人。先后有近 100 个艺人分布在全区 15 个乡(镇)、村。由于高淳阳腔目连戏具有宗教色彩,新中国成立后,已停止公开演出。1958 年江苏省戏曲学校开办了目连班,1960 年停办。1986 年,南京市文化局和高淳区文教局组织专人对高淳目连戏进行调查。收集到已故的老艺人僧超轮手抄的目连戏 108 折抄本。如今高淳阳腔目连戏正濒临失传之危。高淳区委、区政府正在采取积极措施,安排专项经费,抢救这一珍贵的非物质文化遗产。区文化部门组织专人开展对阳腔目连戏的项目普查、资料征集工作,并对传承人采取保护措施。现已恢复部分阳腔目连戏的演出。高淳高腔——高腔戏老艺人目前已相继去世,其表演已失传,但它的唱腔在高淳阳腔目连戏、徽剧、京剧中被广泛采用,仍然延续着它的艺术生命。

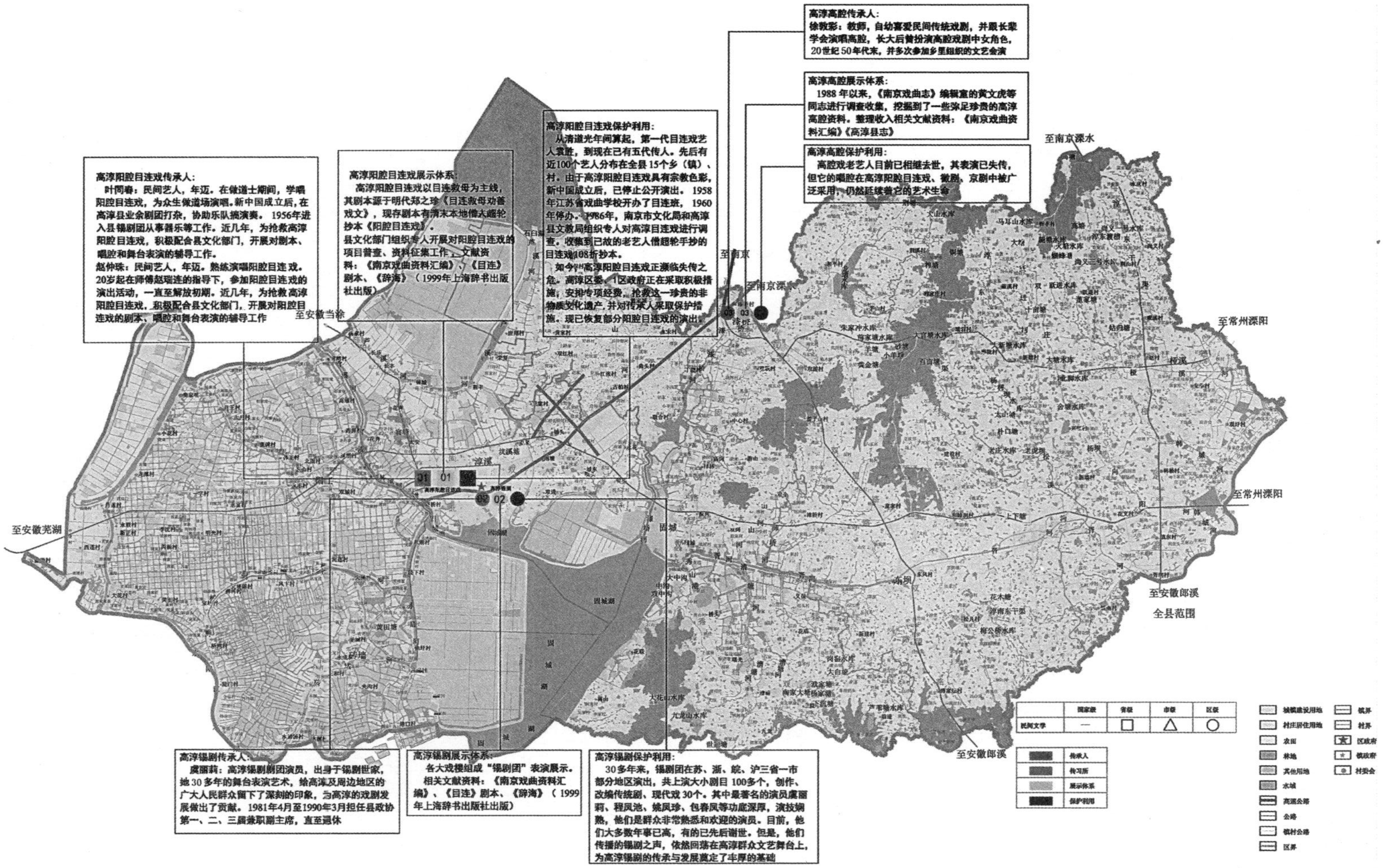

图 5-19　传统戏剧现状传承人分布图

图片来源：自绘

高淳锡剧——30多年来锡剧团在苏、浙、皖、沪三省一市部分地区演出，共上演大小剧目100多个，创作、改编传统剧、现代戏30个。其中最著名的演员虞丽莉、程凤池等功底深厚，演技娴熟，是群众非常熟悉和喜爱的演员。目前，他们大多数年事已高，有的已先后谢世。但是，他们传播的锡剧之声，依然回荡在高淳群众文艺舞台上，为高淳锡剧的传承与发展奠定了丰厚的基础。

(7) 存在问题

目前在对高淳传统戏剧的保护与利用方面存在诸多问题：①阳腔目连戏已濒临失传，亟待抢救。②由于年轻人基本上都外出务工，开展传统戏剧表演活动受到很大限制。③由于经费制约，目连戏缺乏后继演出人员队伍。再加上目连戏唱腔古老，难懂、难唱、难学，一般人也不愿意出演，仅有的少数目连戏演出队伍难以为继。④戏剧表演活动过程缺乏有效的管理和引导，农村唱戏活动从组织到经费筹集大都是在部分退休老干部和地方上有威望的老同志参与的老年会的领导下进行的。

5) 曲艺

(1) 保护名录

高淳曲艺(图5-20)有区级名录1项，为送春，包括淳溪送春、东坝送春、古柏送春。

(2) 类型特点

送春(图5-21)的形式很简易，一般是两人搭档，一鼓一锣，一唱一和。鼓手为大在左，锣手为小在右，称鼓槌为鼓鞭，锣槌为锣片。讲究的锣片两面是喷漆龙凤图饰；鼓鞭是用13节紫竹竿做成。每到一户，鼓弹13下，锣鼓9声，鼓手行腔起调，锣手接唱和应。送春一般要经过拜师挂名，有公认的师承关系。学会口子，否则在江湖上就行不通。送春常用的曲调有老调(又叫长调)和新调(又称短调)。老调章节婉转，清雅流畅。新调节奏明快，抑扬欢快。其他曲调有“惊喜调”“打牙调”“山歌调”等。送春在创作上体现了较高的艺术价值，它用锣鼓伴奏来增强民歌的艺术效果。演唱形式生动，充分体现了民间文化艺术的特点。

(3) 存续现状

送春在高淳有广泛的群众基础，当地不论男女老少都会哼几句春歌，田头场地也常有春歌声飞扬。每当新春之际，送春人敲锣打鼓给千家万户送去春天的颂歌，送去喜庆祥和，为人们所喜闻乐见。

送春的艺人因逐渐年高，不久将退出舞台，而青年一代传承这门技艺的逐渐稀少，新老艺人交替出现青黄不接的现象。随着文化娱乐多元化时代的到来，民间特色文化正经受着严峻的考验。送春这一门艺术形式的普及正面临着新的挑战。主要传承人有张长锦、朱良宏、陈士江、唐三昌、杨善红、杨在斗等。

(4) 区级及以上保护名录代表性传承人

区级及以上的保护名录均有认定传承人(图5-22)，以下分别对不同的传统曲艺名录进行介绍：

淳溪送春的传承人，其一为姜训好，农民，自幼爱好文艺，18岁师从古柏杨家杨老先生学送春，“文化大革命”时期又擅长于样板戏的演出，对送春一直是情有独钟，从未间断过，至今已有30余年。期间，培养了10名女徒弟，其中姜水英、姜旺头技艺高超，曾被邀至北京演出。现保存春书5本。其二为姜水英，农民，自1989年开始学艺，师从本村姜训好，改革

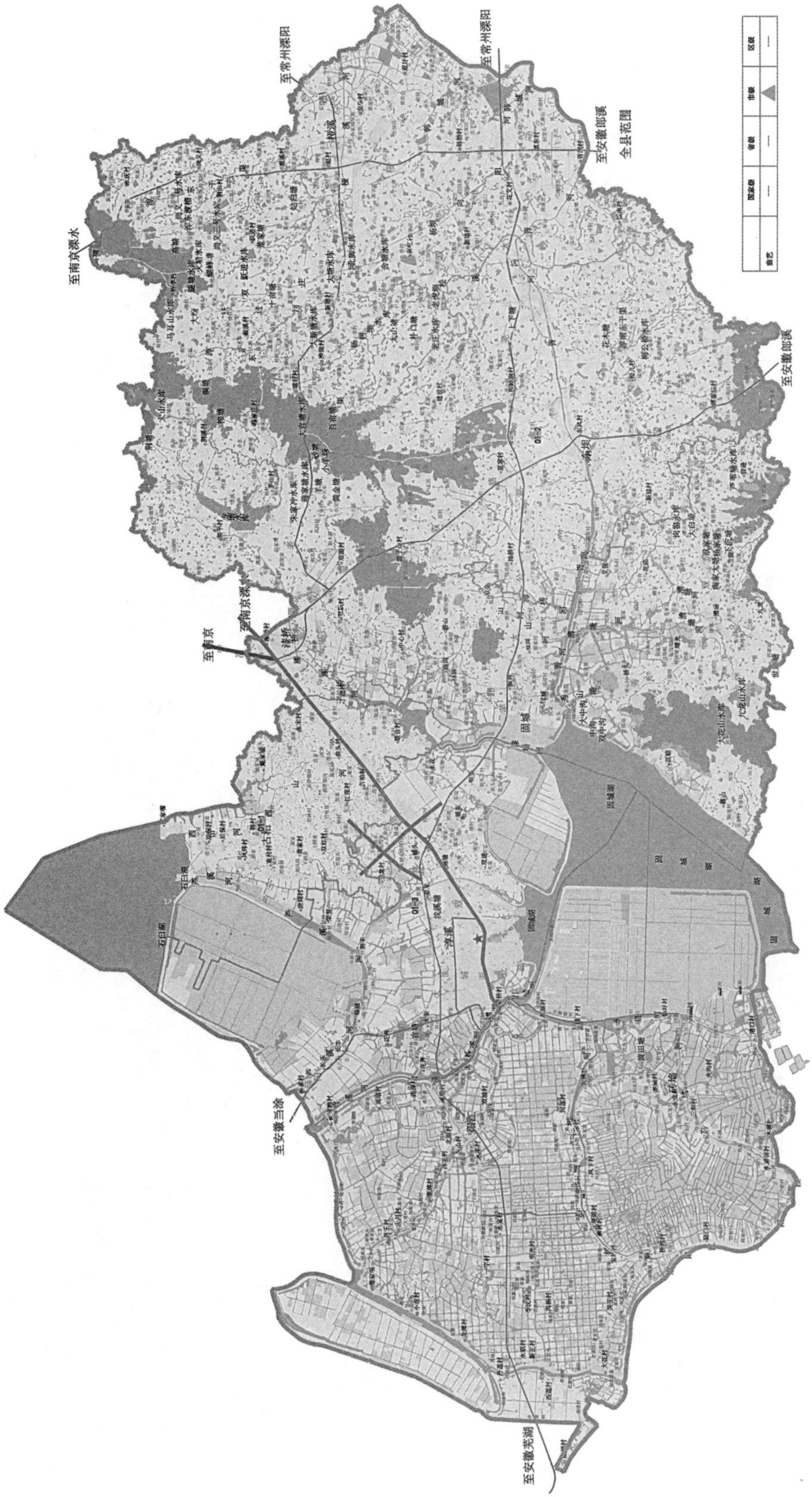

图 5-20　曲艺现状分布图
图片来源：自绘

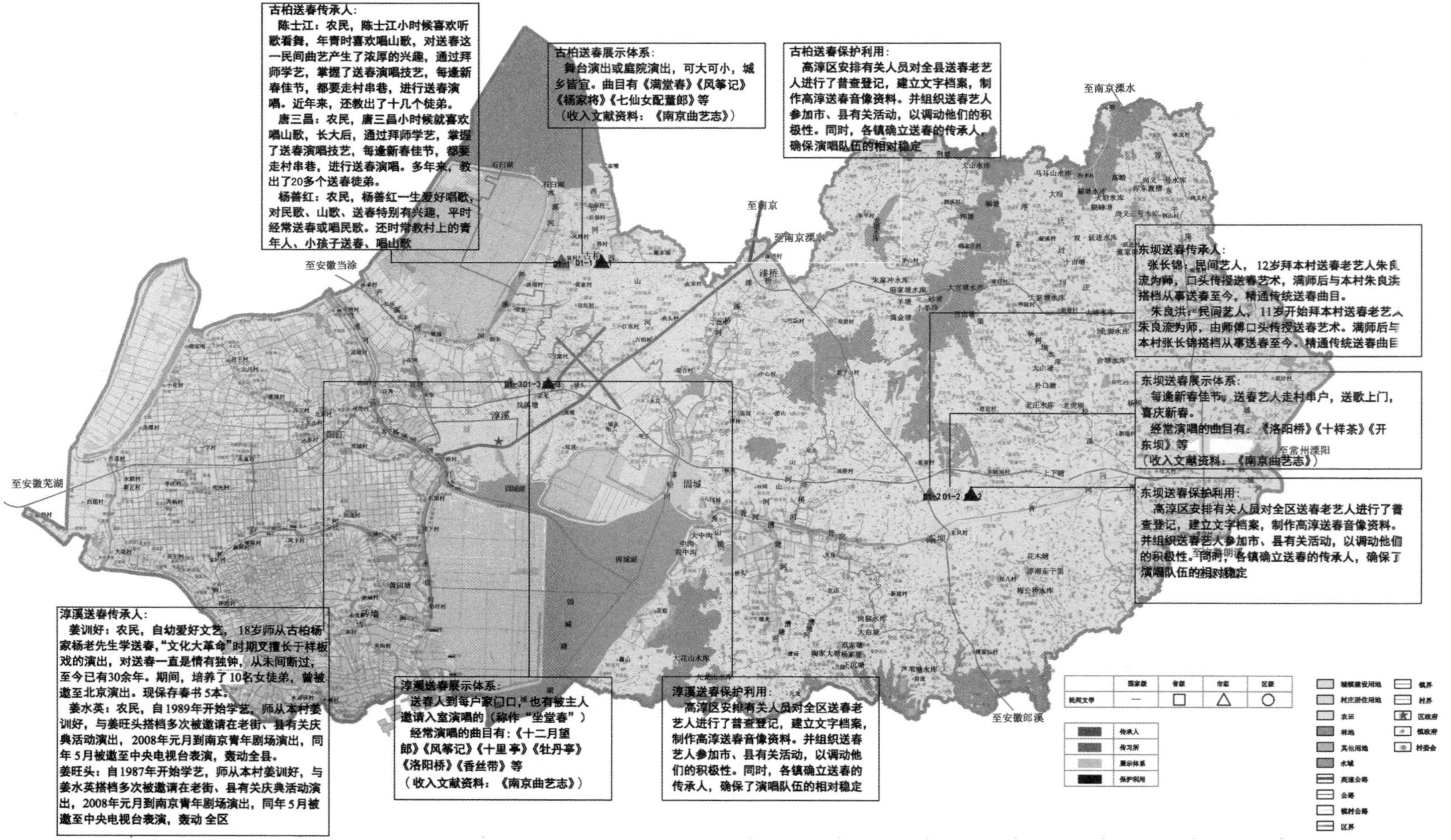

图 5-22　曲艺现状传承人分布图

图片来源：自绘

开放后，与姜旺头搭档，多次被邀请在老街、区有关庆典活动演出，2008 年元月到南京青年剧场演出，同年 5 月被邀至中央电视台表演，轰动全区。其三为姜旺头，自 1987 年开始学艺，师从本村姜训好，改革开放后，与姜水英搭档，多次被邀请在老街、区有关庆典活动演出，2008 年元月到南京青年剧场演出，同年 5 月被邀至中央电视台表演，轰动全区。

图 5-21 送春
图片来源：高淳县文化广电局

东坝送春传承人，其一为张长锦，民间艺人，1961 年(12 岁)拜本村送春老艺人朱良流为师，口头传授送春艺术，满师后与本村朱良洪搭档从事送春至今，精通传统送春曲目。其二为朱良洪，民间艺人，1961 年(11 岁)开始拜本村送春老艺人朱良流为师，由师傅口头传授送春艺术。满师后与本村张长锦搭档从事送春至今。精通传统送春曲目，经常演唱的曲目有《洛阳桥》《十样茶》《开东坝》等。

古柏送春传承人，其一为陈士江，农民，陈士江小时候喜欢听歌看舞，年轻时喜欢唱山歌，对送春这一民间曲艺产生了浓厚的兴趣，通过拜师学艺，掌握了送春演唱技艺，每逢新春佳节，都要走村串巷，进行送春演唱。近年来，还教出了十几个徒弟。其二为唐三昌，农民，唐三昌小时候就喜欢唱山歌，长大后，通过拜师学艺，掌握了送春演唱技艺，每逢新春佳节，都要走村串巷，进行送春演唱。多年来，教出了 20 多个送春徒弟。其三为杨善红，农民，杨善红一生爱好唱歌，对民歌、山歌、送春特别有兴趣，平时经常送春或唱民歌，还时常教村上的青年人、小孩子送春、唱山歌。

(5) 区级及以上保护名录展示体系

对区级及以上保护名录结合相关场所进行展示。

淳溪送春——送春人到每户家门口，也有被主人邀请入室演唱的(称作“坐堂春”)。经常演唱的曲目有《十二月望郎》《风筝记》《十里亭》《牡丹亭》《洛阳桥》《香丝带》等，并收入文献资料《南京曲艺志》。

东坝送春——每逢新春佳节，送春艺人走村串户，送歌上门，喜庆新春。经常演唱的曲目有《洛阳桥》《十样茶》《开东坝》等，并收入文献资料《南京曲艺志》。

古柏送春——舞台演出或庭院演出，可大可小，城乡皆宜。曲目有《满堂春》《风筝记》《杨家将》《七仙女配董郎》等，并收入文献资料《南京曲艺志》。

(6) 保护利用

高淳区安排有关人员对全区送春老艺人进行了普查登记，建立文字档案，制作高淳送春音像资料。并组织送春艺人参加市、区有关活动，以调动他们的积极性。同时，各镇确立送春的传承人，确保演唱队伍的相对稳定。

(7) 存在问题

整体而言，目前在对高淳传统曲艺的保护与利用方面存在诸多问题，具体有如下几点：①项目普查力度不够，部分镇该类别资料不完善，如砖墙镇、阳江镇、漆桥镇等。②缺少系统的展示体系和合理的保护利用措施，没有多元化的保护渠道。③对外宣传力度不够，民众关注度不高。④没有及时培养传承人，导致许多有价值的项目逐渐失传，后继乏人。

6）杂技与竞技

（1）保护名录

高淳杂技与竞技(图 5-23)现有市级名录 1 项，为东坝龙舟竞渡；区级名录 4 项，为淳溪文龙船、水乡少林拳、打子游艺、砖墙龙舟竞渡。

（2）类型特点

大致分为两大类：生活类技艺、习俗类技艺。生活类技艺为打子游艺，习俗类技艺为东坝龙舟竞渡(图 5-24)、淳溪文龙船、砖墙龙舟竞渡。

（3）存续现状

高淳各项杂技与竞技存续现状各异。

东坝龙舟竞渡——每逢端午节东坝村民都要举办龙舟竞渡，举办前都有周密的计划、严格的分工，确保龙舟竞渡顺利开展。吴红水、孔凡华、濮阳侯兴、倪仁木等为主要传承人。而淳溪文龙船在 1959 年以后已停止举办活动，目前只有淳溪镇邢丰村臼湖自然村有少数老人了解基本情况，他们是邢华先、邢华雪、邢应木、邢华信等人。水乡少林拳目前的传承人有 20 多位，年龄都在 50 岁以上，其代表人物有陈继祥、刘维仁、陈继兴、陈应益、陈应慧等。打子游艺目前仍在当地农村儿童中流传，何裕仁是知情人。砖墙龙舟竞渡——赛龙舟已成为当地群众自娱自乐的一项水上活动，深受大家喜爱。但目前由于砖墙河床变窄，龙舟竞渡开展比较困难，王恩明是主要传承人。

（4）区级及以上保护名录代表性传承人

区级以上的保护名录均有认定传承人(图 5-25)，以下分别对不同的杂技与竞技名录进行介绍：

东坝龙舟竞渡：传承人之一为吴红水，农民，18 岁起参加东坝龙舟竞渡活动至今，是龙舟活动的爱好者和组织者之一。其二为汤永和，干部，成年后即参加龙舟活动至今，掌握竞赛规划和划舟技巧，是近年来龙舟活动的组织者之一。

淳溪文龙船传承人为邢应木，干部，自小爱好文艺，自学成才，擅长唢呐、京胡、二胡、笛子、萨克斯等乐器的演奏。解放前，他曾参加文龙船的表演活动，收集整理了文龙船的相关资料。

水乡少林拳传承人为陈应兰，自幼随父陈继凤习武，其父乃水乡少林拳的掌门人。其父去世后，他在农闲时跟师兄们学习。目前和师兄们收集、整理其父遗留下的一些武术套路。

打子游艺传承人为何裕仁，干部，他在担任镇文化站站长期间，一直致力于挖掘民间文化，收集整理了许多非物质文化遗产资料，使其得到传承发展。

砖墙龙舟竞渡传承人为王恩明，干部，自幼起就喜爱观赏龙舟比赛，年轻时也曾亲自参与活动，熟悉民间文化艺术，多年从事民间文学的收集、汇编工作，在当地有一定的知名度。

（5）区级及以上保护名录展示体系

对区级及以上保护名录结合相关场所进行展示。

东坝龙舟竞渡——每逢端午节东坝村民都要举办龙舟竞渡，举办前都有周密的计划、严格的分工，确保龙舟竞渡顺利开展，两岸观众都为船上的人加油助威，共同参与，现已经收入文献资料《高淳民间表演集成》。淳溪文龙船——结合高淳河流、湖泊，龙舟竞渡决赛进行展示。水乡少林拳——民间艺人武术表演中进行展示。打子游艺——儿童嬉戏游戏

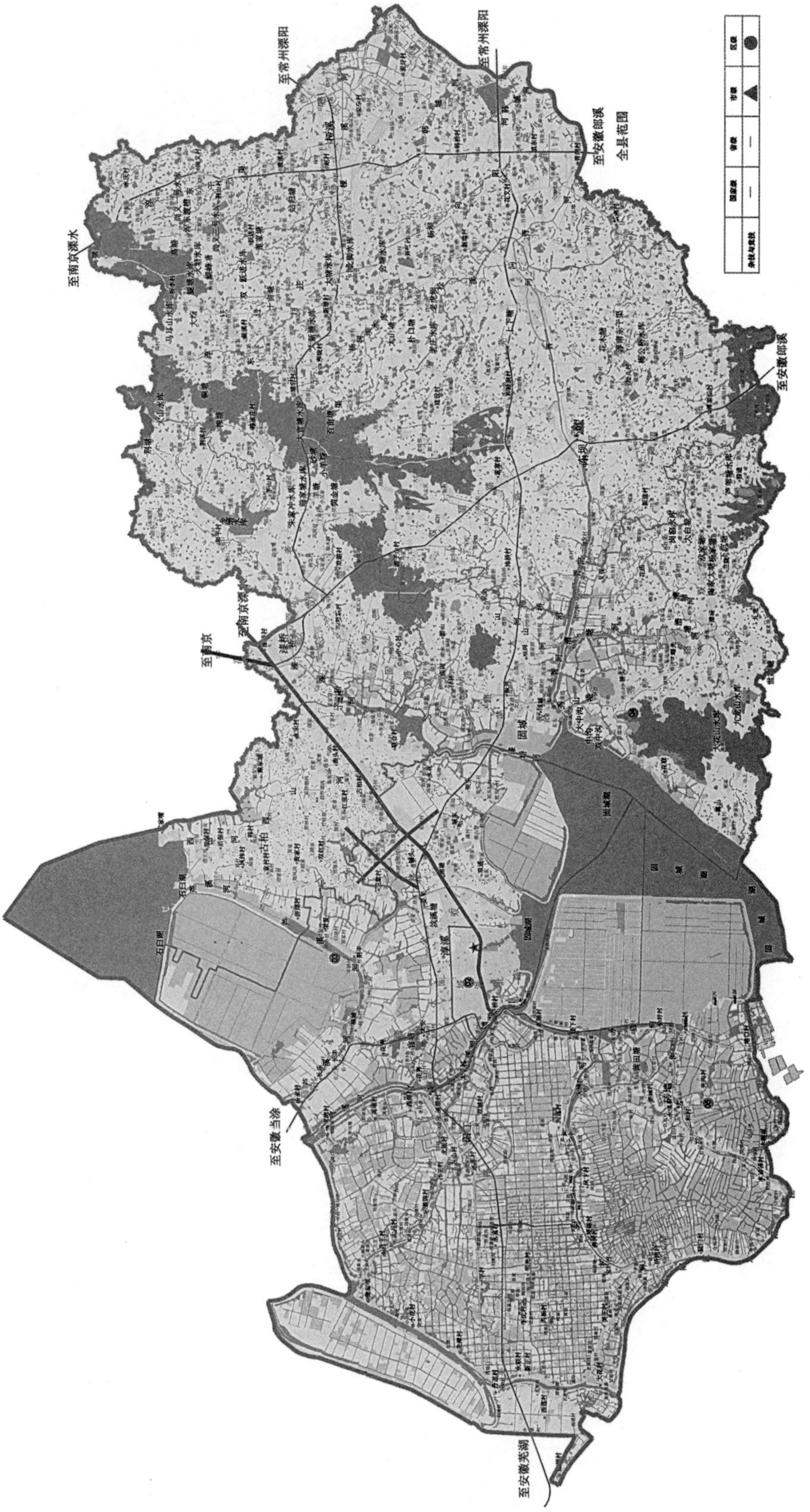

图 5-23　杂技与竞技现状分布图
图片来源：自绘

中进行展示。砖墙龙舟竞渡——收集、汇编相关龙舟竞渡资料，端午节结合龙舟竞赛进行展示。

(6) 保护利用

对杂技与竞技进行合理保护利用。就东坝龙舟竞渡而言，为使龙舟竞渡这种传统民俗更好地传承下去，高淳区政府投入资金，成立了龙舟协会，组织老会员对青年一代进行培训，并积极筹建龙舟博物馆，让赛龙舟的传统文化世代相传。在保护淳溪文龙船方面，则收集、整理了文龙船的相关资料，每年举办龙舟活动，培养传承人。为保护水乡少林拳，则在大型空地、广场进行水乡少林拳展演。就打子游艺而言，收集相关打子资料，在学校中进行传承。为保护利用砖墙龙舟竞渡，将龙舟发展成为当地群众自娱自乐的一项水上活动，深受大家喜爱。但目前由于砖墙河床变窄，龙舟竞渡开展比较困难，区政府每年会拨出相关的经费举办龙舟活动。

图 5-24　龙舟竞渡

图片来源：高淳县文化广电局

(7) 存在问题

整体而言，目前在对高淳杂技与竞技的保护与利用方面存在诸多问题，具体有如下几点：①龙舟竞渡只在逢年过节的时候进行，平时不够重视。缺少系统的展示体系和合理的保护利用措施，没有多元化的保护渠道。②项目普查力度不够，该类别资料不完善。③部分项目在极少数村庄遗存，没有及时培养传承人，如打子游艺濒临失传。

7) 民间美术

(1) 保护名录

传统美术(图 5-26)有区级名录 1 项，为砖墙民间剪纸。

(2) 类型特点

高淳民间剪纸的共同特点是，简约纯真，直截了当，较有力度，砖墙剪纸同样如此。民间剪纸是不用刀刻的，而是真正地用剪刀剪。艺人们也无须勾画，就能信手剪出，运用自如，简朴大方，散发着泥土的芳香。以红白板纸为原样，用剪刀凭手感心意剪出各种山、水、花、鸟、人物、文字等各种形象。各种图案一气呵成，形成整体，却又不蔓不枝，精致自然，圆润妩媚。

(3) 存续现状

新中国成立后，高淳民间剪纸艺术有了新的发展，出现了向现代剪纸过渡的一代。代表人物有傅山河、吴银卓等。他们有一定的文化水平和绘画基础，善于吸收民间的传统题材和表现手法，又能有所创新。在制作时，除了用剪，也兼用刀刻，技法的掌握较为全面。他们的剪纸作品主题明确，时代性强。目前，由于农村妇女、小孩穿着上已走向现代化，用剪纸做成的图案来装饰服装、鞋帽已经消失，因此，会剪纸艺术的人很少。

(4) 代表性传承人

吴花荷是砖墙剪纸少有的代表性传承人。吴花荷从小爱好剪纸艺术，少女时接受母亲的身教言传，打下了良好的基础，后又投师访友，技艺有了更大的进步，无论花鸟鱼虫，都能得心应手，随意剪出。现已成为闻名乡里的“剪花样”能手(图 5-27)。

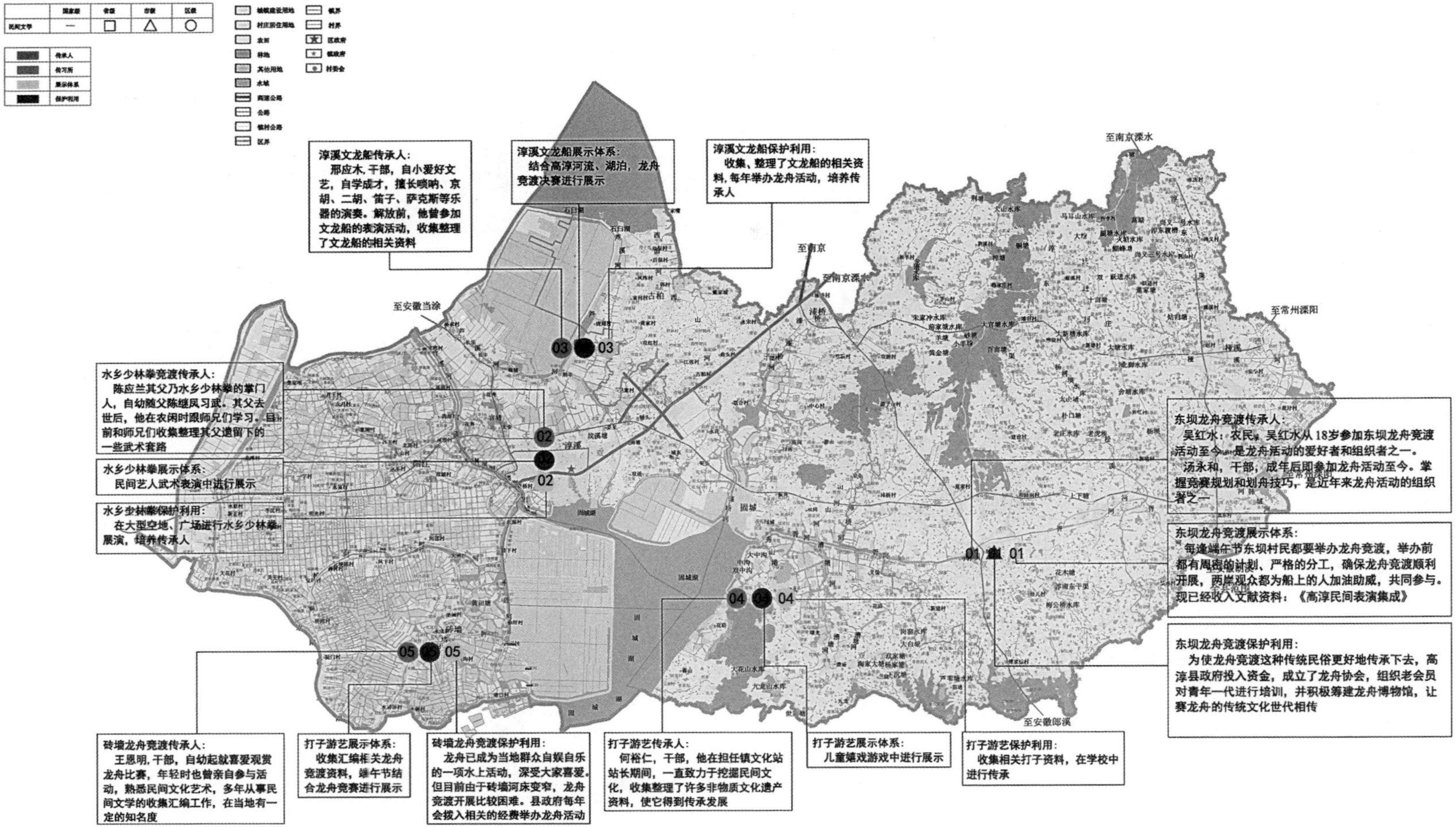

图 5-25 杂技与竞技现状传承人分布图

图片来源：自绘

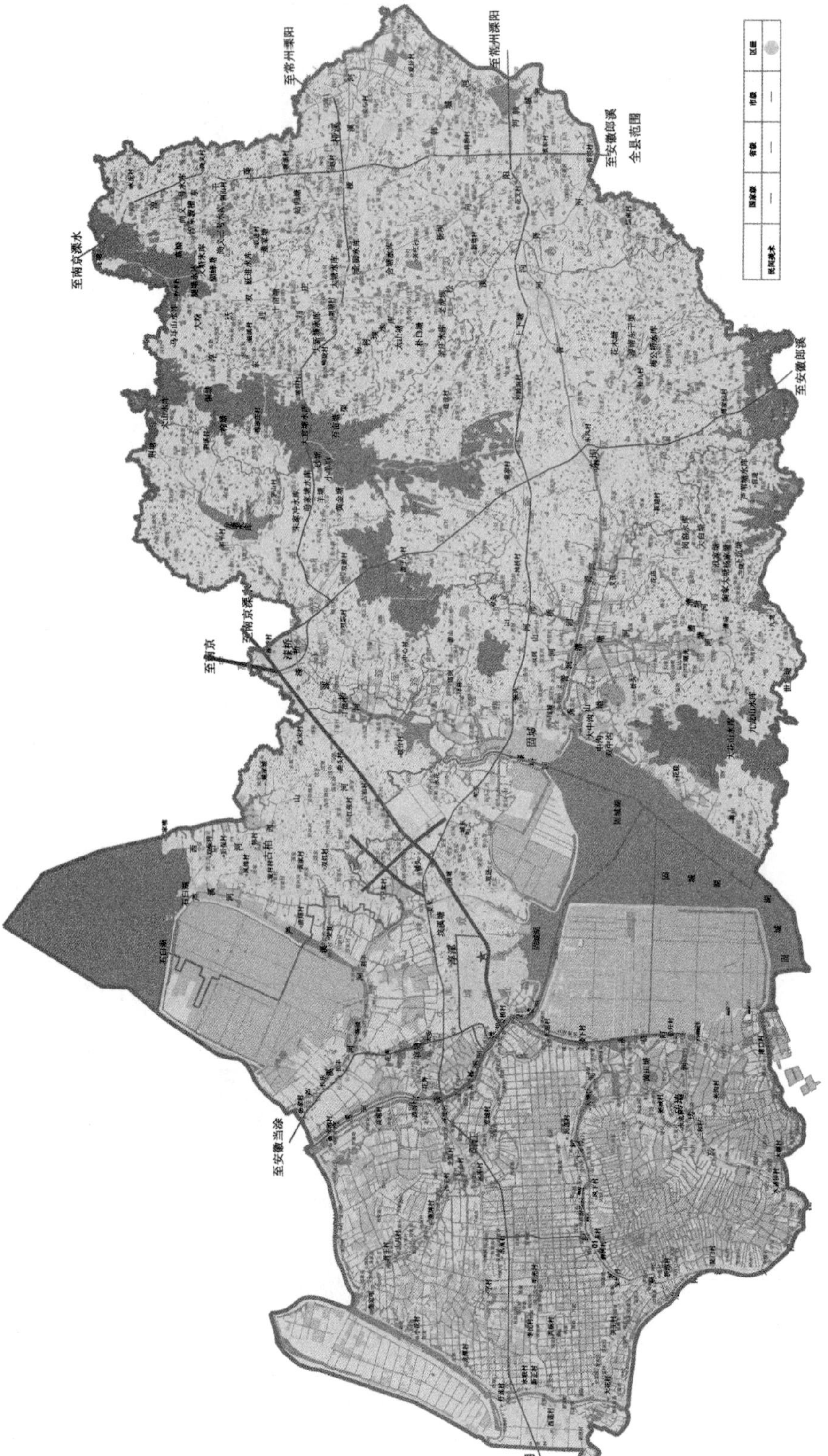

图 5-26　民间美术现状分布图
图片来源:自绘

图 5-27　民间美术现状传承人分布图

图片来源：自绘

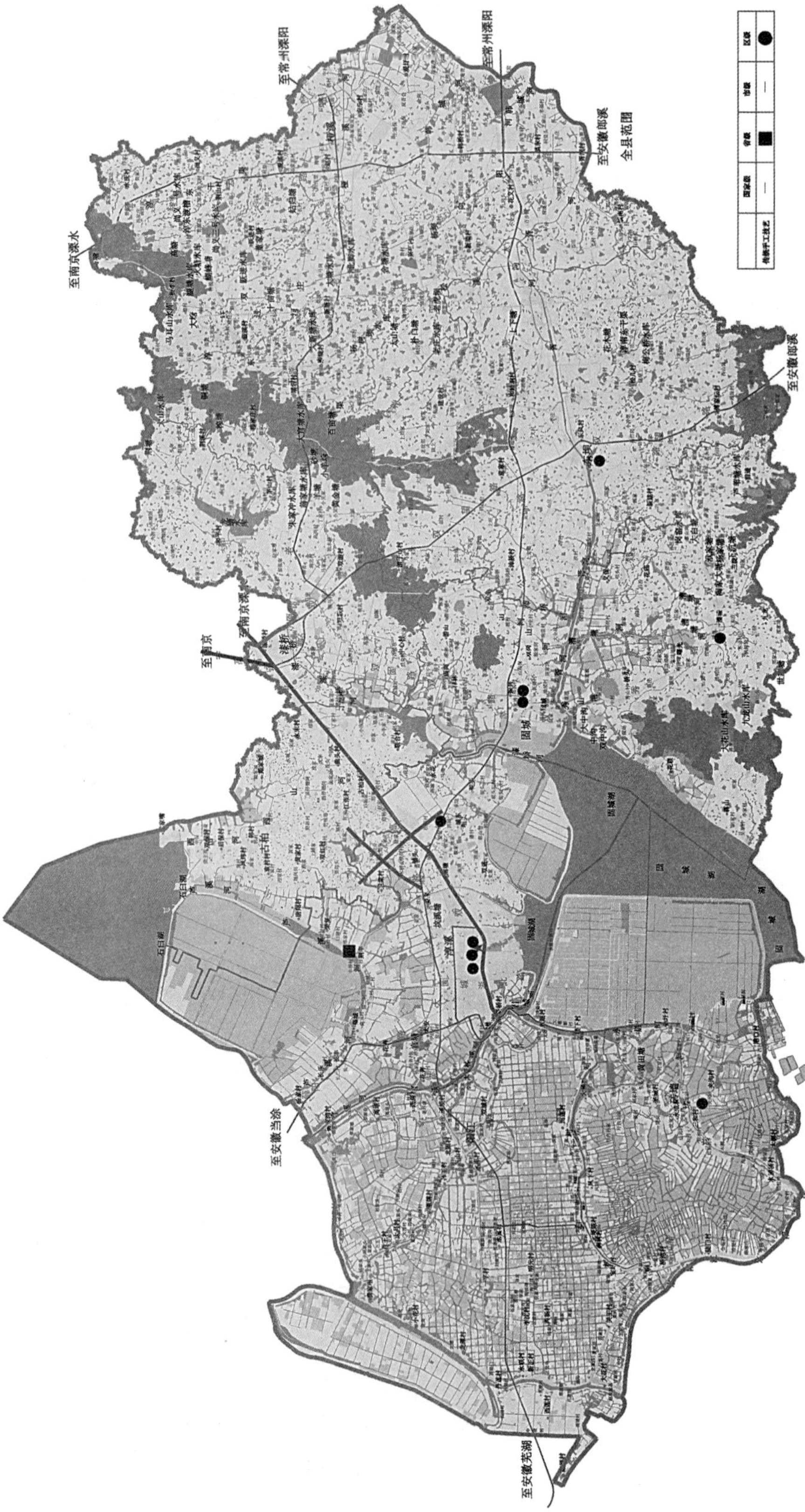

图 5-28　传统手工技艺现状分布图
图片来源：自绘

(5) 展示体系

代表性作品有《喜鹊登梅》《双龙争珠》《百鸟朝凤》，民间现存部分花样花、喜花、窗花予以展示。已经作为非物质文化遗产收入文献资料《江南圣地——高淳》。

(6) 存在问题

整体而言，目前在对高淳民间美术的保护与利用方面存在诸多问题，具体有如下几点：①城市现代化进程的影响下，使剪纸艺术的人越来越少。②此外，传承方式单一，多以宣传展示为主，没有根据砖墙剪纸的不同艺术特征实施有针对性的保护方案，没有与生产性保护充分结合。

8) 传统手工技艺

(1) 保护名录

传统手工技艺(图 5-28)省级目录 1 项，为高淳羽毛扇制作技艺(图 5-29)。区级传统手工技艺 8 项，为杨家扎塑技艺、固城打铁技艺(图 5-30)、高淳炒米糖制作技艺、高淳东坝豆腐干制作技艺、高淳糕点制作技艺、高淳欢团的制作技艺(淳溪)、高淳欢团的制作技艺(固城)、高淳蒜菜腌制技艺(固城)、高淳梅家布鞋制作技艺(图 5-31)。

图 5-29　羽毛扇制作技艺

图 5-30　固城打铁技艺

图 5-31　梅家布鞋制作技艺

图片来源：高淳县文化广电局

(2) 类型特点

高淳传统手工技艺类别为农副产品加工类、编织扎制类、工具与机械制作类、织染缝纫类。农副产品加工类为高淳炒米糖制作技艺、高淳东坝豆腐干制作技艺、高淳糕点制作技艺(图 5-32)、高淳欢团的制作技艺(淳溪)、高淳欢团的制作技艺(固城)、高淳蒜菜腌制技艺(固城)(图 5-33)。编织扎制类为高淳羽毛扇制作技艺、杨家扎塑技艺(图 5-34)。高淳羽毛扇花式繁多，约有 80 多个品种。从形状分，大体有全圆形、半圆形、宝剑形、桃子形、石榴形、佛手形、掌形、鸡心形、花瓶形等。同一形状的羽毛扇，根据不同的禽毛和不同的规格质量，又可分出若干个品种。工具与机械制作类为固城打铁技艺。织染缝纫类为高淳梅家布鞋制作技艺。

(3) 存续现状

大多数传统手工技艺至今还在沿用。例如高淳羽毛扇制作、高淳布鞋制作、欢团制作等，独具地方特色；豆腐制品、糕点制品、水产品腌制等都有诀窍；木雕、编织等技艺独特，尤其是高淳羽毛扇，久负盛名。明嘉靖年间，高淳羽毛扇就进入皇宫，被列为“贡扇”。清代中晚期，高淳区已有10多户羽毛扇商号。目前高淳羽毛扇已成为旅游工艺品，深受游客的青睐。高淳老街是“金陵第一古街”，现集中展销羽毛扇、扎塑类、糕点类、酱菜类、腌制类等传统手工技艺产品。

图 5-32　马家糕制作技艺
图片来源：高淳县文化广电局

图 5-33　高淳蒜菜腌制技艺
图片来源：高淳县文化广电局

(4) 区级及以上保护名录代表性传承人

区级及以上的保护名录均有认定传承人（图5-35），以下分别对不同的传统手工技艺名录进行介绍：高淳羽毛扇制作技艺传承人为邢响生，农民，邢响生自1981年开始学习羽毛扇制作工艺，熟练掌握后，1983年创办羽毛扇工艺厂，企业发展至今，年生产规模达3万把，产品主要销往上海、苏州、杭州等地。高淳东坝豆腐干制作技艺传承人为谢芳柏，工人，谢芳柏出生于豆腐作坊世家，自幼随父学艺，一生带徒20余人，1998—2002年应邀去西安军分区指导豆腐制作技艺。高淳固城炒米糖制作技艺传承人为胡法昌，农民，自小学习制作炒米糖，后在父亲的传授下，逐渐学会其制作技艺。他从30岁起就开始制作炒米糖，工艺娴熟。每逢农历腊月，为村民制作炒米糖。高淳欢团的制作技艺传承人为胡法昌，农民，自小学习制作欢团，后在父亲的传授下，逐渐学会其制作技艺。他从30岁起就开始制作欢团，工艺娴熟。每逢农历腊月，为村民制作欢团。高淳马家糕制作技艺传承人为马为华，糕点师，出身于糕点世家，自幼受到父辈做糕点技艺的熏陶，深爱糕点制作业。马为华是马家糕第四代传承人。高淳蒜菜腌制作技艺传承人为孔祥琨，农民，自小看父辈们制作，从15岁起就开始作学徒工，制作蒜菜到现在。高淳梅家布鞋制作技艺传承人为梅位炳，工人，从12岁起开始学习布鞋制作技艺，抗战胜利后，回区内专门从事布鞋手工业，60多年来，从未间断，他是梅家布鞋技艺主要传承人。固城打铁技艺传承人其一为杨方水，农民，擅长铁制农具打造，其父继承祖业，在农具的基础上扩大了范围，增加了锤、铲、刀、勺、锨等，他本人13岁起从事打铁业至今。其二为孔凡甫，清代以来，孔凡甫的祖辈就从事打铁业，他本人12岁起从事打铁业至今。杨家扎塑技艺传承人为杨学虎，杨学虎从小爱好文艺，擅长绘画、扎塑。他跟随杨家扎塑老艺人杨文波学习扎塑技艺，杨家龙灯每次兴办，他都是龙头装饰的主要制作人之一。

图 5-34　杨家扎塑技艺
图片来源：高淳县文化广电局

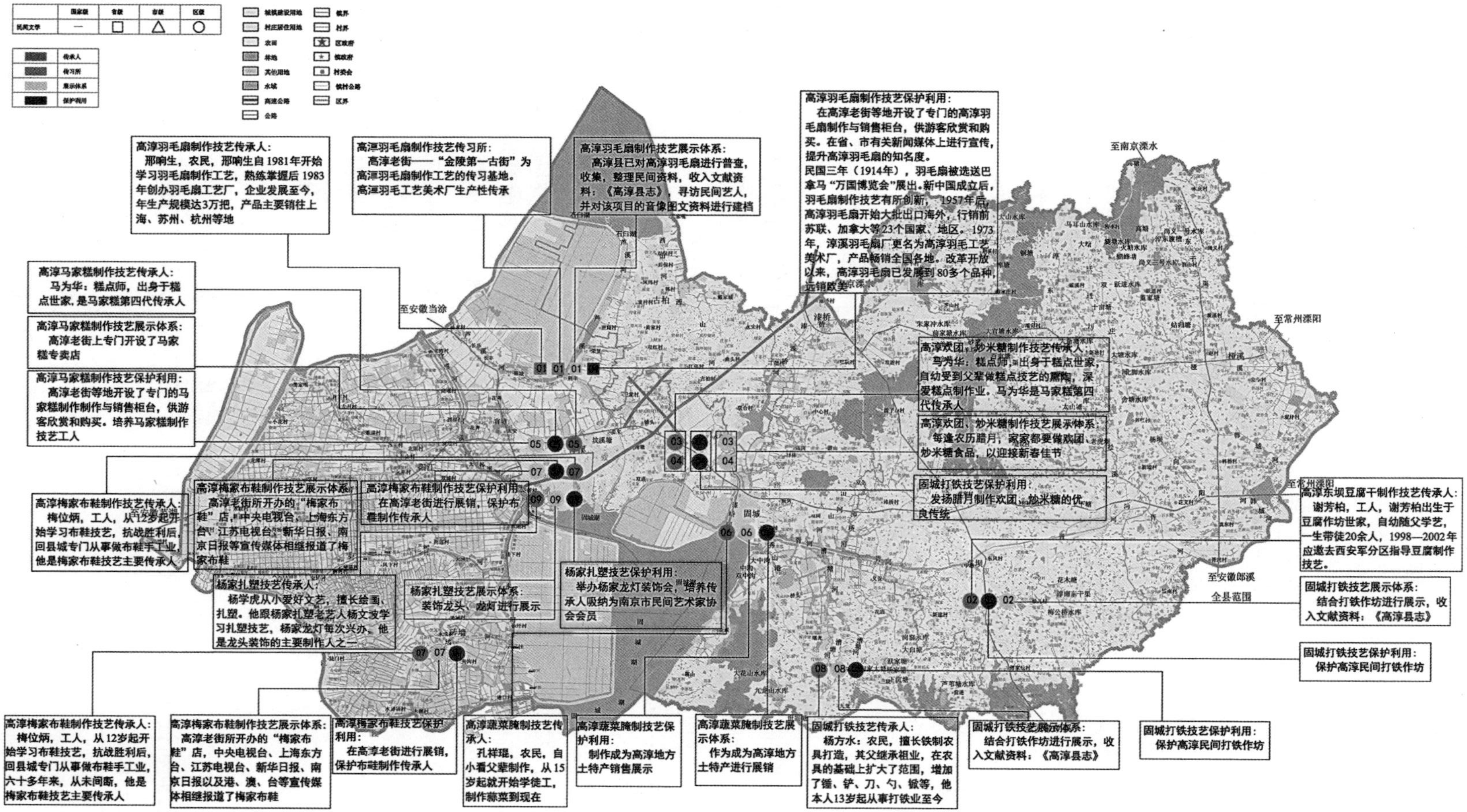

图 5-35　传统手工技艺现状传承人分布图

图片来源：自绘

(5) 区级及以上保护名录传习所

高淳老街——“金陵第一古街”为高淳羽毛扇制作工艺的传习基地。高淳羽毛工艺美术厂生产性传承。

(6) 展示体系

对区级及以上保护名录结合相关场所进行展示。高淳羽毛扇制作技艺——高淳区已对高淳羽毛扇制作技艺进行普查,收集、整理民间资料,收入文献资料《高淳县志》,寻访民间艺人,并对该项目的音像图文资料进行建档。高淳东坝豆腐干制作技艺——制作成为高淳地方土特产销售展示,收入文献资料《高淳年鉴 2003》。高淳固城欢团制作技艺——每逢农历腊月,家家都要做欢团食品,以迎接新春佳节。高淳炒米糖的制作技艺——每逢农历腊月,家家都要做炒米糖食品,以迎接新春佳节。高淳马家糕制作技艺——高淳老街上专门开设了马家糕专卖店。高淳蒜菜腌制技艺——制作成为高淳地方土特产销售展示。高淳梅家布鞋制作技艺——高淳老街所开办的“梅家布鞋”店,中央电视台、上海东方台、江苏电视台、新华日报、南京日报以及港、澳、台等宣传媒体都相继做了报道。固城打铁技艺——结合打铁作坊进行展示,收入文献资料《高淳县志》。杨家扎塑技艺——装饰龙头、龙灯进行展示。

(7) 保护利用

对传统手工技艺进行合理保护利用。就高淳羽毛扇制作技艺而言,在高淳老街等地开设了专门的高淳羽毛扇制作与销售柜台,供游客欣赏和购买。在省、市有关新闻媒体上进行宣传,提升高淳羽毛扇的知名度。民国三年(1914 年),羽毛扇被选送巴拿马“万国博览会”展出。新中国成立后,羽毛扇制作技艺有所创新,1957 年后,高淳羽毛扇开始大批出口海外,行销前苏联、加拿大等 23 个国家和地区。1973 年,淳溪羽毛扇厂更名为高淳羽毛工艺美术厂,产品畅销全国各地。改革开放以来,高淳羽毛扇已发展到 80 多个品种,远销欧美。就高淳东坝豆腐干制作技艺而言,在高淳老街等地开设了专门的豆腐干制作与销售柜台,供游客欣赏和购买;并培养豆腐干制作技艺工人。就高淳固城炒米糖制作技艺而言,发扬腊月制作炒米糖的优良传统。就高淳欢团的制作技艺而言,发扬腊月制作欢团的优良传统。就高淳马家糕制作技艺而言,在高淳老街等地开设了专门的马家糕制作与销售柜台,供游客欣赏和购买;并培养马家糕制作技艺工人。就高淳蔬菜腌制技艺而言,作为高淳地方土特产进行展销。就高淳梅家布鞋制作技艺而言,在高淳老街进行展销,保护布鞋制作传承人。就固城打铁技艺而言,保护高淳民间打铁作坊。就杨家扎塑技艺而言,举办杨家龙灯装饰会,培养部分传承人,并吸纳为南京市民间艺术家协会会员。

(8) 存在问题

整体而言,目前在对高淳传统手工技艺的保护与利用方面存在诸多问题,具体有如下几点:①存续情况较好的传统技艺多由企业生产传承,企业化运作和批量生产使某些传统技艺项目转向机械化制作,难以产生个性化的手工产品。②某些项目由于原材料产地开发过度,环境污染,难以保证传统技艺的原汁原味。

9) 传统医药

(1) 保护名录

传统医药(图 5-36)有市级名录 1 项,为梁氏骨科;区级名录 1 项,为蓝氏烫伤膏。

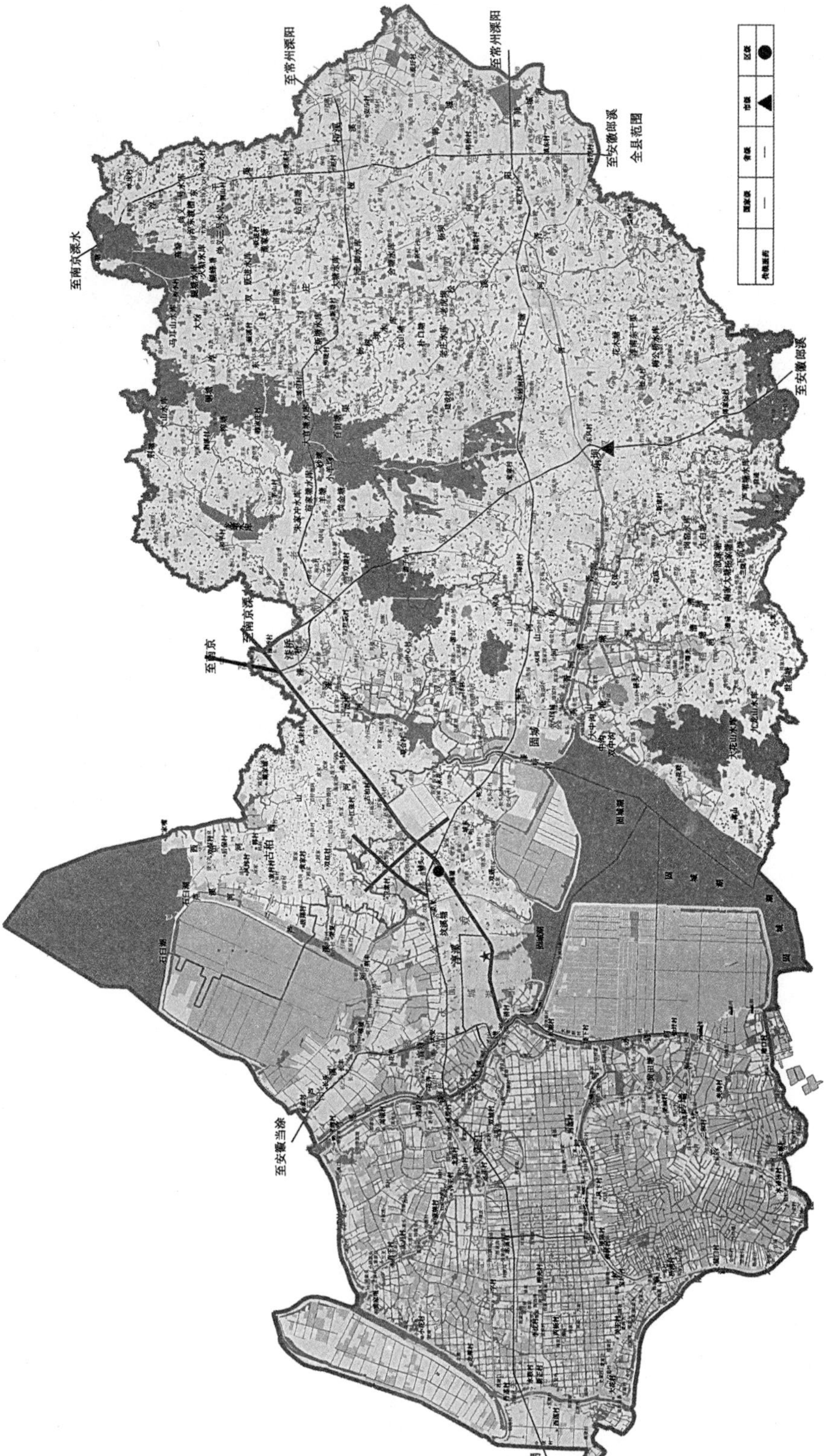

图 5-36　传统医药现状分布图
图片来源：自绘

(2) 类型特点

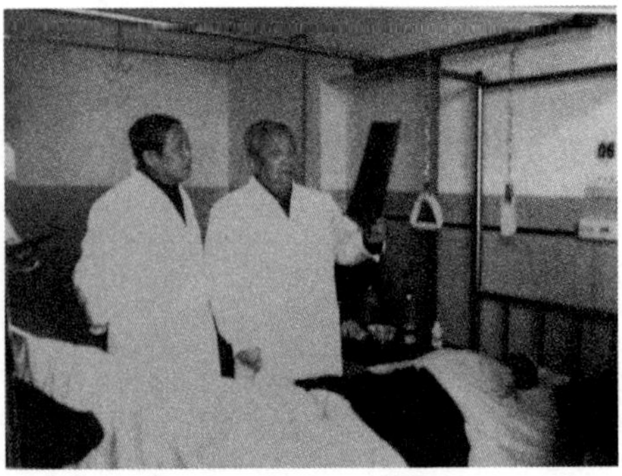

图 5-37　梁氏骨科
图片来源：高淳县文化广电局

高淳传统医药类别为医药卫生类。梁氏骨科(图 5-37)以祖传秘方为基础，在多年的临床实践中，不断钻研土方、验方、秘方，集百家之长，掺以个人行医所得，独创“梁氏整骨四法”——托、拉、摸、拼。所采用的“内服中药外做手术”相结合的方法，对骨折治疗，效果较为显著。该秘方具有活血化瘀、消肿止痛、骨痂形成早、骨折愈合快等优点，可显著缩短疼痛肿胀时间，加速骨折愈合。据《蓝氏宗谱》记载，高淳区淳溪镇甫头蓝氏系明代大将蓝玉之后，蓝玉被杀后，其后代逃亡高淳，甫头这支蓝氏是管铁匠打造兵器的，打铁容易被烫伤，传下了烫伤秘方。清末其祖父蓝光沅做铁匠，能用秘方治烫伤，民国期间其父蓝昭球擅长小儿科及给人治烫伤，蓝昭球将秘方传给了长子蓝顺心。烫伤是外伤，不难诊断，凡开水、火各种热器烤伤均可治疗。

(3) 存续现状

目前，梁氏骨科已在高淳及周边地区广为传布，其第二代传人梁冠荣、梁冠华、梁冠富、梁冠贵等均为梁氏在高淳淳溪、东坝以及溧水和凤等所开设的中医院负责人；第三代传人梁军、梁辉、梁振、梁奇、梁燕、梁玲、梁敏、万启美、孔少波、徐寿福等，他们都能熟练运用梁氏骨科祖传手法——正骨法和四肢骨折的内固定手术。其中梁氏中医第三代传人梁军2000 年取得了骨科硕士学位，在国家医学刊物上发表论文 20 余篇，还有梁氏骨科外用药获市科委三等奖。另外，“梁氏骨科”的传承人注重对青年学生的培育，现在苏皖边区的高淳、宣城、郎溪、当涂等区医院都有梁氏培养的骨干。近年来，“蓝氏烫伤膏”名气越来越大，但蓝氏出于保密原因，并未将秘方献出。现蓝顺心已将秘方传授其孙蓝济慈，其孙 15 岁，正在上学，他也有志学习医药知识，将爷爷的烫伤秘方继承下来，将来报考医药类大学，将爷爷的方子整理研究，推广到更大范围，让更多的人受益。

(4) 代表性传承人

区级及以上的保护名录均有认定传承人(图 5-38)，梁氏骨科传承人为职业医师梁冠荣，16 岁随父学医，1959 年由省卫生厅推荐到河南洛阳正骨学院深造，1962 年毕业后先后在东坝中医院、漕塘医院、区中医院任业务副院长，兼任中国传统医学手法研究会理事、全国高等中医院骨伤科研究会理事、江苏省中西结合研究会理事等职。蓝氏烫伤膏传承人为蓝顺心，跟濮、魏学习中医药知识，熟悉中草药 300 多种。1977 年去广德山区挖草药时，得一味单方草药“四季青”，又名山冬青。其后，蓝顺心将四季青加蓝氏 14 味，共15 味中草药配方成“蓝氏烫伤膏”，从 1977 年起，治疗烫伤病人 1 500 多例，治愈率 95%以上。

(5) 区级及以上保护名录传习所

梁氏骨科：传习基地主要为高淳区梁氏骨科医院、高淳区双塔医药，以及在区内薛城、下坝，区外溧水和凤分别开设梁氏骨科医院分院。

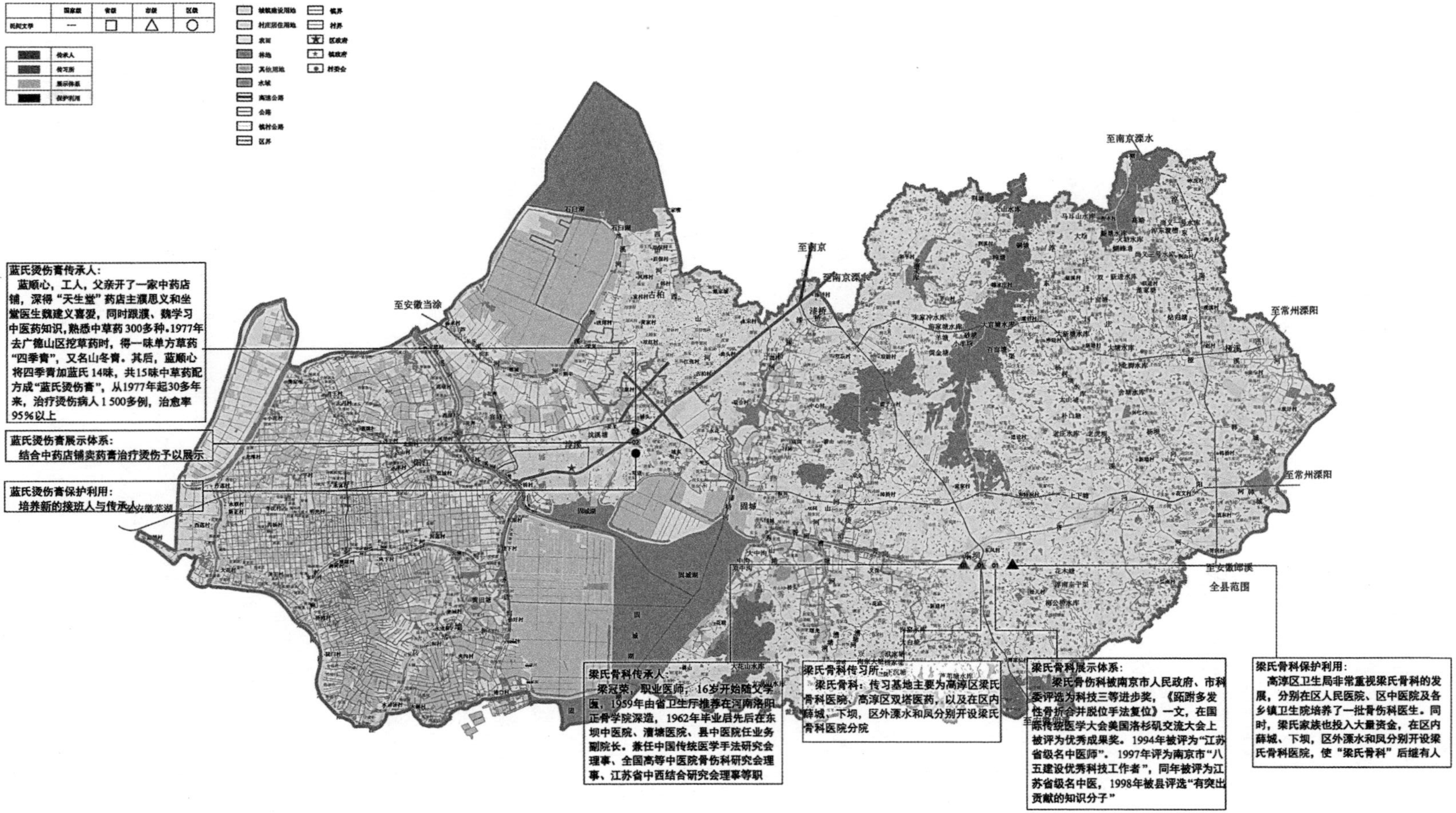

图 5-38 传统医药现状传承人分布图

图片来源：自绘

（6）展示体系

“梁氏骨伤科”被南京市人民政府、市科委评选为科技进步三等奖，《跖跗多发性骨折合并脱位手法复位》一文，在国际传统医学大会美国洛杉矶交流大会上被评为优秀成果奖。1994 年被评为“江苏省级名中医师”。1997 年评为南京市“八五建设优秀科技工作者”，同年被评为江苏省级名中医。1998 年被区评选为“有突出贡献的知识分子”。

（7）保护利用

高淳区卫生局非常重视“梁氏骨科”的发展，分别在区人民医院、区中医院及各乡镇卫生院培养了一批骨伤科医生。同时，梁氏家族也投入大量资金，在区内薛城、下坝，区外溧水和凤分别开设梁氏骨科医院，使“梁氏骨科”后继有人。

（8）存在问题

整体而言，目前在对高淳传统医药的保护与利用方面存在诸多问题，具体有如下几点：①展示利用措施中，没有提及项目现在的相关药品、药厂和现今治疗病患信息。②传播面窄，传播手段缺乏多元化，大众关注度不高。

10）民俗

（1）保护名录

高淳民俗(图 5-39)有省级名录 1 项，为薛城花台会；市级名录 2 项，分别为上梁仪式(桠溪镇和淳溪镇)、南京(高淳桠溪)祠山庙会；区级名录 7 项，分别为高淳生育习俗、高淳婚嫁习俗、高淳丧葬习俗、高淳除夕春节习俗、高淳端午节习俗、高淳立夏习俗、高淳中秋节习俗。

（2）类型特点

大致可分为生活类民俗、节日类民俗和仪式类民俗 3 大类，具有较强的生活气息和地方特色。其中生活类民俗包括高淳生育习俗、高淳婚嫁习俗、高淳丧葬习俗。节日类民俗包括薛城花台会、南京(高淳桠溪)祠山庙会、高淳除夕春节习俗、高淳端午节习俗、高淳立夏习俗、高淳中秋节习俗。仪式类民俗以上梁仪式(桠溪镇和淳溪镇)为主。

（3）存续现状

由于所包括的类型和项目较多，高淳民俗的存续现状比较复杂。整体而言，由于现代社会经济文化的发展，相对于其他类非物质文化遗产来说，民俗类遭受的冲击更大，存续情况也不乐观。仪式类民俗受城市化进程的影响，仅在少数农村举办。节日类民俗主要以小区域物质交流会的形势存在，民俗内核逐渐失去。生活类民俗情况稍好，大部分仍在沿用。

（4）代表性传承人

区级及以上的保护名录均有认定传承人(图 5-40)，以下分别对不同的传统民俗名录进行介绍：

薛城花台会传承人为邢海军，淳溪镇薛城村党支部书记，熟悉薛城花台会(图 5-41)的情况。2000 年到薛城村工作，积极参与组织了两次全花台和两次草花台。2008 年的花台制作最为精美，吸引了省市多家媒体前来采访，在他的安排下，对这次花台制作和演出进行了全方位的拍摄，留下了珍贵的资料。上梁仪式传承人其一为陈普生，农民，自小生长在农村，中学毕业后，随父做泥瓦匠，精通上梁仪式，平时注意收集整理民间民俗资料。其二为孙建兵，农民，喜爱民间民俗活动，在他家新房上梁时，录制了全过程的音像资料，使这一民俗活动能传承下来。南京(高淳桠溪)祠山庙会传承人为赵建伢，农民，热衷于民俗活动，现为桠溪祠山庙会会长。

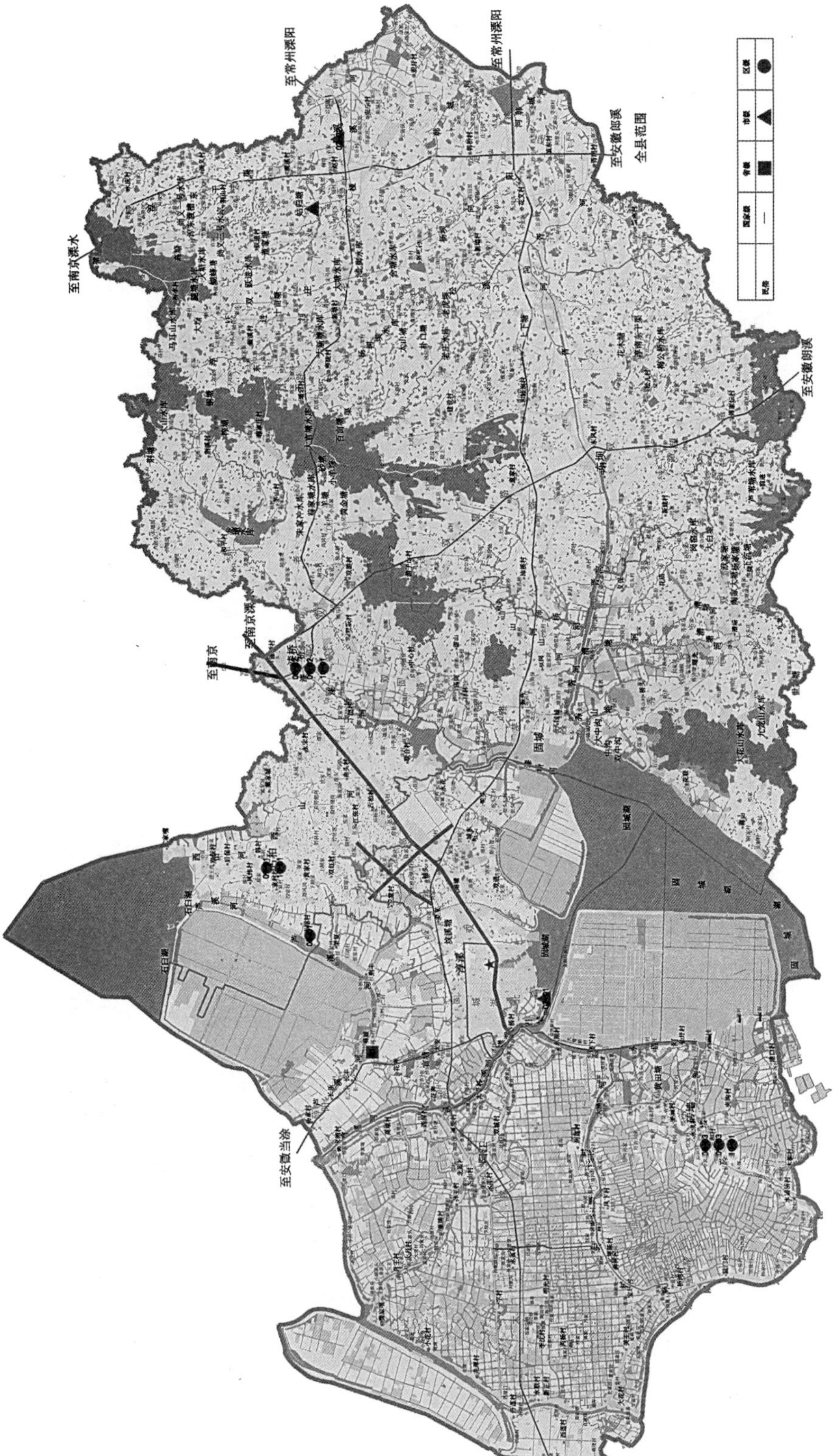

图 5-39 民俗现状分布图
图片来源:自绘

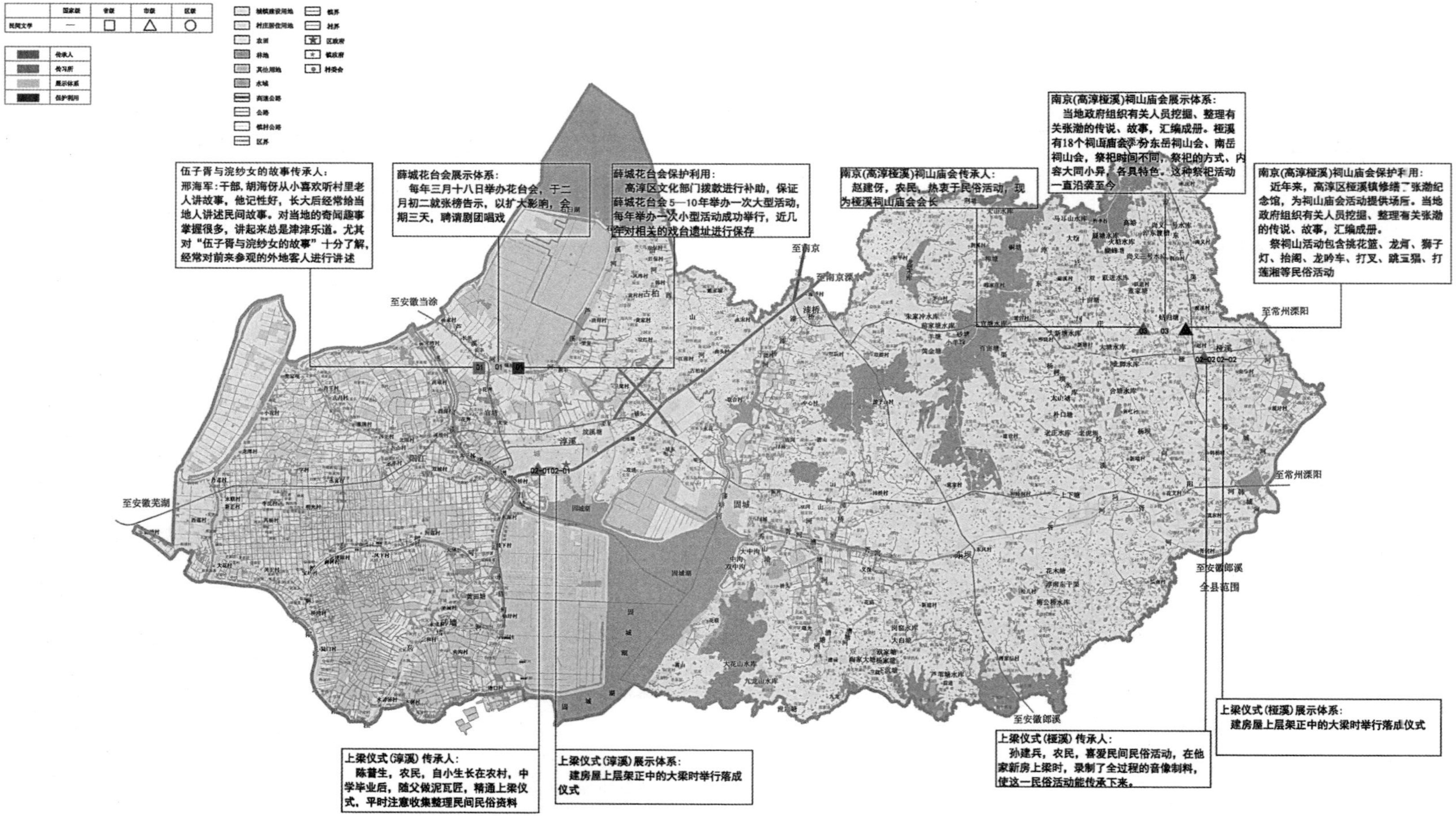

图 5-40　民俗现状传承人分布图

图片来源:自绘

（5）展示体系

对区级及以上保护名录结合相关场所进行展示。

图 5-41 薛城花台会

图片来源：高淳县文化广电局

薛城花台会——每年三月十八日举办花台会，于二月初二就张榜告示，以扩大影响，会期三天，聘请剧团唱戏。上梁仪式——建房屋上层架正中的大梁时举行落成仪式。南京（高淳桠溪）祠山庙会——当地政府组织有关人员挖掘、整理有关张渤的传说、故事，汇编成册。桠溪有 18 个祠山庙会，分东岳祠山会、南岳祠山会，祭祀时间不同，祭祀的方式、内容大同小异，各具特色。这种祭祀活动一直沿袭至今。

（6）保护利用

对传统民俗进行合理保护利用。就薛城花台会而言，高淳区文化部门拨款进行补助，保证薛城花台会 5～10 年成功举办一次大型活动，每年成功举办一次小型活动，近几年对相关的戏台遗址进行保存。就南京（高淳桠溪）祠山庙会而言，近年来，高淳区桠溪镇修缮了张渤纪念馆，为祠山庙会活动提供场所。当地政府组织有关人员挖掘、整理有关张渤的传说、故事，汇编成册。祭祠山活动包含挑花篮、龙灯、狮子灯、抬阁、龙吟车、打叉、跳五猖、打莲湘、草台戏等民俗活动。

（7）存在问题

整体而言，目前在对高淳传统民俗的保护与利用方面存在诸多问题，具体有如下几点：①项目普查力度还不够，资料不完善。②由于民间信仰的缺失，部分仪式类民俗项目只流于表演与展示，无法承载应有的历史文化信息。③由于现代人生活兴趣的演变，一些生活类民俗逐渐流失，传承艺人缺乏，薛城花台花匠独剩一人。④农耕社会里与农事相关的生产习俗和节庆习俗在现代生活中难以真正修复。

11）传承状态

高淳村俗文化活动参与人数众多，保持着较强的生命力。无论是日常生活，还是重大节庆，尤其是传统庙会，民俗文化活动十分普及。全区非物质文化遗产总体上生存状态良好，从传承情况来看，民间文学、高淳民歌大多数在中老年人中传承，传承人数众多，并正在青少年人群中传播。民间舞蹈基本上传承有序，活动频繁，全区各镇、村都有相应表演队伍。但少数民间舞蹈因人力、财力限制，活动次数较少。传统手工技艺仍保持旺盛的发展态势，如豆腐类、糕饼类、腌制类手工制作技艺传承有序，全区各地保留许多制作作坊。羽毛扇、布鞋、扎塑类制作技艺的传承人虽然日趋老化，但大多数后继有人。传统戏曲活动十分普及，但阳腔目连戏已濒临失传，亟待抢救。

12）存在问题

当前，随着城乡建设一体化步伐的加快、人们衣食住行的现代化，文化生态保护面临着诸多问题，主要有以下几个方面：

①由于人们生活条件、生产方式的改变，非物质文化遗产的文化空间也在相应改变，原生态保护受到一定的影响。②随着时间的推移，非物质文化遗产代表性传承人普遍年龄老化，培训传承人工作刻不容缓。③由于年轻人基本上都外出务工，开展民间舞蹈、传统戏剧表演活动受到很大限制。④高淳区非物质文化遗产保护工作面广量大，任务艰巨，地方财

力有限。

5.2.2 物质文化遗产

高淳山清水秀，地势东高西低。高淳区境古时地处古丹阳湖之滨，距今 1.5 万年左右，皖南山地的洪水孕育了古丹阳湖，也带来大量泥沙在此沉积。斗转星移，古丹阳湖逐步切割、分化出固城、丹阳、石臼三湖。高淳区域东部是蜿蜒起伏的低山丘陵，茅山、天目山余脉在此衔接，游山、花山等山峰尽管海拔高度仅有百余米，但山形峻美，临湖而立，美不胜收；高淳区域西部是一望无垠的湖盆平原，为固城、丹阳、石臼三湖环绕，地面高程在 5～7 m(图 5-42)。

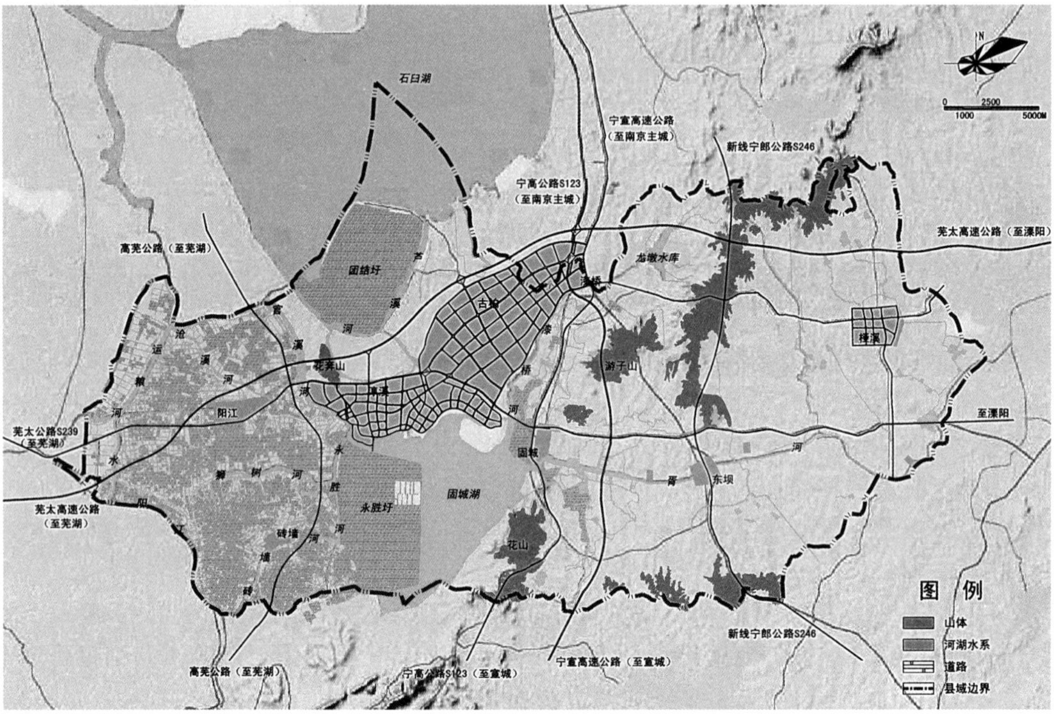

图 5-42 名城山水格局图

图片来源：高淳规划局

高淳独特的自然山水环境孕育了丰富多彩的历史文化。约 6 000 年前，境内就出现原始村落。古固城为南京地区最早的城邑；相国圩为全省最古老的圩围；古胥河是世界上第一条人工运河。“四方宝塔一字街，倒栽柏树白牡丹”被称为“高淳四宝”；“固城烟雨、石臼渔歌、丹阳秋月、保圣晨钟、官河夜泊、东坝晴岚、花山樵唱、龙潭春涨”为古时境内著名的“八景”。中国历史上一些杰出人物如伍子胥、周瑜、李白、白居易、韩世忠、吴敬梓等，以及韩国新罗时代的著名学者和诗人崔致远，都在这块钟灵毓秀的土地上留下了美丽的传说。高淳区淳溪镇高淳老街基本保持着明清传统风貌，文物古迹丰富多彩，传统文化内蕴深厚。2007 年 6 月淳溪镇被公布为“中国历史文化名镇”，2009 年 11 月高淳区被公布为“江苏省历史文化名城”(图 5-43)。

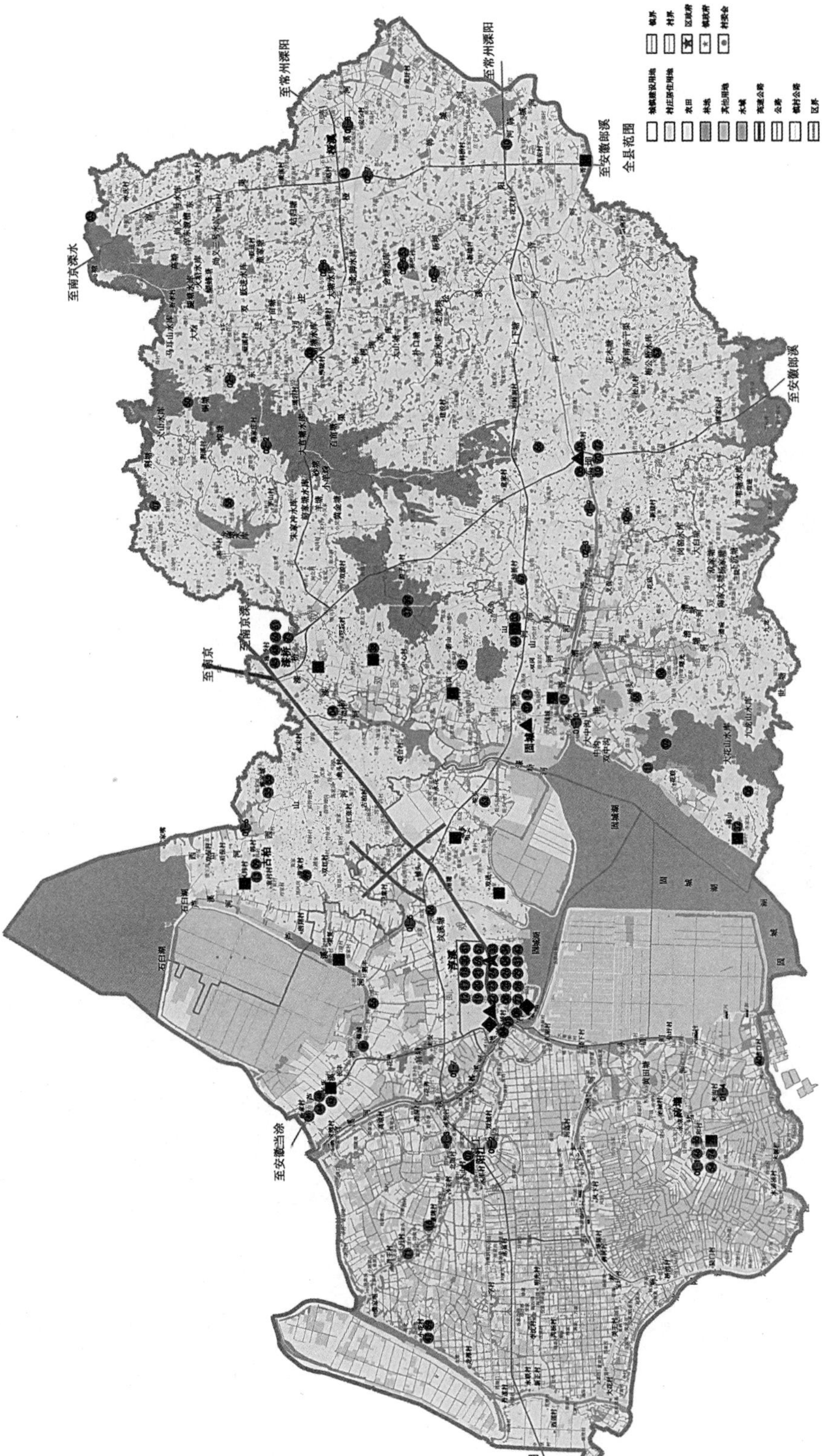

图 5-43 物质文化遗产落点图

图片来源:自绘

1）历史文化名城

高淳区2009年11月9日被江苏省批准为"省级历史文化名城"，现有省、市级文保单位14处，其中省级文物保护单位9处、市级文物保护单位5处，分别为：①回峰山神仙洞（1.2万年的人类活动史）；②薛城遗址（6 300多年的人类文明史）；③固城（2 500多年的建城史）；④濑渚邑（2 500多年的建置史）；⑤高淳区（500多年的建置史）。

高淳区近500年的建城史，给名城高淳留下了丰富的文化积淀和独特的人文景观，留下了众多弥足珍贵的历史文化资源。

（1）历史沿革

高淳区域历史上有固城、开化城、高淳县3座主要城池，除高淳县城沿用至今外，其余城池仅余遗址，失去城市功能。根据城池保存现状，按照《历史文化名城保护规划规范》（2005）的相关规定，本规划将能体现高淳明清、民国时期历史风貌，目前格局和风貌保存较为完整的原高淳区作为高淳历史文化名城的历史城区。经过新中国成立后的水患和更新改造，原高淳区城墙城门今已不复存在，但城池格局从今高淳历史城区的道路格局中仍依稀可见，历史城区街巷基本保持传统格局（图5-44），历史城区传统的空间形态和建筑风貌保持较好。经过现代地形图与明清县志、1980年历史地图（图5-45）的比对，古城墙大体走向为：东沿今淳中路、小河路一线；西沿今天河路、官溪路一线；南沿今官溪路；北沿今镇兴路。7座城门中，南门迎薰门在近年高淳老街地区的整治改造工程中曾经发现城门遗址，确切位置在今迎薰门巷南段；其余城门仅能确定大体方位：东门宾阳门约在今东风桥西侧，西门留晖门约在今中山大街与镇兴路交叉口南侧，北门拱极门约在今张家巷与淳中路交叉口西侧，东北门通贤门约在今红宝丽广场西南角，东南门望洋门约在今高淳老街民俗表演馆西南侧，西南门襟湖门约在今褒贬街西端。

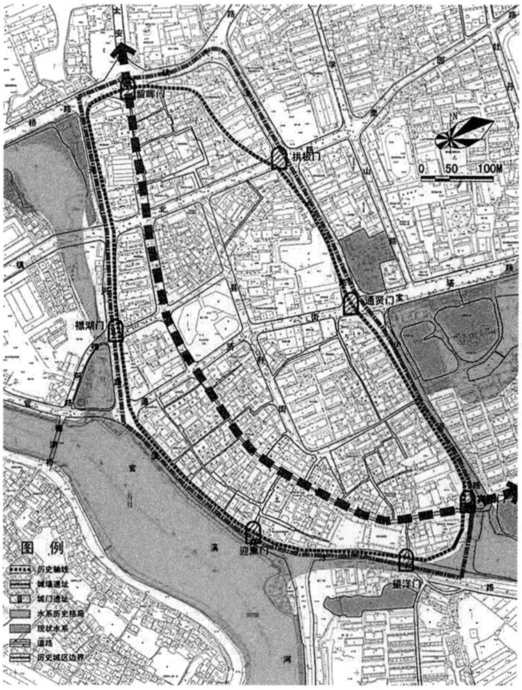

图5-44　古城格局复原图：2002年地形图

图片来源：高淳规划局

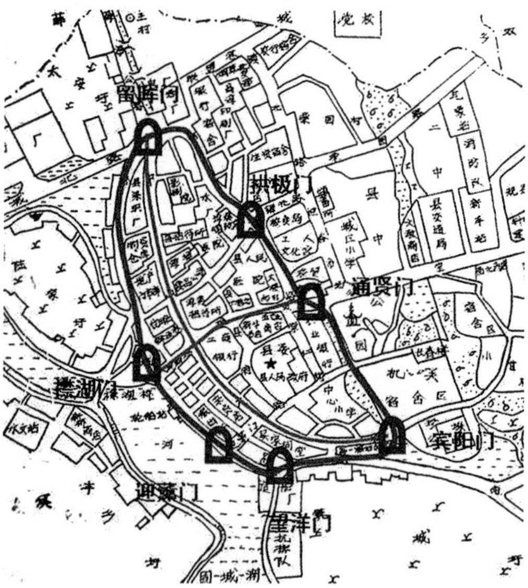

图5-45　古城格局复原图：1980年历史地图

图片来源：高淳规划局

原高淳区东南西三面以水环绕，除官溪河外，其余城壕建国后均被填塞，但今天仍能结合现存水系和道路格局进行分辨。天河路西侧、淳西路南侧现存水面为护城河遗迹，历史上与官溪河连通。小河路为原小河填埋盖板形成，小河原为连接文庙泮池（现为泮池公园）与官溪河的河道。

（2）历史文化价值

高淳因其所处的独特自然地理区位，决定了其独具特色的历史文化。千百年来的治水工程造就了特色独具的水工遗产；伴随着水运的发展，高淳滨湖沿河地区逐步兴起了一大批古镇古村；水运的发展，“七省通衢”的经济区位带来了文化的交融，诞生了南北交融、丰富多彩的乡土建筑；经济文化的不断交流融合，也造就了高淳的地域文化。

（3）传统格局和历史风貌

高淳历史城区是目前高淳历史文化资源最为集中、格局与风貌保存较为完整的区域。历史城区内明清风貌尚存、河流水系丰富、历史街巷肌理清晰，具有高淳地方特色，建筑风貌特色鲜明，文物古迹集中成片（图5-46、5-47）。

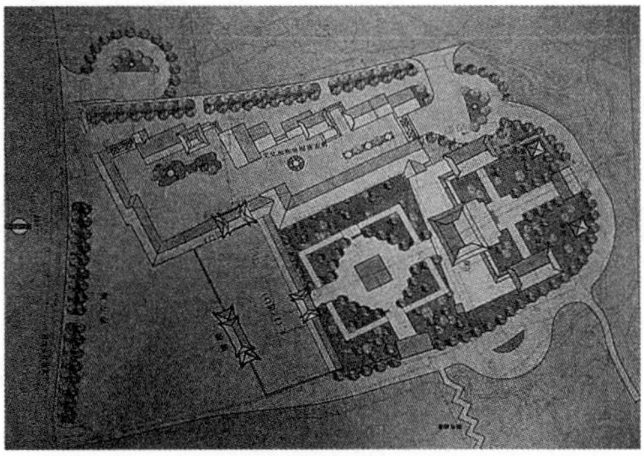

图5-46　高淳历史重点地段规划图

图片来源：高淳规划局

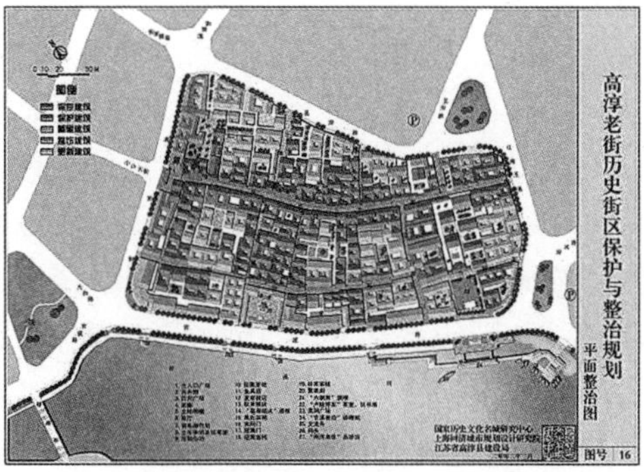

图5-47　高淳老街历史街区保护与整治规划图

图片来源：高淳规划局

（4）保护范围

保护范围为高淳区历史城区范围，历史城区范围北至镇兴路，西到天河路，东至淳中路、小河路一线，南至官溪路，总面积约360 000 m²，是高淳历史文化名城保护的核心地区（图5-48）。

图5-48　地理区位图

图片来源：自绘

（5）保护工作情况、保护目标和保护要求

2002年，编制完成《高淳老街历史街区保护与整治规划》，对高淳老街历史街区的保护范围、空间高度、广场、建筑等作了专题研究与规划，有效指导了高淳老街的整治改造工作。2005年，编制完成《高淳保圣寺塔环境整治规划》，确定了高淳博物馆、文化购物休闲街、保圣寺的总体布局，保圣寺也由此成为收集展示高淳各类碑刻的专门场馆。2007年淳溪镇被公布为“中国历史文化名镇”后，编制完成了《高淳县淳溪镇历史文化名镇保护规划》，规划主要内容包括：

①保护淳溪古镇传统历史格局、历史街区、文物古迹和非物质文化遗产；②重点保护古镇官溪河、固城湖水系格局，城门遗址、县衙遗址和城址格局；③重点保护老街历史街区；④重点保护薛城遗址、新四军一支队司令部旧址、保圣寺塔等16处文物保护单位。《高淳县淳溪镇历史文化名镇保护规划》为全面保护历史城区历史文化奠定了基础。

2）历史文化名镇与古镇

高淳区域乡土建筑遗产量大面广，主要集中分布在古镇古村之中。高淳区域古镇主要分布在河湖水系沿岸。2007年6月，淳溪镇被公布为“中国历史文化名镇”，2009年《南京历史文化名城保护规划》确定东坝镇、阳江镇、固城镇为南京市重要古镇[33]。

（1）淳溪镇

淳溪镇位于高淳区境中部偏西处，东北部与古柏镇交界，西南部与阳江镇接壤，南滨固城湖，北倚石臼湖。明弘治四年（1491年）高淳建县以来，淳溪镇一直是县治所所在地，是高淳的政治、经济、文化中心。淳溪镇历史悠久，文化遗存丰厚。主要有双进、长丰、河城3处古村落，老街历史街区1处，文物保护单位16处（省级文保单位4处、市级1处、区级11处）。

淳溪镇，古名濑水洲，又名高淳镇。因地处丹阳大泽东北高阜的镇山上，山下有一条名淳溪的溪流，自北向东环山一周，于是取高阜、淳溪首字命名，为“高淳”。历史上曾隶属过丹阳郡、宣州郡、江宁郡、金陵府。明弘治四年（1491年）建县，县名“初拟淳化，钦定高淳”，县治一直设在淳溪镇，镇名始改以“淳溪”冠之。淳溪镇因水运而兴，到明万历年间，淳溪镇已经是“依湖通商，一市镇耳”“买纱络绎向城来，千人坐待城门开”，成为著名的“鱼米之乡”，与芜湖、无锡齐名的米市之一。清朝后期，因水运衰弱而逐渐萧条。清咸丰、道光年间，高淳县城街道大部分建筑毁于兵火与水灾，镇民继而又在原基修造。延至本世纪50年代，原有城门被全部拆除，明清时街道多数随城建规划而拓宽成马路。“金陵第一古街”声名远扬：淳溪镇拥有南京地区城镇风貌唯一保存较好的古建筑群和文化街区。高淳老街风貌保存完整，一字布局，傍水而列，明清店铺、民居宅院犹存，被誉为“金陵第一古街”。其兴盛到衰落的过程充分体现了淳溪镇因水而兴、因水而衰的历程。明清建筑特色显著：淳溪古镇的明清建筑特色显著，是徽州—苏南过渡的建筑类型。建筑风格略带有徽派特色，但又不同于徽派特色，而是皖南徽派与苏南香山派的融合。其古朴的风格与别致的造型反映了淳溪镇当年作为沟通苏皖两省主要经济走廊的风貌，也是淳溪古镇居民生活的一个缩影。历史悠久绵长：淳溪境内的薛城遗址是距今6300多年前的新石器时代遗址，是南京地区已知面积最大、年代最早的新石器时代文化遗址，填补了长江下游苏、皖、浙交汇地带史前考古的空白。苏皖文化交融：淳溪镇是由水运而昌盛起来的滨河古镇，地处苏皖交界处，是沟通苏皖两省的主要经济走廊；镇内文物古迹众多，以其丰富的历史文化内涵和苏皖文化相交相融的特色在江南水乡古镇中独树一帜。滨水古镇格局别致：古镇布局上表现了典型的滨水特征，古镇选址背山面水，沿官溪河形成传统商业街，沿老街主要道路与老街垂直，和官溪河形成对景和联通关系。

自然格局上，选址背山面水。建城格局上，古县城的路网主要由平行于和垂直于河道的道路交织而成。保护范围为淳溪镇区。目前，固城镇保护工作有序进行，通过3方面的保护来建设历史文化名镇。一是保护传承历史文化，通过充分整合生态环境、历史人文等资源要素，对固城遗址、双女坟、玉泉寺等遗址进行保护；加快蒋山村历史文化名村建设步伐，加大跳五猖等非物质文化遗产保护宣传力度，进一步传承优秀文化。二是充分弘扬现代文化，启动村文化室达标改造和"农家书屋"示范工程，推动公共文化服务向农村延伸、向公众开放，着力打造覆盖农村、惠及全民的公共文化服务体系，不断提高文化产业增加值占 GDP 的比重。三是致力提升群众文化，通过开展不同形式的群众文化活动，组织开展各种广场文化以及送电影下乡活动，以满足人民群众日益增长的文化需求，提升镇内的精神文明面貌。

(2) 东坝镇

东坝镇，南京市重要古镇。文保单位有稻春季食品店旧址、潘中和药店旧址、魏氏染坊旧址、永盛布店旧址、周和昌面粉店旧址、陈光达炒货店旧址、汪士清布店旧址、杨金记广货店旧址、陶春全香店旧址、王宝生茶馆旧址、邢氏豆腐店旧址、白桦荣豆腐店旧址、中村圩、章天泰茶叶店旧址。

东坝，古称银林、广通、上坝、银墅。自明洪武二十五年建广通镇，已有600多年的历史，明清时期就有"七省通衢"之称。明弘治四年(1491)，高淳区建县时为七乡之一的游山乡。明嘉靖三十五年(1556)，在东坝东十里许再筑一坝，名为下坝，故东坝又名上坝。清时仍为游山乡，民国时期属高淳县第六区、第四区。1949年建东坝区，成立东坝镇人民政府。1957年撤区并乡，镇内设有东坝、镇南两乡。1958年9月撤乡建制，成立东坝人民公社。1962年建立青山人民公社，下坝人民公社。1968年建立革命委员会。1983年实行政社乡治，恢复乡建制，分别设立东坝乡、青山乡和下坝乡人民政府。1988年东坝撤乡建镇，1999年12月行政区划调整，撤销青山乡人民政府，并入东坝镇；撤销下坝乡人民政府，并入定埠镇。2005年3月，原定埠镇下坝片(除新墙村外)全部划为东坝镇管辖。东坝镇地理位置优越，水陆交通便利，是古代车马驿站，旧时商贾云集，双望公路南北向穿境而过，芜太公路沿古胥河东西向穿镇而行，境内的下坝船闸是水上运输西进长江、东达太湖的必经之路，是沟通苏南、皖南的经济走廊。旅游业是东坝镇的特色产业，早在20世纪90年代，南京市旅游部门就将游子山风景区和下坝船闸风景区定为高淳一日游范围，银林山庄的建成营业将加快东坝镇旅游业的发展。东坝镇古戏台、太平天国遗址、胥河闻名于全中国，是江苏省"百家名镇"之一，被省政府列为江苏省小城镇建设重点中心镇。

在自然格局上，选址因河而建。在建城格局上，古县城的路网主要由平行和垂直于河道的道路交织而成。保护范围为东坝镇区。东坝镇资源丰富，但保护管理、内涵挖掘、资源整合有待提高，目前已编制专门的古镇古村保护名录以复兴古镇。对物质文化遗产划定了保护范围和制定了保护措施，对非物质文化遗产树立保护宣传意识，鼓励和保障传习活动，组织传统文化交流和特色民间节庆活动。以物质文化遗产为载体，结合非物质文化遗产共同保护利用，积极发展文化产业和传统手工业，与旅游项目开发相结合。保护工作有重点有计划地进行。保护的重点是街巷整治、民居修缮、环境改善，旅游开发强调保持传统特色，以增加文化内涵，提升环境品质，建设具有历史文化特色的品牌商业街；同时鼓励恢复原有老字号，开设食品专卖、特色餐饮、手工艺品、古玩、茶吧，鼓励文化团体入驻。

(3) 阳江镇

阳江镇，南京市重要古镇。文保单位有沧溪戏楼、张氏石湖公祠、谷家祠堂。阳江镇辖区主要部分永丰圩，明弘治四年设高淳县时的永丰乡。民国初年设区后属高淳县第三区、第二区。新中国成立后撤区并乡，设沧溪、狮树、丹湖3个乡。1958年3乡合并建立永丰人民公社，1960 年增设丹湖农场。1983 年政社分设，复名沧溪、狮树、丹湖 3 个乡。1993 年沧溪乡撤乡建镇。1996 年 10 月，西莲乡并入丹湖乡。1999 年 12 月，沧溪镇与丹湖、狮树二乡合并建立阳江镇。境内有长江支流水阳江穿境而过，东临石臼湖，南倚固城湖，属典型的水网圩区。农业已形成以特种水产生态养殖为主的发展特色，阳江镇水产养殖面积 6.2 万亩（41 km^2）。造船是阳江镇的特色，为高淳赢得了“中华水运第一县”的称号，“迎湖桃源”是阳江镇利用自然风光开发的旅游景点，集观光旅游、垂钓游乐、休闲度假于一体。阳江镇历史文化价值浓厚。三国时期，东吴大将周瑜曾在此操练水兵。赤乌二年（公元 239 年），吴大帝孙权为纪念大都督周瑜于此兴建三元殿。唐代诗人李白曾多次泛舟丹阳湖，公元 755 年左右，写下了《游高淳丹阳湖》的不朽诗篇。公元 1115 年（宋政和五年），祖先在此围湖造田，辛勤创业，筑成了美丽富饶的永丰圩，描绘了“白鹿遗踪”的千古佳境。古代高淳八景中“丹阳秋月”“官溪夜泊”“龙潭春涨”三景均出自阳江镇。20 世纪 60 年代《三十里荷花香》走上银幕，闻名全国。

在自然格局上，选址因圩区而建。在建城格局上，古县城的路网随圩区的走向自由而成。保护范围为阳江镇区（历史镇区）。阳江镇非常注重对物质文化遗产的保护，当地居民也有较强的文物保护意识，距今上千年历史的沧溪老街保护较好，距今已有 1 700 多年历史的三元殿古戏楼为省级文物保护单位，保护较为完好。同时，阳江镇镇政府还注重将保护与利用结合，建设了国家 2A 级景区全国农业旅游示范点——迎湖桃源。

（4）固城镇

固城镇，南京市重要古镇。文保单位有固城遗址、固城汉墓、限马宕村大门宕、孔令海民居、张春玉民居；非物质文化有伍子胥和浣纱女的故事等。该镇已经列入新版《南京历史文化名城保护规划》保护名录。

固城历史悠久，早在春秋时期，周景王五年（公元前 541 年）吴筑固城为濑渚邑，今人俗称“子罗城”，东汉时的溧阳县治就在固城。明弘治四年（1491）设高淳县时，固城属七乡之一的游山乡，明清时期仍属游山乡。民国先后属第五区、第三区。1949 年 5 月 2 日高淳解放属于漆桥区，9 月设置固城区。1954 年 10 月固城区撤销，境内分属东坝区、漆桥区。1956 年 2 月属东坝区。1957 年，撤区并乡，分别设立固城乡、漕塘乡。1958 年 9 月，成立人民公社。1983 年政社分设，复名固城乡、漕塘乡。1989 年 12 月撤乡建立固城镇。1989 年 12 月漕塘乡并入固城镇。固城境内山清水秀，自然资源极为丰富，胥河横贯东西，秀山与游山、禅林山隔河相望，连绵数百里的花山山脉蕴藏着丰富的矿产资源石灰石、紫砂石、红土、焦宝石、大理石，还有铅、锰等稀有金属矿藏。境内的固城湖盛产螃蟹、鳜鱼、青虾等特种水产。联合国资助的 2 814 项目渔场年产成鱼 100 万斤，白果、板栗、茶叶、桃、梨、柿、桔等经济林果有良好的发展基础，优质大米和油菜子运销省内外，是名副其实的“鱼米之乡”。固城境内文物古迹甚多，有春秋时期的楚王城址，有唐代创建的禅林寺，元代的赵家塞遗址、刘家垄戏楼，宋代的玉泉寺等，“固城烟雨”“花山樵唱”等名景为历代文人雅士所颂咏。

在自然格局上，选址背山面水。在建城格局上，古城的路网随胥河走向而成。保护范围为固城镇区。固城遗址被纳入省级文物保护单位，多数文物得到了有效的保护。目前固城镇正在规划实施以保护好花山、九龙山、游子山及玉泉寺、双女坟、固城遗址等沿固城湖自然山水风光和历史文化遗存的旅游业发展战略，全力打造一个集人文历史和生态文化旅游、现代观光农业为一体的固城湖湖滨风光带和历史文化长廊。

3）历史文化名村与古村

高淳区现有古村13个，分别为淳溪镇史家村、河城村，漆桥镇界墟村、漆桥村，固城镇小墙屋村、庙岗村、何家村、檀村，砖墙镇中和村，椏溪镇胥溪村，古柏镇郭村，淳溪镇长芦村、臼湖村。

（1）淳溪镇史家村

史家村的由来有个美丽的传说。古时，村上有位史姓男子的老婆，怀胎3年后，产下一条小蛇，家人认为很不吉利，就将其倒入门前小河中。该女产后到河边洗衣淘米时，这条小蛇经常游过来看望。小蛇长得很快，不到一年时间，已经长到一丈多长。后来，妇女的事被婆婆知道了，要求其断绝来往，于是，在妇女再次与小蛇相遇时，该妇女拿起镰刀，一下子将小蛇的尾巴砍了，小蛇痛得含泪腾空离去，离去时还头朝妇女，一步三拜的，倒着离开，村民见了，都说是龙，故该村就改名为倒骑龙村。文保单位有崇仁局、史家村史家祠堂、湖口头村井、芮家祠堂、崇仁局旧址。该村已经列入新版《南京历史文化名城保护规划》保护名录。

（2）淳溪镇河城村

河城村由河城、唐家、管家、夏家、魏家、松园村、咀头、东边8个自然村构成。从外面看，河城村与普通村落没什么不同，但实际上，村子里每个岔路口都有很多的分支，而且巷子连巷子，不仅如此，这个村落近千户人家，全部姓赵，他们的始祖是宋太宗赵光义，用当地的话说“他们是皇室后裔”，这些都让这个村落充满了神秘色彩。一座老祠堂是村内最神圣的建筑，还供奉着宋太宗赵光义的遗像。在河城村人的心中，赵氏祠堂也让他们引以为豪，旧时当地人遇到困难时总会说这样一句话“本想寻个死，恐怕今后有好处。本想出家做和尚，舍不得河城花祠堂”。祠堂和家谱是这个家族最深的印记。虽然经过了很多的变迁和事故，但是赵氏家谱仍然保存了下来。93卷厚厚的家谱详细记载了赵氏家族的起源和发展。据介绍，赵氏起源于三皇五帝中的颛顼帝的子孙造父，他善于驾驭。周穆王封他赵城，所以就以赵作为家族姓。河城村有文保单位赵梅魁民居、赵士昆民居、赵建民民居、赵东阳民居、赵遇时民居。该村已经列入新版《南京历史文化名城保护规划》保护名录。

（3）漆桥镇界墟村

界墟村位于游山脚下，是一个上千年的古村落。据当地村民说，追根溯源，春秋时代有个叫介子推的人死后埋葬在这里，介墟村因介子推墓而得名。如今在村东农田里站立着千年石像，有关介子推墓及他的传说故事被村民口口相传。介墟村现有村民350多户，是一个古老的村落，据说东周列国时这里是吴楚交界点。界墟村有文保单位介子推墓武士石像、孔德禄民宅、孔详木民宅、孔南山民宅、孔令湖民宅、孔玉清民宅、孔五头民宅、孔德凤民宅。

（4）漆桥镇漆桥村

漆桥集镇漆桥村位于江苏省南京市高淳区漆桥集镇，有6个自然村，33个村民小组。这里也被称为“世界第二大孔子后裔聚集地”。这里的房屋大多是青砖灰瓦，典型的南京建筑风格。木雕随处可见，很多商铺的木头门楣上雕刻着牡丹、如意、凤凰等各种浮雕，而且不带重样的，非常有韵味。漆桥村文保单位有漆桥东王圩、漆桥马家圩、孔新保民宅、戴老美民宅、孔德宽民宅、孔秋华民宅、孔详福民宅、孔新龙民宅、孔德胜民宅、孔年伢民宅、孔瑞玉民宅、孔兴正民宅、孔令炳民宅、孔德秋民宅、孔广金民宅、孔老头民宅、孔详侃民宅、孔详锦民宅、漆桥、漆桥村 389 号干货铺、漆桥村 218 号民宅、孔万辉民宅、孔庆秀民宅、保平井、永昌杂货铺、孔详玉民宅、漆桥村豆腐铺、吕来建民宅、孔德义民宅、夏国金民宅、孔来金民宅、程启玉民宅、孔氏迎六公祠、孔详强民宅、孔天寿民宅、梅村圩；非物质文化遗产有荡旱船等。该村已经列入新版《南京历史文化名城保护规划》保护名录。

(5) 固城镇小墙屋村

小墙屋村文保单位有孔德柱民居、孔祥亮民居、孔令涛民居、孔令新民居、孔祥华民居、孔令勤民居、孔令四民居、浮山圩。

(6) 固城镇庙岗村

每年农历十月十五日庙岗村都会举行庙会，纪念白莲和尚。庙岗村文保单位有孔三英民居、张旺财民居、孔三多民居、李先才民居。

(7) 固城镇何家村

何家村文保单位有保贤局旧址、何广诗民居、李武乡民居、何氏宗祠、何家公堂屋、李氏宗祠；非物质文化遗产有崔致远与双女坟的故事等。

(8) 固城镇檀村

檀村文保单位有朝墩头遗址、议事堂墩遗址、程中启民居、程家祠堂、赵六顺民居、程海洲民居、程腊兵民居。

(9) 砖墙镇中和村

中和村文保单位有三和村石狮、周和井、惠二公屋、周氏宗祠、周询坤民居、梅盛古涵、周典旺民居、周福和民居、周全海民居；非物质文化遗产有砖墙打罗汉等。

(10) 桠溪镇胥溪村

胥溪村文保单位有王仁宁民居、芮定生民居、吕黑皮民居、吕和平民居、胡玉贵民居。

(11) 古柏镇郭村

郭村文保单位有高渐平民居、吴定鹤民居、夏纬荣民居、柳氏贞节坊、谏笔堂。

(12) 淳溪镇长芦村

在高淳区淳溪镇杨家村，不少村民称他们是杨家将的后裔。杨氏后人表示，他们不但把杨氏的族谱代代相传了 800 年，每逢节日，都会摆谱祭奠杨家将。长芦村文保单位有勒禁永遵碑、长乐杨家龙王庙、龙潭亭碑记、赫大老爷恩批碑、井巷 5 号民居、长二村三益堂、祈丰观音会碑记；非物质文化遗产有梁氏骨科等。该村已经列入新版《南京历史文化名城保护规划》保护名录。

(13) 淳溪镇臼湖村

臼湖村文保单位有邢光荣民宅、邢兆行民居、邢氏启后祠、邢光中民宅、邢香头民宅、邢东柱民居、邢精运民宅、墁巷碑记、邢青松民宅、陈宝头民居、陈荣华民宅。

4) 历史文化街区

高淳现有历史文化街区两处，分别为高淳老街历史文化街区、七家村历史文化街区。

高淳老街历史文化街区，位于中山大街南段，整体格局和风貌保存较为完整，文物古迹众多，商贸、饮食、风俗等颇具江南水乡特色，街区内的高淳老街有“金陵第一古街”之誉。街区文物古迹众多，历史文化积淀深厚。街区内现有各级文物保护单位 9 处、登记保护文物

49 处、推荐历史建筑 56 处。街区内仍保存有中山大街、河滨街、当铺巷、江南圣地等 16 条历史街巷。中山大街两侧大部分为经营羽毛扇、布鞋、糕点等的传统商业店面，传统生活氛围浓郁。

七家村历史文化街区位于中山大街北段，街巷格局清晰，为高淳历史城区发展建设的源头，尚存一定量的明清民居宅院，仍基本保持居住功能。街区内现有登记保护文物 12 处、推荐历史建筑 16 处，历史上还有城隍庙、赞化宫、陈家祠堂等古迹，基本位于中山大街沿线。中山大街与镇兴路交叉口处为历史城区北入口留晖门遗址所在地。街区内还保存有中山大街、蒋家巷等风貌较好的历史街巷。街区基本保持传统居住功能，中山大街沿线有部分商铺，街区整体活力一般。街区由于长期未能得到较好的保护修缮，居民基本上进行自我更新，后期搭建较多，现状建筑保存状况整体一般。

（1）高淳老街

公元前 535 年，楚克固城，楚平王在此大建行宫。公元前 506 年，吴王阖闾采纳伍子胥的建议，开凿胥溪河以运粮，大破楚国，重夺固城。吴楚相争的历史，清楚表明了高淳东来西往、兵家必争的重要地位。淳溪于宋代建镇，逐渐兴盛。明代将县治设于此，正式确立它在这一东西交流孔道上新中心的地位。依靠便利的水运系统，城镇建设自然地沿河而兴。据史料记载，明代首先沿官溪河产生了官溪路，进而逐步向内推进，产生了陈家巷、傅家巷等与官溪路垂直分布的小巷；再进一步，著名的高淳老街应运而生，成为这一街区的中心街道。明嘉靖二十五年（公元 1546 年），知县刘启东以老街为中心，以官溪河为城濠修建城垣，立七门，东宾阳，南迎薰，西留晖，北拱极，另外还开有通贤、望洋、襟湖三门。因此在高淳有所谓“先有老街，后有县城”的说法。淳溪明清老街为苏南地区保存不多的古街道之一，建筑为皖南徽派与苏南香山派的过渡类型。其古朴的风格与别致的造型反映了淳溪镇当年作为沟通苏皖两省主要经济走廊的风貌，也是高淳古镇居民生活的一个缩影。同时它也是陈毅开辟茅山根据地抵达江苏境内的第一站。

高淳老街在形成之际便为商业街区，因此在平面布局上体现了敛财的思想。其平面形状近似于钱兜状。在 11 条街巷中，老街、河滨街、当铺巷和官溪路是基本平行于官溪河的街巷，也是较为主要的街道；而陈家巷、傅家巷等其他 6 条小巷，都基本垂直于官溪河分布，与 4 条主干道相互交错。在每个小区内，房屋布局大体纵向以五进延伸，横向也以五组排成，五五之间，即宽为 1.4～2.2 m 左右的纵深小巷。在巷口探首凝望，别有一番“合面店房两人沾，纵深小巷一线天”的古韵情趣。老街的商家主要来自皖南徽州地区和太湖流域，因此这里的建筑风格既带有徽派特色，又带有苏南建筑的特点；既呈现徽派的古朴典雅，又体现香山派的通透轻盈，古建专家将其称为“皖南徽派与苏南香山派的过渡类型”。从老街的建筑风格上，亦反映出它作为沟通苏、皖经济与文化走廊的历史定位。保护范围为高淳老街历史文化街区：东至小河沿、仓巷一线，西南至官溪路，北至通贤街、区府街，总面积约 93 600 m^2。高淳区建设局编制高淳老街保护规划，开发高淳老街商业文化价值，促进旅游发展；保护传统店宅居住形态，改善居住环境。

（2）七家村历史文化街区

北宋年间，北方遭受外侵，中原人南下逃生，“江南人口骤增，无田可种”。政和五年（公元 1115 年）宋徽宗命将军张抗率众筑永丰圩，今高淳区所在地的七家村一带就成了开发永丰圩的基地而兴旺起来。七家村原是七户人家的一个小渔村，是淳溪镇上最为原始古老的

“村落”，至今有七家村地名存在，后来逐步有了“蒋氏”“陆氏”的落户，形成了蒋家巷，筑起了陆家圩，逐步形成城镇。七家村传统民居区为高淳区建设的源头。街区内现有登记保护文物 12 处，街区内还保存有中山大街、蒋家巷等风貌较好的历史街巷 6 条，街巷格局清晰，尚存一定量的明清民居宅院。七家村传统民居区由于以往重视不够，较为破败，但经过深入地调查分析，对于研究地方传统民居特色，仍有较高的保护价值。

街区由中山大街串联，沿线有部分商铺，整个街区呈块状，建筑大部分保持传统民居风貌。建筑质量相对较差，设施较为陈旧，但整体格局基本保持，需要与高淳老街历史文化街区一起进行保护性更新改造，完善设施，适度引入现代休闲服务功能，提升活力。保护范围为七家村历史文化街区：东至城墙遗址、原区图书馆、城隍庙遗址一线，南至镇北路，西至中山大街、印染厂南侧小巷、天河路一线，北至镇兴路，总面积约 38 300 m^2。保护传统店宅居住形态，改善居住环境。

5）文物古迹

高淳区域文物古迹众多，特色鲜明。目前已有国家级文物保护单位 2 处，省级文物保护单位 10 处，市级文物保护单位 18 处，县级文物保护单位 58 处。

（1）类型与分布特点

高淳区文物保护单位主要分为古遗址、古建筑、古墓葬、近现代重要史迹及代表性建筑、石窟寺及石刻等。

古遗址主要为薛城遗址、固城遗址、南城遗址、朝头遗址、东坝古城址等，主要分布在淳溪镇、固城镇、东坝镇，年代多为新石器时代与春秋战国时代。古建筑主要为保圣寺塔、玉泉寺、永庆庵等寺塔建筑，主要分布在固城镇、淳溪镇；何氏宗祠、李氏宗祠、柳氏贞节坊等宗祠建筑，主要分布在固城镇；东坝戏楼、刘家垅戏楼、沧溪戏楼等戏楼建筑，主要分布在东坝镇、淳溪镇；相国圩、永丰圩、南荡圩等古圩区，主要分布在东坝镇、阳江镇。古墓葬主要为蓝溪土墩墓群、遮军山土墩墓群、洪村土墩墓群、马墙里村土墩墓群、大圹山土墩墓群等，年代多为西周、东周，主要分布在桠溪镇、东坝镇。近现代重要史迹及代表性建筑主要为李家桥、新四军办事处旧址、大李家埠、四小埠、永定圩，民国时期居多，在全区范围内零散分布。石窟寺及石刻主要为介子推墓武士石像、奉县禁碑、赫大老爷恩批碑、两江总督刘定界碑记，主要分布在淳溪镇、漆桥镇，明清石刻居多。

（2）文物保护单位与非物质文化遗产的关系

高淳区物质文化遗产、自然遗产面广量大，文物古迹众多，历代古遗址、古戏楼、古寺庙、古桥梁等，至今还保存完好。高淳区文物古迹是承载非物质文化的重要载体，文物保护单位的保护情况直接关系到非物质文化空间的传承状态，如胥河两岸，流传着许多民间故事，产生了许多民间舞蹈，众多古戏台，都是开展戏曲活动的主要场所，古遗址、石刻承载着浪漫的民间传说或凄凉的爱情故事，可以说文物保护单位与非物质文化遗产是相互依存的。

（3）保护工作情况、保护目标和保护要求

近年来，高淳区政府重视历史文化的挖掘、保护工作，在淳溪镇被公布为“中国历史文化名镇”之后，高淳区政府更是开展了大量的工作，重点对区内文物保护单位进行保护。

6）存在问题

部分物质文化遗产未能得到合理保护，破坏情况屡有发生。历史城区的保护与更新不够协调。随着城市现代化进程的不断加快，高淳历史城区的整体格局和风貌受到不断影响。目前，历史风貌仍然面临进一步削弱的境地。

5.2.3 自然遗产

高淳区域有 1 个自然保护区，即高淳固城湖水资源自然保护区；4 个风景名胜区：胥河风景名胜区、固城湖风景名胜区、石臼湖风景名胜区、游子山风景名胜区；2 个森林公园：游子山森林公园、大荆山森林公园；3 个生态村：高墩生态村、瑶宕生态村、游子山生态村(图 5-49)。

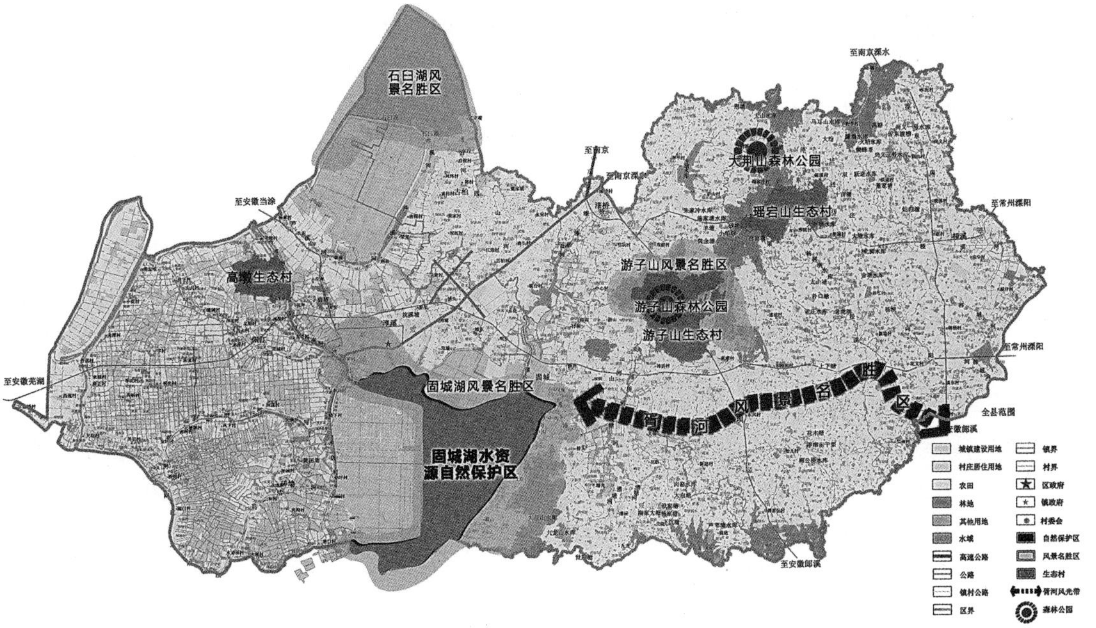

图 5-49 自然遗产现状图

图片来源：自绘

1) 自然保护区

高淳区域内自然保护区为固城湖水资源自然保护区。固城湖是高淳“鱼米之乡”的重要标志，是高淳生态的支撑和窗口。固城湖是高淳区内唯一的生态型综合湖泊，面积为 24.2 km^2，现湖区面积为 30.9 km^2，湖底高程(吴淞基面)5 m，汇流面积 454 km^2。其水源主要来自皖南山区的客水和湖区周围山地丘陵的地表径流及长江的高水位倒灌。湖水主要来自安徽的水阳江与青弋江水系，并可通过胥溪河和溧阳、宜兴间的漕河接通太湖水系。石臼湖东岸的固城镇是胥溪河的起点，也是春秋战国时期先后属于吴国、楚国、越国的军事要邑。水资源自然保护区的性质为作为取水口。其保护区目标为确保饮水安全，防止饮用水水源水质污染。

2) 风景名胜区

高淳区域内有 4 个风景名胜区，即：胥河风景名胜区、固城湖风景名胜区、石臼湖风景名胜区以及游子山风景名胜区。

(1) 胥河风景名胜区

以胥河古运河及沿线古镇古村为特色景观。包括胥河古道及其沿线的固城、东坝、下坝、定埠、椏溪等古镇古村，包括固城遗址、东坝古城址和太平天国营垒遗址、茅东进水闸和红庙水闸等重要历史文化景观资源。胥河风景名胜区的保护界限由胥河古道两侧至少30 m范围及其沿线的古镇古村保护范围共同构成，风光带全长约30 km。该风景区的性质和保护目标是以水为主题的文化旅游风景区。

(2) 固城湖风景名胜区

以固城湖、花山及沿岸古镇古村等为特色景观。包括固城湖、高淳老街及其周边的固城古镇、固城遗址和胥河古道，花山、秀山、玉泉寺和双女坟，河城、双进、庙湾和何家古村，以及迎湖桃源等景观资源。“高淳八景”中的“固城烟雨”“花山樵唱”“保圣晨钟”“官河夜泊”，“高淳四宝”中的“四方宝塔一字街”“白牡丹”也都是固城湖风光带的重要景观资源。固城湖的保护界限为东至山河、漕塘河、宁高公路(S123)、九龙山水库东岸一线，南至江苏和安徽省界，西至永胜河、南潮河，北至湖滨路、芜太公路(S239)一线，总面积约100 km^2。该风景区旅游自然风光独特，历史文化资源丰富，是高淳最主要的旅游资源聚集区；旅游功能为观光游览、休闲度假、文化娱乐、餐饮购物、旅游接待服务。

(3) 石臼湖风景名胜区

以石臼湖、龟蛇二山及沿岸古镇古村为特色景观。包括石臼湖及其周边的龟蛇二山，后保、郭村、荣复、邢丰、长丰、平梗圩和古柏等古镇古村，以及薛城遗址等景观资源。“高淳八景”中的“石臼渔歌”“丹阳秋月”“龙潭春涨”，“高淳四宝”中的“倒栽柏树”也都是固城湖风光带的重要景观资源。石臼湖风景名胜区的保护界限为东北至高淳和溧水区界，东南至规划芜太高速公路，西南至规划高芜公路，西北至江苏和安徽省界，总面积约80 km^2。该风景区的旅游特色是新农村建设成功的范例，水产养殖农业景观，生态环境优良；旅游功能为休闲度假、农业观光、乡村体验。

(4) 游子山风景名胜区

游子山真如禅寺是全国佛教四大名山之一——安徽大九华山下院，坐落在国家森林公园游子山，占地面积66 666 m^2，也是国家AA级旅游景区。向东并排两道山门，南北两道山门相距99 m，都是三门并列牌坊式仿古建筑。中门上方嵌刻“真如禅寺”四个大字，是原中国佛教协会会长赵朴初手迹。游子山风景区的保护界限为东北至宁郎公路S246、南至芜太公路、西北至宁高公路，总面积约35 km^2。该风景区的旅游特色为自然风光、宗教文化、儒家文化、森林资源；旅游功能为休闲度假、文化体验、宗教旅游。

3) 森林公园

(1) 游子山森林公园

游子山森林公园位居高淳区中部，为国家级森林公园，占地面积2 km^2，名胜古迹颇多，相传为孔子适楚经此而得名。山势起伏，低丘逶迤，山水相间，形成优美的自然景观。以游山及周边历史文化资源为特色景观。包括大游山和小游山、真如禅寺和真武庙遗址、烈士陵园、漆桥和界墟古村等重要景观资源。森林的位于高淳区东南部，高淳区东坝镇境内。其功能和性质为生物多样性保护、自然与人文景观保护。

(2) 大荆山森林公园

大荆山森林公园位于南京高淳区东北部的丘陵山区，东临溧阳市，西接溧水区晶桥镇，距高淳区 25 km，北距南京市区 78 km，全园占地面积 100 余公顷（1 km^2），其中毛竹林 70 余公顷（0.7 km^2），故有“荆山竹海”之美誉。这里山清水秀，环境幽静，修竹、古树、尼庵、奇石是公园的主要自然特色。景区内主要景点为古永庆庵。其功能和性质为水源涵养、水土保持。

4）存在问题

整体而言，目前在对高淳自然遗产的保护与利用方面存在诸多问题，具体有如下几点：①部分自然遗产没有得到合理保护，破坏情况屡有发生。②有的遗产地缺乏相应保护利用措施，开发利用存在盲点。③遗产地目前没有与非物质文化遗产传承和发展相结合，人文内涵挖掘不够。

5.3 特点与价值评估

5.3.1 文化生态特点

1）吴楚文化奠定了高淳文化的基础

青铜器时期，我国长江中下游地区有两大文化特别耀眼：一是位于长江中游地区的楚文化，恢弘壮丽；二是位于长江下游地区的吴文化，精深秀丽。两种文化在历史长河中相互碰撞、融合，形成吴中有楚、楚中有吴的吴楚文化，影响了吴国和楚国统治范围内的所有地区，并逐渐演变进而影响全中国。当时，地处吴国和楚国行政边界、号称“吴头楚尾”的高淳，成为两种文化交流最为频繁的地区之一，深深打下了吴楚文化的烙印。

（1）高淳是吴楚相争之地

从地理位置看，高淳区地处江苏省西南端，古属“吴头楚尾”，历来是吴楚相争之地。西周时，封周章于吴地，国号吴，今高淳区域属吴（图 5-50）。景王四年（前 541），吴筑固城为濑渚邑，在今区中部偏南。现固城镇东新建村留有固城遗址，桠溪镇南城村留有南城遗址。

图 5-50 沿江文化示意图

图片来源：自绘

五年迁邑陵平山，称陵平。春秋时期，公元前 538 年，楚伐吴，占固城，今区地属楚。公元前 506 年，吴王命伍子胥伐楚，烧固城，地复归于吴。据清光绪《高淳县志》记载："胥河，吴王阖闾伐楚，伍员开之，以通松道。"现留有胥河古道。胥河是我国第一条人工开凿运河，也是世界上开凿最早的运河，它为下游苏锡常地区的水患治理问题作出了巨大贡献。战国初期，越灭吴，地遂入越。公元前 333 年，楚败越，尽取吴故地，改陵平为平陵邑，高淳地域再属楚(图 5-51—图 5-54)。

图 5-51　胥河现状图
图片来源：自摄

图 5-52　胥河现状图
图片来源：自摄

图 5-53　胥河现状图
图片来源：自摄

图 5-54　胥河现状图
图片来源：自摄

(2) 吴楚文化特性及演变历程

先秦时期的吴、楚文化相距甚远，形成过程却颇为相似。楚公室于商末周初来自中原，在长江中游的荆蛮之地建立了楚国；商末周初太伯为让王位于弟，出奔百越群聚之地，开创了吴国。

先秦时期的吴、楚文化是不能等量齐观的，从数量上看，楚文化是一种占优势的文化。楚文化是以中国汉水流域和长江中游流域为代表的历史文化，其主源是中原文化，现今的湖北大部、河南西南部和南部为早期楚文化的中心地区；湖南、江西也是春秋中期以后楚文化的中心地区；江苏、浙江和安徽的北部为晚期楚文化的中心。就整体而言，楚文化特色体现为破格争先的进取精神、富民强国的爱国精神、众采博纳的开放精神、刻意求新的创造精神。其主要特征有：①崇尚巫神。楚文化崇火尚凤、亲鬼好巫、天人合一、力求浪漫，与中原文化尚土崇龙、敬鬼远神、天人相分、力主现实形成鲜明对照。②水利工程发达。由于楚地水患频繁，楚文化在水利科学上有巨大成就。大型水利工程芍陂，周长二三百里，灌田万余顷，与都江堰、漳河渠、郑国渠并称中国古代四大水利工程。芍陂不仅代表了楚国在水利科学上的最高水平，在中国水利科学史上也占有极其重要的地位。③音乐与舞蹈。楚人习俗喜歌善舞，无论是婚丧嫁娶、节日喜庆、祭祀天地、行军作战都要起奏音乐。此外，由于楚人信鬼神、好祭祀，因而祭歌和巫歌巫舞在那时的流布相当广泛。

与楚文化相比，吴文化是一种后熟文化，流布区域主要是以苏州为中心的太湖流域。其主要特征为：①以水为本。吴地人民生活在水环境之中，创造了独特的水文化。吴地先民创造稻作文化、船文化、渔文化、蚕桑文化、陶瓷文化等物质文化；也孕育和滋养了吴语文化、吴歌文化、吴俗文化、吴门画派、昆曲、评弹、锡剧等精神文化。②工商文化。吴地先民适应当时的地理环境条件，很早就有较为发达的手工业生产。为了物物交换的需要，发展了水陆运输业，通过摊贩、庙会、集市等多种方式推动了乡村贸易的兴盛，促进了市场经济的发展。③市民的礼乐文化。吴地在书画、戏曲、吴歌、工艺、刺绣方面成就突出，且由于商品经济发展较早，吴地较早地形成了市民阶层，大多数吴地艺术家都注意接近市民大众，因此，吴文化大多都产生于市民之中，深受普通百姓喜爱。

先秦时期，楚文化顺江而下，覆盖吴越地区。秦汉以后，受到楚文化东渐的影响。战火交锋推动了吴楚两国在生产活动上的交流，同时也促进了生活习俗的相互影响，吴文化与楚文化相互吸收，逐渐形成了吴楚文化。也是在这时，吴文化的地方性才更加凸现出来。到了三国时期，形式发生了逆转，曹魏占据北方挟天子以令诸侯，蜀汉偏据荆州以西地域，东吴虎踞荆州以东的长江中下游地区。其文化甚至影响到了荆州西南面的宜昌宜都、清江的入江口，形成三国鼎立之势。此时的吴文化向长江中游地区呈“倒灌”趋势。三国纷争北方人口为避战乱大量涌入吴地区，吴地区的文化、经济地位上升了，但吴文化地区的社会风气也由尚武向崇文转化。

(3) 吴、楚文化对高淳文化的影响

文学创作是楚文化引以为傲的一个重要方面。楚辞的二号人物宋玉随楚王东移吴地，并终老于斯，对于楚风骚韵的东传可谓身体力行，楚霸王项羽与虞姬诀别用的就是楚歌，刘邦衣锦还乡所唱的《大风歌》楚韵十足。在高淳的十类非物质文化遗产名录中，民间文学是所占比重最大的一类，可谓古风犹存；而高淳人民对民间文学热情非常高，几乎每一个人都能说上几个，这从侧面说明了高淳与楚文化的联系。戏剧是楚文化对中华民族文化又一巨大贡献。高淳高腔大量采用秦腔技巧，这又从另一方面说明了高淳与楚文化的联系。东晋定都南京后，高淳开始受到金陵文化(亦是汉文化的一支)的影响，在南宋之后，徽商通过胥河和杭州等地进行通商贸易，高淳受到徽文化的影响。

总的来说，高淳在春秋时期受吴、楚文化影响，在东晋至南朝时期受金陵文化影响，在南宋后受徽文化影响。追根溯源，吴楚文化奠定了高淳文化的基础。

下面列举出受吴楚文化影响较大的非物质文化遗产：①高淳方言：属古吴语，在语音、词汇、语法上保留了古吴语很多特征。在夏商周时代，高淳曾经以水道与吴地互通有无，因此受吴语影响形成了高淳的早期语言。高淳话在东周，即距今约 4 000 年时基本形成，一直延续到今天。由于长期的闭塞和高淳人对自己的语言的独尊、固守的情结，高淳方言保留至今。②民间音乐：高淳民歌、田歌、牧歌、劳动号子等是吴歌的重要组成部分。在高淳，最早流行的情歌是南朝时期的《华山畿》，载入《吴歌》，《华山畿》在高淳长期的流行过程中，演变成高淳民歌《十月陈梅》《十二月望郎》，世代相传。③民间舞蹈：椏溪跳五猖、古柏跳八恺起源于春秋时代，原为古代宫廷傩舞，为楚国祭祀巫舞演变而来，流入民间演化成民间舞蹈。④民间传说：伍子胥与浣纱女的故事源于伍子胥奔吴的真实事件，这说明高淳的文化可追溯到春秋时代，现固城镇留有黄金港的遗址。卞和献玉的故事源于卞和将在椏溪荆山发现的和氏璧献给楚王，却不受信任的事件。据清嘉庆《高淳县志》记载，“和氏璧出自椏溪”，现留有荆山、卞和墓等遗存。左伯桃与羊角哀的传说可追溯到春秋战国时代，主要源于左伯桃与羊角哀在投奔楚王时有情有义的故事。

2）村俗文化是高淳文化主要表现形式

高淳区地处苏皖边陲，是江苏一个具有典型意义的传统文化区域。高淳区设 134 个行政村，1 032 个自然村，区内有非物质文化遗产 500 多项，每个行政村具有多项非物质文化遗产，大多自然村都具有非物质文化遗产。

（1）宗族体系

高淳以姓氏为主体的自然村落形成了庞大的宗族关系。漆桥镇孔家是除曲阜外中国第二大孔氏族人聚居地，整个孔家在漆桥镇有 700 多年的历史，族人遍布 70 多个村，现大约有 2 万人。砖墙周氏为三国周瑜后裔、双塔李氏为唐代帝王后裔、薛城杨氏为北宋杨家将后裔、河城赵氏为南宋皇帝后裔、高淳陈氏是南宋丞相后裔等。很多高淳村俗文化都是靠宗族体系传承，例如，东坝大马灯由东坝村汤氏家族传承、淳溪镇杨家抬龙由杨氏家族传承、薛城花台会由邢氏家族传承、砖墙叠罗汉由洪户村王氏家族传承、阳江镇小花打水浒由刘氏家族传承。高淳谱牒文化历史悠久，一姓一谱，重视谱牒。区内陈姓、王姓、李姓等人数较多，现留有多本姓氏家谱。

（2）民间信仰

在高淳的村俗文化中，民间信仰方面是高淳不同于江南其他地区的重要特色之一。高淳的民间信仰以村为单位，只要是对高淳有杰出贡献的人，无论是医生、工匠，还是英雄都会被高淳人民信仰，立庙纪念，演变成“神”。如众多的祠山庙会，开展祭祠山活动，是为了纪念治水英雄张渤，他被高淳人民称为“祠山大帝”；固城镇的白莲庙会，是为了纪念白莲神，白莲神是很久之前固城镇的一名医生，传说他妙手回春，治好了很多疑难杂症，因此被人们称为“白莲神”。高淳独特的民间信仰对高淳的社会稳定和和谐起到了很大的作用，形成了村民自我约束的“良序公则”。

3）民间传承是高淳文化的主要传播方式

（1）在生产中传承

高淳非物质文化遗产是江南稻作文化的生动体现。例如高淳民歌很多内容都体现了本地区的生产活动，如栽秧时唱栽秧歌、采菱时唱采菱歌、打夯时唱打夯号子、车水劳动时唱车水号子、划船时唱划船号子。讲故事、田间游艺活动是农闲时最为方便的娱乐项目。传统手工技艺更是与生产劳动紧密相连。高淳传统手工技艺形成了一系列生产作坊，如高淳老街有马家糕作坊、张家糕作坊、陈记羽毛扇作坊、邢记羽毛扇作坊、梅家布鞋作坊，东坝镇有王记豆腐作坊，固城镇有孔记酱菜作坊，等等，这些生产作坊使传统手工技艺得到有效传承。

(2) 在生活中传承

俗话说："一方水土养育一方人。"高淳众多的村俗文化基本上是在日常生活中传承的。例如婚丧嫁娶、盖房乔迁、四时八节，都有丰富的村俗文化活动。

(3) 在节庆中传承

在高淳村俗文化活动中，各类民间舞蹈和民间祭祀活动都是在节庆中传承的。在高淳农村，每逢新春佳节，一直到三月中旬，普遍搭建草台，邀班唱戏。同时，各地还要开展龙灯、马灯、跳五猖等丰富多彩的民间艺术表演活动，端午节、六月六、中秋节等节日，同样开展各种民间艺术表演活动。

高淳庙会从农历正月开始，一直延续到十一月份，基本上每个镇都有庙会。在庙会期间总会邀班唱戏，并安排祭祀活动和民间文化表演活动，同时举办农副产品交流会，赶庙会的每天都有近万人次。因此，庙会也构成高淳村俗文化传承形态。

高淳阳腔目连戏是高淳独特的文化之一，其已流行 700 年之久，与徽文化有联系，起源于元，发展于明，盛行于清，衰落于上世纪 40 年代。目连戏是我国重要的历史宗教戏，也是中国最古老的戏曲剧种，徽剧、京剧都受目连戏的影响。高淳阳腔目连戏在民俗活动中演出，通过传统节庆传承，是高淳村俗文化重要的体现(图 5-55)。

图 5-55 高淳阳腔目连戏手本

图片来源：高淳县文化广电局

5.3.2 价值评估

高淳区非物质遗产作为百科全书式的文化遗产和多种学科研究的对象，具有多方面的重要价值，不是单一、静止的，而是多样、动态、系统的，构成了一个多维、立体的价值体系。经过归纳，我们认为高淳区非物质文化遗产价值主要体现在以下 8 个方面，分别为：文化创造力价值、文化影响力价值、文化代表性价值、地域特色价值、技能水平价值、历史传承价值、生态环境价值和文化传播价值。我们以这 8 个基本价值作为高淳区非物质文化遗产的价值评判依据，以期获得较为公正、科学的价值评估结果。

1）评估对象

本次评估对象为调研时期已经公布的保护区内的国家级、省级、市级、区级以上非物质文化遗产。

2）评估原则

高淳区非物质文化遗产价值评估的 8 个价值元素能充分展示宽广的高淳区非物质文化遗产的信息，并用以作为高淳区非物质文化遗产传承和发展的依据。

结合高淳区特点，本次高淳区非物质文化遗产价值评估遵循了代表性、可及性(资料齐全并且可信)、可衡量性、可比较性的原则。

3）评估内容

本次高淳非物质文化遗产的评估内容主要是对高淳非物质文化遗产的综合价值进行评估。具体评估目标和职能见表 5-1：

表 5-1　评估内容指标分解表

评价内容		指标分解
综合价值评估	文化价值	文化创造力价值
		文化影响力价值
		文化代表性价值
		文化传播价值
	特色价值	地域特色价值
		技能水平价值
		历史传承价值
		生态环境价值

评估涉及的 8 项指标评估值的具体解释为：①文化创造力价值是指高淳非物质文化遗产具有展现中华民族文化创造力的杰出价值。②文化影响力价值是指高淳非物质文化遗产具有促进中华民族文化认同、增强社会凝聚力、增进民族团结和社会稳定的作用，是文化交流的重要纽带。③文化代表性价值是指高淳非物质文化遗产具有见证中华民族活的文化传统的独特价值。④地域特色价值是指高淳非物质文化遗产扎根于当地的文化传统，世代相传，具有鲜明的地方特色。⑤技能水平价值是指高淳非物质文化遗产出色地运用了传统工艺和技能，体现出高超的水平。⑥历史传承价值是指高淳非物质文化遗产对维系中华民族的文化传承具有重要意义，同时因社会变革或缺乏保护措施而面临消失的危险。⑦文化传播价值是指高淳村俗文化的大众认知程度，及其与其他文化相互影响、传播的潜在价值。⑧生态环境价值是指高淳非物质文化实验保护区内的生态资源及环境的存续、保护现状，及非物质文化遗产与生态环境之间的互相依存关系。

以上这 8 个方面的价值是高淳非物质文化遗产最基本、最普遍的价值，同时也是最核心、最深层的价值。它们超越了具体学科的限制，基本构成了一个立体、丰富和动态的价值体系，具有概括性、综合性、宏观性，有助于我们对高淳非物质文化遗产有综合而全面的认识。

（1）价值评估体系

本评估体系需要对 8 个方面的价值选取数量和质量合适的价值评估因子。通过文献阅读整理、专题片观摩和专家学者走访等方法，对高淳非物质文化遗产进行初步总结分类，同时结合采用专家问卷方式征询专家意见，评定出指标体系中评估内容的分解内容、次序和等级。

（2）评估指标体系要素构建

基于前面的价值评估内容、评估目标和价值评估因子，进一步将各个价值构成以下的具体文化建筑评估指标体系。

① 文化创造力价值评估指标体系(表 5-2)

表 5-2　文化创造力价值评估指标体系表

评估内容	评估指标	指标含义	指标分解	结果分级
文化创造力价值	文化创造性	该项非物质文化遗产所反映出的中华民族文化中的某项特质	很有创造性	很好
			较有创造性	较好
			创造性一般	一般
			不具有创造性	不好
	生态独特性	该项非物质文化遗产所反映出的独有性和特色	生态很独特	很好
			生态比较独特	较好
			生态独特性不明显	一般
			生态没有独特性	不好
	类型稀缺性	该项非物质文化遗产类型所反映出的稀有和缺乏	类型很稀缺	很好
			类型较稀缺	较好
			类型稀缺性不明显	一般
			类型不稀缺	不好

②文化影响力价值评估指标体系(表 5-3)

表 5-3　文化影响力价值评估指标体系表

评估内容	评估指标	指标含义	指标分解	结果分级
文化影响力价值	文化认同感	该项非物质文化遗产所体现的促进民族文化认同感认同的效果	文化认同感很高	很好
			文化认同感比较高	较好
			文化认同感不明显	一般
			文化认同感很低	不好
	社会和谐作用	该项非物质文化遗产有助于增进社会和谐、民族团结	具有很好的和谐作用	很好
			具有较好的和谐作用	较好
			具有一般和谐作用	一般
			不具有和谐作用	不好
文化影响力价值	文化交流程度	该项非物质文化遗产与其他文化之间的交流程度	具有很好的交流性	很好
			具有较好的交流性	较好
			具有一般交流性	一般
			不具有交流性	不好

③ 文化代表性价值评估指标体系(表 5-4)

表 5-4　文化代表性价值评估指标体系表

评估内容	评估指标	指标含义	指标分解	结果分级
文化代表性价值	文化基因	人体内的最小信息单元，主要表现为信念、习惯、价值观等	文化基因很有价值	很好
			文化基因较有价值	较好
			文化基因一般	一般
			文化基因没有优势	不好
	精神特质	该项非物质文化遗产反映出的精神层面的特点	具有很好的精神特质	很好
			具有较好的精神特质	较好
			精神特质一般	一般
			精神特质不好	不好
	文化理念	有特点的文化观念、价值观念和文化行为准则的综合	理念非常有特点	很好
			理念比较有特点	较好
			理念特点表现一般	一般
			理念没有特点	不好

④ 地域特色价值评估指标体系(表 5-5)

表 5-5　地域特色价值评估指标体系表

评估内容	评估指标	指标含义	指标分解	结果分级
地域特色价值	地理特征存续状况	具有特色的地形地貌存续状况	存续很好	很好
			存续较好	较好
			存续一般	一般
			存续不好	不好
	文化与地域结合度	文化依存于地理发展程度	结合度很高	很好
			结合度较高	较好
			结合度一般	一般
			结合度很低	不好
地域特色价值	地域特色	通过文化所体现出的地域特色	地域特色很明显	很好
			地域特色较明显	较好
			地域特色一般	一般
			地域特色较差	不好

⑤ 技能水平价值评估指标体系(表 5-6)

表 5-6 技能水平价值评估指标体系表

评估内容	评估指标	指标含义	指标分解	结果分级
技能水平价值	技能应用程度	运用艺术的原理与技能创造新艺术的能力	技能水平很强	很好
			技能水平较强	较好
			技能水平一般	一般
			技能水平有待提高	不好
	艺术审美情趣	通过艺术品和艺术行为传达的审美的乐趣	有很高的审美情趣	很好
			有较高的审美情趣	较好
			审美情趣一般	一般
			审美情趣较差	不好
	艺术发展程度	艺术发展达到的状况	达到很高程度	很好
			达到较高程度	较好
			达到一般程度	一般
			发展较为落后	不好

⑥ 历史传承价值评估指标体系(表 5-7)

表 5-7 历史传承价值评估指标体系表

评估内容	评估指标	指标含义	指标分解	结果分级
历史传承价值	历史渊源	该非物质文化遗产的历史源头与发展	达到很高程度	很好
			达到较高程度	较好
			达到一般程度	一般
			发展较为落后	不好
	传承意义	通过传承该非物质文化遗产对当代的积极意义	有很好的意义	很好
			有较好的意义	较好
			意义一般	一般
			意义不大	不好
历史传承价值	存续状况	是否因现实而面临困境	存续状况很好	很好
			存续状况较好	较好
			存续状况一般	一般
			存续状况不好	不好

⑦ 生态环境价值评估指标体系(表 5-8)

表 5-8 生态环境价值评估指标体系表

评估内容	评估指标	指标含义	指标分解	结果分级
生态环境价值	生态资源现状	生态资源的存续与保护状况	存续很好	很好
			存续较好	较好
			存续一般	一般
			存续不好	不好
	文化与生态结合度	文化依存于生态环境发展程度	结合度很高	很好
			结合度较高	较好
			结合度一般	一般
			结合度很低	不好
	生态环境特色	文化及环境体现出的特色	生态特色很明显	很好
			生态特色较明显	较好
			生态特色一般	一般
			生态特色较差	不好

⑧ 文化传播价值评估指标体系(表 5-9)

表 5-9 文化传播价值评估指标体系表

评估内容	评估指标	指标含义	指标分解	结果分级
文化传播价值	文化知名度	文化被大众认知程度	知名度很高(全国范围)	很好
			知名度较高(省)	较好
			知名度一般(市)	一般
			知名度较低	不好
	文化传播条件	传播文化所具备的时机、财力、人力等客观条件	条件充足	很好
			条件较充足	较好
			条件一般	一般
			条件较差	不好
文化传播价值	文化发展价值	文化对其他文化的影响程度	文化独特,对其他文化有较大影响	很好
			在一定程度上与其他文化相互影响	较好
			影响一般	一般
			影响较小	不好

(3) 评估体系设置与评估要素权重的确定

虽然前文已经列出了8项价值指标,并进行了详细的指标分解,但具体的评估过程及结果只分解到大项,即只对历史价值等8项价值进行打分,未显示每一分解项的具体得分。

① 评估指标体系建立

本次决定高淳非物质文化遗产价值的因数集是由两个层次的因素构成。第一层因素分别是历史价值、文化价值、精神价值、科学价值、社会和谐价值和审美价值。

② 建立各因子的评估集

评估集是对各层次因素评估结果的直接描述和表征形式。对每一层次的每一个因素都需要建立相应的评估集。根据评估决策的需要,将评判等级标准划分为"很好、较好、一般、不好"4个等级。在实际运行中,为了使评判结果更加直观往往要对评判结果给出具体的分数,因此设很好、较好、一般、不好4个等级分值分别为95分、85分、75分、65分。

③ 建立因子的权重集

本次评估采用主观经验判断法、层次分析法和优序图法相结合来确定各评估项目的权重系数子集。评估结果为:

各子集权重(一级权重):A = [0.19,0.17,0.18,0.16.0.14.0.16] [0.12,0.14,0.12,0.13,0.12,0.12,0.13,0.12]

即文化创造力价值、文化影响力价值、文化代表性价值、地域特色价值、技能水平价值、历史传承价值、生态环境价值、文化传播价值所占的得分比例分别为12%、14%、12%、13%、12%、12%、13%、12%。

(4) 高淳区非物质文化遗产价值评估最终结果

排在前几位的有:东坝大马灯、伍子胥和浣纱女的故事、崔致远与双女坟的故事、卞和献玉的传说、高淳民歌、桠溪跳五猖、长芦杨家抬龙、沛桥高跷、长乐龙吟车、砖墙打罗汉、高淳阳腔目连戏、高淳羽毛扇制作技艺、薛城花台会、脱尾龙的传说、阳江打水浒、桠溪小马灯、送春、六月六龙舟竞渡、梁氏骨科、上梁仪式、高淳桠溪祠山庙会(表5-10)。

表5-10 高淳区非物质文化遗产价值评估最终结果

	项目	保护级别	评估结果
1	东坝大马灯	国家级	99.1
2	高淳民歌	省级	94.7
3	高淳阳腔目连戏	省级	94.1
4	高淳羽毛扇制作技艺	省级	93.8
5	崔致远与双女坟的故事	省级	93.4
6	长乐龙吟车	省级	93.2
7	桠溪跳五猖	省级	93.6
8	薛城花台会	省级	92.2
9	沛桥高跷	省级	91.8
10	伍子胥和浣纱女的故事	省级	91.1

（续表）

	项目	保护级别	评估结果
11	砖墙打罗汉	省级	90.6
12	长芦杨家抬龙	省级	90.3
13	上梁仪式	市级	89.8
14	送春	市级	89.6
15	六月六龙舟竞渡	市级	89.1
16	高淳桠溪祠山庙会	市级	88.6
17	梁氏骨科	市级	88.5
18	阳江打水浒	市级	87.8
19	桠溪小马灯	市级	86.4
20	脱尾龙的传说	市级	85.7
21	固城武五猖、古柏跳八恺	市级	84.1
22	白鹿行踪的传说	市级	83.5
23	十番锣鼓	市级	82.2
24	高淳“四宝”的来历	区级	84.9
25	高淳方言	区级	84.9
26	淳溪荡旱船	区级	84.7
27	左伯桃和羊角哀的故事	区级	84.5
28	孔子与游子山的传说	区级	84.5
29	五月栽秧	区级	84.4
30	古柏打莲湘	区级	84.3
31	砖墙中马灯	区级	84.3
32	陈家打叉	区级	84.3
33	桠溪狮子灯	区级	84.3
34	新四军歌曲——石臼渔歌	区级	84.2
35	固城荡旱船、砖墙荡旱船	区级	84.1
36	固城大马灯、永庆马灯	区级	84.1
37	固城高跷	区级	84.1
38	砖墙打水浒	区级	84.1
39	齐泰削藩的故事	区级	84.0
40	高淳锡剧	区级	83.9
41	高淳高腔	区级	83.9

（续表）

	项目	保护级别	评估结果
42	水乡少林拳	区级	83.8
43	淳溪文龙船	区级	83.8
44	打子游艺	区级	83.8
45	蓝氏烫伤膏制作技艺	区级	83.7
46	民间剪纸	区级	83.6
47	双桥渡的传说	区级	83.5
48	田歌:采菱角	区级	83.4
49	田歌:一粒下土万担粮	区级	83.4
50	习俗歌:哭嫁	区级	83.4
51	春歌:杨柳青青江水平	区级	83.4
52	高拨子	区级	83.4
53	龙船号子:拨开龙头摆开梢	区级	83.4
54	龙船号子:乘风破浪冲向前	区级	83.4
55	杨家四知堂	区级	83.2
56	邢鹤的故事	区级	83.2
57	魏泽救孤的传说	区级	83.2
58	曹村五家头古柏的传说	区级	83.2
59	高淳豆腐干制作技艺	区级	83.1
60	高淳炒米糖制作技艺	区级	83.1
61	高淳欢团制作技艺	区级	83.1
62	高淳糕点制作技艺	区级	83.1
63	高淳蒜菜制作技艺	区级	83.1
64	高淳布鞋制作技艺	区级	83.1
65	固城打铁技艺	区级	83.0
66	杨家扎塑技艺	区级	83.0
67	高淳生育习俗	区级	82.9
68	高淳婚嫁习俗	区级	82.9
69	高淳丧葬习俗	区级	82.9
70	高淳除夕春节习俗	区级	82.8
71	高淳端午节习俗	区级	82.8
72	高淳立夏习俗	区级	82.7

（续表）

	项目	保护级别	评估结果
73	高淳中秋节习俗	区级	82.6
74	故事传说歌：十字喜	区级	82.5
75	打夯号子：要把圩堤修得好	区级	82.4
76	车水号子：一串香袋串姐头	区级	82.4
77	田歌：风吹杨柳绿沉沉	区级	82.3
78	牧歌：放牛哥哥苦哀哀	区级	82.3
79	丝弦锣鼓	区级	82.2
80	介子推的传说	区级	82.1
81	平丞相造漆桥的传说	区级	82.0
82	十二月望郎（歌谣）	区级	81.9
83	雌雄狮子山的传说	区级	81.8
84	花山"年成树"的传说	区级	81.7
85	九龙山的传说	区级	81.6
86	破坝的传说	区级	81.5
87	清水塘与浊水塘的传说	区级	81.4
88	秀山的传说	区级	81.3
89	禅林轶事	区级	81.2
90	大官塘和腾龙山的传说	区级	81.1
91	华山梁祝传说	区级	81.0
92	马步桥的来历	区级	80.9
93	神话石臼湖	区级	80.9
94	龟山、蛇山的传说	区级	80.8
95	韩门三进士的故事	区级	80.7
96	杨鸣忠打虎	区级	80.6
97	十月陈梅（歌谣）	区级	80.5
98	魏良臣的故事	区级	80.4
99	甘霖的故事	区级	80.3
100	高淳民间谚语	区级	80.2
101	砖墙荡湖船	区级	80.1

综合价值极高的非物质文化遗产是东坝大马灯。东坝大马灯起源于唐，盛行于宋，人物主要为刘、关、张、赵、黄等三国人物，曾于 1994 年参加中央电视台春节联欢晚会演出，近

年来多次赴南京、广州、上海、杭州、东莞等地表演。大马灯的历史极为悠久，是保护区内村俗文化最为鲜明、地域特征最为明显、外界认知度最高的非物质文化遗产，对保护区建设具有极高的带动作用。

综合价值很高的非物质文化遗产是(按得分次序排名)东坝大马灯、高淳民歌、高淳阳腔目连戏、高淳羽毛扇制作技艺、崔致远与双女坟的故事、长乐龙吟车、桠溪跳五猖、薛城花台会、沛桥高跷、伍子胥和浣纱女的故事、砖墙打罗汉、长芦杨家抬龙。这些非物质文化遗产具有广泛的群众基础，与文化空间依存度非常高，具有鲜明的高淳村俗特色和较高的不可移植性。如高淳阳腔目连戏的起源地即在高淳，崔致远和双女坟的故事、薛城花台会、伍子胥和浣纱女的故事都有特定的物质文化遗产或风景区，其余的非遗项目也有固定开展的文化生态空间。

综合价值高的非物质文化遗产是(按得分次序排名)上梁仪式、送春、六月六龙舟竞渡、高淳桠溪祠山庙会、梁氏骨科、阳江打水浒、桠溪小马灯、脱尾龙的传说、固城武五猖和古柏跳八恺、白鹿行踪的传说、十番锣鼓。这一批非物质遗产在保护区内某一区域非常盛行，在保护区内也有较高的知名度，常常在高淳的各种节庆中表演，如十番锣鼓、古柏跳八恺等。

综合价值较高的非物质文化遗产为高淳方言、淳溪荡旱船、左伯桃和羊角哀的故事、孔子与游子山的传说、五月栽秧、古柏打莲湘。这一批非物质文化遗产在某一区域具有较高知名度和地域代表性。

4) 现实价值

面对市场化、商业化、信息化、全球化的时代，谈论非物质文化遗产及其价值，不能回避其特定的、重要的现实价值，尤其是教育价值和经济价值。如果不发挥其教育价值，大量的非物质文化遗产就会失去自然传承的社会环境；如果不合理开发、利用非物质文化遗产的经济价值，则非物质文化遗产及其传承人、拥有地就会失去自我延续、自我传承、自我发展的条件和能力。

(1) 教育价值

非物质文化遗产的教育价值，一方面指其中包含的历史文化知识、科学知识和文化艺术；另一方面是指要使非物质文化遗产教育成为教育的一个重要领域。因此要充分利用、发挥非物质文化遗产的教育价值，就要在学校、社会教育中开展非物质文化遗产教育的相关内容，在全社会形成保护、发展非物质文化遗产的良好社会氛围。

(2) 经济价值

非物质文化遗产具有一定的经济价值，利用其文化创造力、文化影响力、地域特色等多方面的影响力创造出富有特色的文化产品，如传统手工技艺：羽毛扇制作技艺、豆腐干制作技艺、炒米糖制作技艺，以此来开发出高淳区各具特色的农家土特产，很好地发挥其经济价值；民间舞蹈与民间音乐、戏剧通过舞台表演、庙会演出等形式来获得门票收益。丰富的民族文化遗产、传统文化资源，使非物质文化遗产成为中国文化产业的优势所在，例如非物质文化遗产中的民间文化、民俗资源就是极为重要的旅游资源。

(3) 审美艺术价值

非物质文化遗产的审美艺术价值主要表现在：非物质文化遗产中有许多天才的艺术创造、无与伦比的艺术技巧、独一无二的艺术形式，能深深打动人类心灵，触动人类情感。通过这些非物质文化遗产中的艺术作品，我们可以形象地看到当时的历史事件、人的生存状态和生活方式、不同人群的生活习俗，以及他们的思想与感情、艺术创作方式、艺术特点和艺术成就，如高淳阳腔目连戏重现高淳的民风民俗，民间音乐打夯号子、故事歌、田歌等都通过音乐触动着人的心灵。

(4) 历史传承价值

历史传承价值是非物质文化遗产价值体系的核心价值。非物质文化遗产的历史传承价值主要表现在：①从根源上来说，非物质文化遗产是“一种集团或个人的创造，面向该集团并世代流传，它反映了这个团体的期望，是代表这个团体文化和社会个性的恰当的表达形式”。②非物质文化遗产中深深蕴藏着所属民族的文化基因、精神特质，这些在长期的生产劳动、生活实践中积淀而成的民族精神，是世代相传沉积下来的民族的思想精髓、文化理念，是包括了民族的价值观念、心理结构、气质情感等在内的群体意识、群体精神，是民族的灵魂、民族文化的本质和核心。

6 保护对象与保护内容

6.1 国家、省、市、区4级非物质文化遗产名录是重要保护项目

对高淳区所有4级非物质文化遗产名录进行保护，是保障非物质文化遗产整体性保护的坚实基础。根据项目具体情况，分类指导，区别对待，采取不同的保护措施。对具有重大历史、文化、艺术价值，并能集中反映当地原生态的村俗文化项目进行重点保护。对目前已采取措施抢救、状态较为稳定的项目，进行扶持性保护。对目前仅存活于个别家庭、个人或面临濒危状态的项目进行抢救性保护。对民间舞蹈、传统戏剧、高淳民歌等传承较好的项目采取与民俗、祭典、节庆等有关活动相结合保护。对民间知识、传统手工技艺、传统游艺与竞技、传统医药等融入生产、生活中保护。同时，在保护现有的4级非物质文化遗产项目的基础上，继续做好文化遗产的普查、认定和登记工作，全面了解和掌握文化遗产资源的种类、数量、分布状况、生存环境、保护现状及存在的问题，及时向社会公布普查结果。有效保护好目前已普查认定的非物质文化遗产项目以及与之相关的文化生态空间以及今后陆续普查发现的项目。

6.1.1 水文化名录

水文化名录包括民间文学类、民间音乐类、民间舞蹈类以及杂技与竞技4大类。具体民间文学类包括白鹿行踪的传说、脱尾龙的传说、高淳四宝之一字街的来历、曹村五家头古柏的传说、破坝的传说、清水塘与浊水塘的传说、双桥渡的传说、龟山蛇山的传说、神话石臼湖、九龙山的传说、秀山的传说、大官塘和腾龙山的传说等；民间音乐类包括新四军歌曲——石臼渔歌、田歌：采菱角、龙船号子：拨开龙头摆开梢、龙船号子：乘风破浪冲向前、打夯号子：要把圩堤修得好等；民间舞蹈类包括淳溪荡旱船、固城荡旱船等；杂技与竞技类包括六月六龙舟竞渡、水乡少林拳、淳溪文龙船等。

6.1.2 儒家文化名录

儒家文化名录包括民间文学类和民间舞蹈类两大类。民间文学类具体包括伍子胥与浣纱女的故事、崔致远与双女坟的故事、卞和献玉的传说、高淳四宝来历：四方宝塔的来历、高淳四宝来历之花山白牡丹、花山“年成树”的传说、介子推的传说、韩门三进士的故事、马步桥的来历、平丞相造漆桥的传说、魏良臣的故事、甘霖的传说、孔子与游子山的传说、雌雄狮子山的传说、杨鸣忠打虎、华山梁祝传说、魏泽救孤的传说、邢鹤的故事、杨家四知堂、齐泰削藩的故事、左伯桃和羊角哀的故事、禅林逸事等；民间舞蹈类包括东坝大马灯、长芦杨

家抬龙、阳江打水浒、固城大马灯、永庆马灯、椏溪小马灯、砖墙打水浒、固城高跷等。

6.1.3 节庆文化名录

节庆文化名录包括民间文学类、民间音乐类、民间舞蹈类、传统戏剧类、曲艺类、传统手工技艺类以及民俗类等 7 大类。民间文学类包括十月陈梅、十二月望郎(歌谣)。民间音乐类包括车水号子:一串香袋串姐头、春歌:杨柳青青江水平、故事传说歌:十字喜、十番锣鼓、丝弦锣鼓、田歌:风吹杨柳绿沉沉、习俗歌:哭嫁。民间舞蹈类则包括长乐龙吟车、古柏打莲湘、淳溪荡旱船、砖墙中马灯、陈家打叉、椏溪狮子灯、固城大马灯、永庆马灯、固城高跷、砖墙打水浒、荡旱船、沛桥高跷、砖墙荡湖船。传统戏剧类包括高淳阳腔目连戏、高淳锡剧、高淳高腔。曲艺类包括送春。传统手工技艺类包括高淳豆腐干制作技艺、高淳炒米糖制作技艺、高淳欢团制作技艺、高淳糕点制作技艺、高淳蒜菜制作技艺、高淳布鞋制作技艺、固城打铁技艺。民俗类则包括薛城花台会、高淳椏溪祠山庙会、高淳生育习俗、高淳婚嫁习俗、高淳丧葬习俗、高淳除夕春节习俗、高淳端午节习俗、高淳立夏习俗、高淳中秋节习俗。

6.1.4 傩文化名录

傩文化名录包括以古柏跳八恺、固城武五猖、椏溪跳五猖为代表的民间舞蹈类。

6.1.5 其他名录

除以上名录外,高淳还包括其他名录,具体包括以高淳方言、高淳民间谚语为主的民间文学,以高淳民歌、五月栽秧、田歌:一粒下土万担粮、高拨子、牧歌:放牛哥哥苦哀哀为代表的民间音乐,以打子游艺为主的杂技与竞技,以民间剪纸为代表的民间美术以及以梁氏骨科、蓝氏烫伤膏制作技艺为代表的传统医药。

6.2 非物质文化遗产名录项目代表性传承人是主要保护对象

非物质文化遗产作为活态文化,其精粹与该项目代表性传承人紧密相连。高淳村俗文化生态保护实验区的非物质文化遗产保护将以传承人的保护为重点对象,大力提升传承人的地位和影响,为其创造良好的传承环境,使其有效地履行传承人职责,以确保非物质文化遗产的传承与发展。具体地说,要认真贯彻落实国家保护非物质文化遗产名录项目代表性传承人的相关条例,制定传承人标准,分期命名代表性传承人和传承单位;制定传承制度、机制;开展师徒传承、团体传承等多种形式的传承活动,不断培养出一批批新的传承人;建立传承人经济资助制度;建立项目活动赞助制度;完善知识产权立法,维护原创者、传承者的权益。

能够传承以上所提及的非遗文化项目,或未来可能成为项目传承人,或在文化生态保护实验区内具有非遗文化要素和技能的当地居民都是我们需要保护的对象(表 6-1)。

6.2.1 水文化类名录传承人

水文化名录包括民间文学类、民间音乐类、民间舞蹈类以及杂技与竞技 4 大类。

(1) 民间文学类——白鹿行踪的传说:吴高化;脱尾龙的传说:何裕仁和李代胜;高淳四宝之一字街的来历:陈普生;曹村五家头古柏的传说:诸浩峰;破坝的传说:杨先栋;清水塘与浊水塘的传说:孔祥红;双桥渡的传说:吴高化;龟山蛇山的传说:王昌华;神话石臼湖:陈孝全;九龙山的传说:杨先栋;秀山的传说:何裕仁;大官塘和腾龙山的传说:赵肖放。

(2) 民间音乐类——新四军歌曲(石臼渔歌):陈九林;田歌(采菱角):夏晓玲;龙船号子(拨开龙头摆开梢):查育辉;龙船号子(乘风破浪冲向前):查育辉;打夯号子(要把圩堤修得好):何梅花。

(3) 民间舞蹈类——淳溪荡旱船:邢应木;固城荡旱船:李代珍;砖墙荡湖船:王水生和葛继柱。

(4) 杂技与竞技类——六月六龙舟竞渡:吴红水和汤永和;水乡少林拳:陈应兰;淳溪文龙船:邢应木。

6.2.2 儒家文化类名录传承人

儒家文化名录包括民间文学类和民间舞蹈类两大类。

(1) 民间文学类——伍子胥与浣纱女的故事:胡海伢;崔致远与双女坟的故事:孔令铨和何财喜;卞和献玉的传说:赵肖放;高淳四宝来历四方宝塔的来历:陈普生;高淳四宝来历之花山白牡丹:杭建华;花山"年成树"的传说:张全新;介子推的传说:孔祥毅;韩门三进士的故事:韩为生;马步桥的来历:张佳祥;平丞相造漆桥的传说:孔德潮;魏良臣的故事:陈普生;甘霖的传说:陈普生;孔子与游子山的传说:孔祥毅;雌雄狮子山的传说:何裕仁和张全新;杨鸣忠打虎:陈统金;华山梁祝传说:周八金;魏泽救孤的传说:吴高化;邢鹤的故事:陈普生和杨兴华;杨家四知堂:杨兴华;齐泰削藩的故事:吴高化;左伯桃和羊角哀的故事:孔祥隆;禅林轶事:李箕贵。

(2) 民间舞蹈类——东坝大马灯:汤春山、汤裕道、汤海头;长芦杨家抬龙:杨茂萱、杨学虎、杨茂芳、杨周春;阳江打水浒:刘维清;固城大马灯:唐富宝;永庆马灯:陈全东;桠溪小马灯:肖德平;砖墙打水浒:史长贵;固城高跷:俞同华。

6.2.3 节庆文化类名录传承人

节庆文化名录包括民间文学类、民间音乐类、民间舞蹈类、传统戏剧类、曲艺类、传统手工技艺类以及民俗类等7大类。

(1) 民间文学类——十月陈梅:张启华;十二月望郎(歌谣):虞维俊。

(2) 民间音乐类——车水号子(一串香袋串姐头):甘长伢;春歌(杨柳青青江水平):张其凤;故事传说歌(十字喜):夏孝龙;十番锣鼓:吴四头;丝弦锣鼓:赵老虎;田歌(风吹杨柳绿沉沉):许旺美;习俗歌(哭嫁):柳大美。

(3) 民间舞蹈类——长乐龙吟车:夏定龙和夏友本;古柏打莲湘:陈云美、芮峰云、邢军;淳溪荡旱船:邢应木;砖墙中马灯:王鼎;陈家打叉:王国华;桠溪狮子灯:赵运辉;固城大马灯和永庆马灯:唐富宝和陈全东;固城高跷:俞同华;砖墙打水浒:史长贵;固城荡旱船:李代珍;沛桥高跷:陈方年和杨克鼎。

（4）传统戏剧类——高淳阳腔目连戏：叶同春和赵仲珠；高淳锡剧：虞丽莉；高淳高腔：徐敦彩。

（5）曲艺类——送春：姜训好、姜水英、姜旺头、张长锦、朱良洪、陈士江、唐三昌、杨善红。

（6）传统手工技艺类——高淳羽毛扇制作技艺：邢响生；高淳豆腐干制作技艺：谢芳柏；高淳炒米糖制作技艺：胡法昌；高淳欢团制作技艺：赵不华和胡法昌；高淳糕点制作技艺：马为华；高淳蒜菜制作技艺：孔祥琨；高淳布鞋制作技艺：梅位炳；固城打铁技艺：杨方水和孔凡甫；杨家扎塑技艺：杨学虎。

（7）民俗类——高淳生育习俗：何裕仁、孔祥隆、赵肖放、王鼎；高淳婚嫁习俗：王洪胜、何裕仁、孔祥隆、赵肖放、吴付娣、张庭生；高淳丧葬习俗：何裕仁、孔祥隆、赵肖放、钱玉锦、王峰；高淳除夕春节习俗：王益斌、孔祥隆、赵肖放、陈玉保；高淳端午节习俗：马永升和张庭生；高淳立夏习俗：张庭生和许正良；高淳中秋节习俗：韩体汉、孔祥隆、张庭生。

6.2.4 傩文化类名录传承人

傩文化名录以民间舞蹈类为代表。古柏跳八恺的名录传承人为马永福和马永德，固城武五猖传承人为胡发忠，桠溪跳五猖传承人为杨保头。

6.2.5 其他类名录传承人

高淳除以上名录外，其他类名录传承人具体情况如下。

（1）民间文学类——高淳方言：陈基金；高淳民间谚语：韩辉、唐庭昌、孔祥毅、杨兴诗、丁允财。

（2）民间音乐类——高淳民歌：陈九林；五月栽秧：夏晓玲；田歌（一粒下土万担粮）：水娜；高拨子：陈九林；牧歌（放牛哥哥苦哀哀）：杨兴华。

（3）杂技与竞技类——打子游艺：何裕仁。

（4）民间美术类——民间剪纸：吴花荷。

（5）传统医药类——梁氏骨科：梁冠荣；蓝氏烫伤膏制作技艺：蓝顺心。

表 6-1　高淳民俗文化名录传承人一览表

类别	序号	项目名称	传承人	保护地区	级别
传统舞蹈	1	东坝大马灯	汤春山、汤裕道、汤海头	东坝镇	国家级
	2	桠溪跳五猖	杨保头	桠溪镇	省级
	3	长芦杨家抬龙	杨茂萱、杨学虎、杨茂芳、杨周春	淳溪镇	
	4	沛桥高跷	陈方年、杨克鼎	东坝镇	
	5	长乐龙吟车	夏定龙、夏友本	淳溪镇	
	6	砖墙打罗汉	王身辉	阳江镇	
	7	阳江打水浒	刘维清	砖墙镇	市级
	8	桠溪小马灯	肖德平	桠溪镇	
	9	固城武五猖、古柏跳八恺	胡发忠、马永福、马永德	固城镇、古柏镇	

（续表）

类别	序号	项目名称	传承人	保护地区	级别
传统舞蹈	10	古柏打莲湘	陈云美、芮峰云、邢军	古柏镇	区级
	11	淳溪荡旱船	邢应木	淳溪镇	
	12	砖墙中马灯	王鼎	砖墙镇	
	13	陈家打叉	王国华	桠溪镇	
	14	桠溪狮子灯	赵运辉	桠溪镇	
	15	固城大马灯、永庆马灯	唐富宝、陈全东	固城镇、淳溪镇	
	16	固城高跷	俞同华	固城镇	
	17	砖墙打水浒	史长贵	砖墙镇	
	18	固城荡旱船	李代珍	固城镇、砖墙镇	
	19	砖墙荡湖船	王水生、葛继柱	砖墙镇	
传统音乐	20	高淳民歌	陈九林	全区	省级
	21	十番锣鼓	吴四头	固城镇	市级
	22	五月栽秧	夏晓玲	全区	区级
	23	新四军歌曲——石臼渔歌	陈九林	全区	
	24	田歌：采菱角	夏晓玲	全区	
	25	田歌：一粒下土万担粮	水娜	全区	
	26	习俗歌：哭嫁	柳大美	全区	
	27	龙船号子：拨开龙头摆开梢	查育辉	全区	
	28	龙船号子：乘风破浪冲向前	查育辉	全区	
	29	春歌：杨柳青青江水平	张其凤	全区	
	30	高拨子	陈九林	全区	
	31	故事传说歌：十字喜	夏孝龙	淳溪镇	
	32	打夯号子：要把圩堤修得好	何梅花	淳溪镇	
	33	车水号子：一串香袋串姐头	甘长伢	淳溪镇	
	34	田歌：风吹杨柳绿沉沉	许旺美	淳溪镇	
	35	牧歌：放牛哥哥苦哀哀	杨兴华	阳江镇	
	36	丝弦锣鼓	赵老虎	桠溪镇	
曲艺	37	送春	姜训好、姜水英、姜旺头、张长锦、朱良洪、陈士江、唐三昌、杨善红	古柏镇、东坝镇、淳溪镇	市级
传统戏剧	38	高淳阳腔目连戏	叶同春、赵仲珠	全区	省级
	39	高淳锡剧	虞丽莉	全区	区级
	40	高淳高腔	徐敦彩	漆桥镇	

（续表）

类别	序号	项目名称	传承人	保护地区	级别
民间文学	41	伍子胥和浣纱女的故事	胡海伢	固城镇	省级
	42	崔致远与双女坟的故事	孔令铨、何财喜	固城镇	
	43	卞和献玉的传说	赵肖放	桠溪镇	
	44	脱尾龙的传说	何裕仁、李代胜	漆桥镇	市级
	45	白鹿行踪的传说	吴高化	阳江镇	
	46	高淳“四宝”的来历	陈普生、杭建华、查贵坤	全区	区级
	47	高淳方言	陈基金	全区	
	48	左伯桃和羊角哀的故事	孔祥隆	漆桥镇	
	49	孔子与游子山的传说	孔祥毅	漆桥镇	
	50	齐泰削藩的故事	吴高化	阳江镇	
	51	双桥渡的传说	吴高化	阳江镇	
	52	杨家四知堂	杨兴华	阳江镇	
	53	邢鹤的故事	陈普生、杨兴华	阳江镇	
	54	魏泽救孤的传说	吴高化	阳江镇	
	55	曹村五家头古柏的传说	诸浩峰	漆桥镇	
	56	介子推的传说	孔祥毅	漆桥镇	
	57	平丞相造漆桥的传说	孔德潮	漆桥镇	
	58	十二月望郎（歌谣）	虞维俊	漆桥镇	
	59	雌雄狮子山的传说	何裕仁、张全新	固城镇	
	60	花山“年成树”的传说	张全新	固城镇	
	61	九龙山的传说	杨先栋	固城镇	
	62	破坝的传说	杨先栋	固城镇	
	63	清水塘与浊水塘的传说	孔祥红	固城镇	
	64	秀山的传说	何裕仁	固城镇	
	65	禅林轶事	李箕贵	固城镇	
	66	大官塘和腾龙山的传说	赵肖放	桠溪镇	
	67	华山梁祝传说	周八金	桠溪镇	
	68	马步桥的来历	张佳祥	桠溪镇	
	69	神话石臼湖	陈孝全	古柏镇	
	70	龟山、蛇山的传说	王昌华	古柏镇	
	71	韩门三进士的故事	韩为生	古柏镇	
	72	杨鸣忠打虎	陈统金	东坝镇	

（续表）

类别	序号	项目名称	传承人	保护地区	级别
民间文学	73	十月陈梅（歌谣）	张启华	东坝镇	区级
	74	魏良臣的故事	陈普生	淳溪镇	
	75	甘霖的故事	陈普生	淳溪镇	
	76	高淳民间谚语	韩辉、唐庭昌、孔祥毅、杨兴诗、丁允财	全区	
传统技艺	77	高淳羽毛扇制作技艺	邢响生	全区	省级
	78	高淳豆腐干制作技艺	谢芳柏	全区	区级
	79	高淳炒米糖制作技艺	胡法昌	全区	
	80	高淳欢团制作技艺	赵不华、胡法昌	全区	
	81	高淳糕点制作技艺	马为华	全区	
	82	高淳蒜菜制作技艺	孔祥琨	全区	
	83	高淳布鞋制作技艺	梅位炳	全区	
	84	固城打铁技艺	杨方水、孔凡甫	固城镇	
	85	杨家扎塑技艺	杨学虎	淳溪镇	
传统美术	86	民间剪纸	吴花荷	砖墙镇	区级
杂技与竞技	87	六月六龙舟竞渡	吴红水、汤永和	东坝镇	市级
	88	水乡少林拳	陈应兰	砖墙镇	区级
	89	淳溪文龙船	邢应木	淳溪镇	
	90	打子游艺	何裕仁	固城镇	
传统医药	91	梁氏骨科	梁冠荣	东坝镇	市级
	92	蓝氏烫伤膏制作技艺	蓝顺心	淳溪镇	区级
民俗	93	薛城花台会	邢海军	淳溪镇	省级
	94	上梁仪式	陈普生、孙建兵	全区	市级
	95	南京（高淳桠溪）祠山庙会	赵建伢	桠溪镇	
	96	高淳生育习俗	何裕仁、孔祥隆、赵肖放、王鼎	全区	区级
	97	高淳婚嫁习俗	王洪胜、何裕仁、孔祥隆、赵肖放、吴付娣、张庭生	全区	
	98	高淳丧葬习俗	何裕仁、孔祥隆、赵肖放、钱玉锦、王峰	全区	
	99	高淳除夕春节习俗	王益斌、孔祥隆、赵肖放、陈玉保	全区	
	100	高淳端午节习俗	马永升、张庭生	全区	
	101	高淳立夏习俗	张庭生、许正良	全区	
	102	高淳中秋节习俗	韩体汉、孔祥隆、张庭生	全区	

6.3 文化生态空间是保护工作的重要组成部分

文化生态指人类生存发展的文化环境状态，与自然生态共同构成了完整意义上的生态范畴。文化生态包括物质文化环境状态（物质文化生态）和非物质文化环境状态（非物质文化生态），两者相互依存，相互交融。文化生态是一个系统的有机体，有其自身的发展规律，它包含了人赖以生存的物质和精神需求，是生产方式、生活方式和文化方式的共同延续体。全区非物质文化遗产和物质文化遗产、自然遗产关系十分密切，相得益彰。

与非物质文化遗产传承相关的文物、建筑群和遗址等历史古迹以及历史文化街区、古村落等，都是保护区内非物质文化遗产开展传承活动的重要空间或载体，构成了保护区的重要组成部分。要对文化活动与其相关的文物古迹、活动场所实现相结合保护。保护与非物质文化遗产传承密切相关的历史遗迹和文化空间，将有利于文化生态保护实验区内的非物质文化遗产与物质文化遗产的整体性保护。

高淳区是国家级生态重点区。已建立了游子山国家森林公园，国内第一个国际慢城桠溪，还建立了固城湖湖滨风景区、阳江镇迎湖桃源、东坝镇银林山庄、固城镇花山风景区等自然保护区。同时，高淳拥有上百个千年古村落，其自然生态环境是形成有地方特色的村俗文化生态的基础。因此，这些与文化遗产相关，又与百姓生活、生产密不可分的自然生态环境，同样是高淳村俗文化生态保护实验区整体性保护对象。

非物质文化遗产相关的文化生态空间包括水文化生态空间、节庆活动文化生态空间、儒家文化生态空间、傩文化生态空间，大致分为建构筑物、街道广场、村落、自然风景区 4 类。

6.3.1 水文化生态空间

建构筑物以古遗址和古建筑为主。古遗址主要为固城遗址（清水塘与浊水塘的传说、破坝的传说）等。古建筑主要为阳江镇相国圩双桥渡口（双桥渡的传说）、永丰圩（白鹿行踪的传说）等古圩区。街道广场包括高淳一字街（高淳四宝之一字街的来历）、淳溪镇的荡旱船和砖墙镇的荡湖船等。淳溪镇有一支业余荡旱船表演队，每到春节之际都进行表演。表演人员约 10 人。砖墙镇则以荡湖船为代表。村落则包括固城镇固城村（荡旱船）、淳溪镇长乐村（淳溪荡旱船）及漆桥镇曹村（曹村五家头古柏的传说）等。

自然环境则包括自然山水等（图 6-1）。具体包括有着新四军歌曲——石臼渔歌等民间音乐及神话石臼湖、龟山蛇山的传说等民间文学的石臼湖，以脱尾龙的传说为代表的漆桥镇龙墩水库，以六月六龙舟竞渡为主的东坝镇胥河，以淳溪文龙船为特色的淳溪镇芦溪河，以破坝的传说为主的固城铁岭坝、漕塘，记载了九龙山传说的固城九龙山，以秀山的传说为特色的固城秀山以及传承了大官塘和腾龙山的传说的桠溪镇遮军山（表 6-2、表 6-3）。

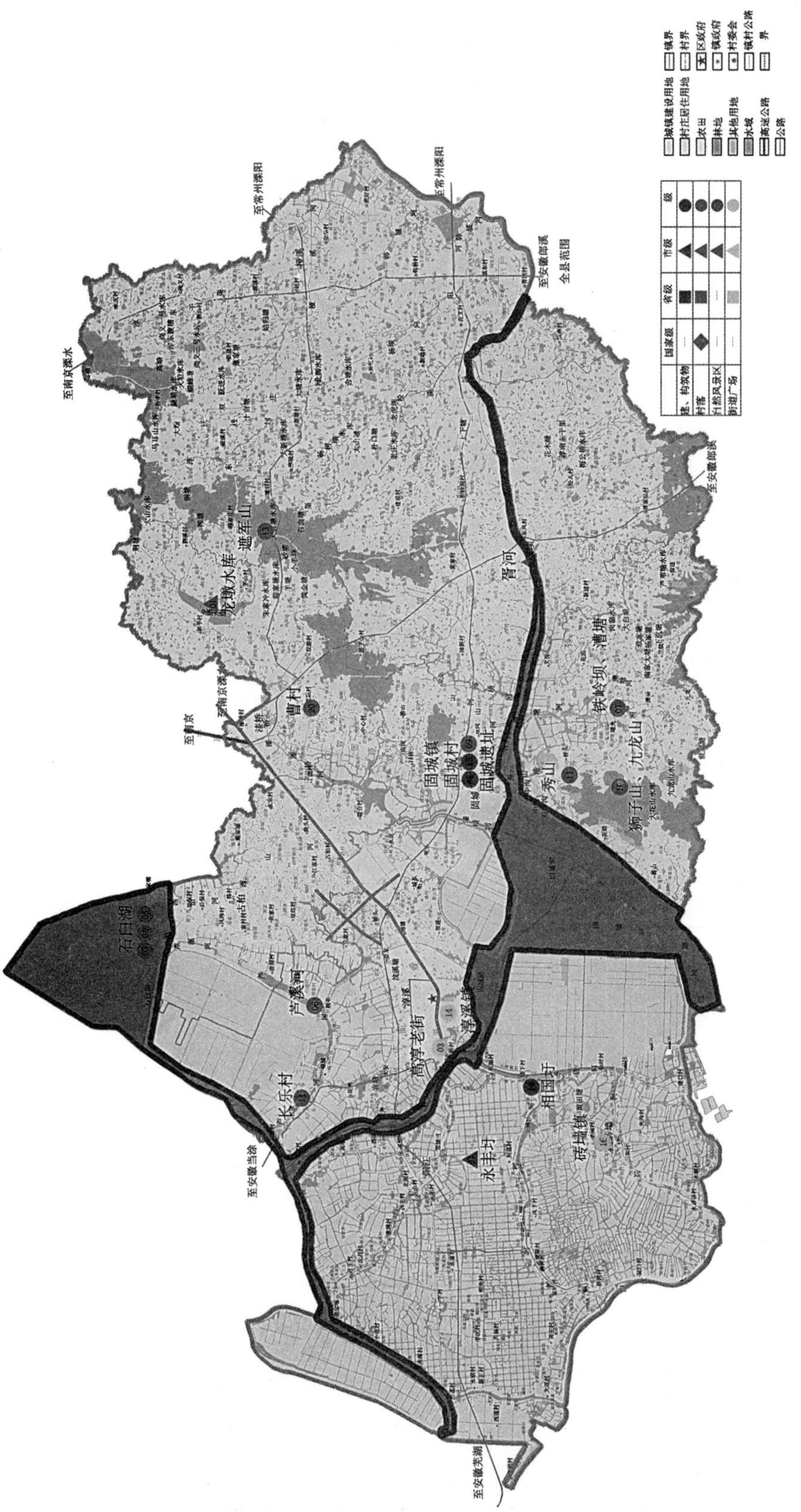

图 6-1　水文化生态保护空间布局图

图片来源：自绘

表 6-2　水文化生态空间项目建设一览表

文化空间	建设项目	定位
高淳老街	高淳区非物质文化遗产博物馆	对区域的 10 类非物质文化遗产作集中展示
	区传统手工技艺传播基地	集中展销羽毛扇、扎塑类、糕点类、酱菜类、腌制类等传统手工技艺产品
石臼湖	民歌传播基地	依托石臼湖风光带，建立传播基地，以培训高淳民间歌手
固城遗址	民俗活动保护基地	以固城遗址为依托，对东坝固城一带的民俗活动进行保护
胥河	固城镇非物质文化遗产展示基地	在胥河与固城湖相接处建立，依托湖滨风光展示固城的非物质文化遗产
迎湖桃源	民歌传播基地	依托迎湖桃源，建立高淳民歌传承、传播基地
	民间舞蹈传承基地	依托迎湖桃源，建立高淳民间舞蹈传承基地
长乐村	长乐龙吟车传习基地	培养长乐龙吟车传承人及表演队伍
杨家村	杨家抬龙传习基地	培养杨家抬龙传承人及表演队伍

表 6-3　水文化生态空间非物质文化遗产列表

载体类型	载体名称	非遗名称	级别	类型
建筑	固城遗址	破坝的传说	区级	治水
		清水塘与浊水塘的传说	区级	咏水
	相国圩双桥渡口	双桥渡的传说	区级	咏水
	永丰圩	白鹿行踪的传说	区级	治水
街道广场	高淳一字街	高淳四宝之一字街的来历	区级	治水
	淳溪镇	淳溪荡旱船	区级	用水
古村	固城镇固城村	荡旱船	区级	用水
		淳溪荡旱船	区级	用水
	漆桥镇曹村	曹村五家头古柏的传说	区级	咏水
自然风景区	石臼湖	新四军歌曲——石臼渔歌	区级	治水
		神话石臼湖	区级	治水
		龟山、蛇山的传说	区级	治水
	漆桥镇龙墩水库	脱尾龙的传说	市级	咏水
	东坝镇胥河	六月六龙舟竞渡	市级	用水
自然风景区	淳溪镇芦溪河	淳溪文龙船	区级	用水
	固城九龙山	九龙山的传说	区级	咏水
	固城秀山	秀山的传说	区级	咏水
	桠溪镇遮军山	大官塘和腾龙山的传说	区级	咏水

3 888公顷。有国家级名录 1 项、省级名录 2 项、市级名录 2 项、区级名录 7 项，是中部地区高级别非物质文化遗产的聚集区。由于该片区有国家级非物质文化遗产东坝大马灯，核心区内人民对核心区的非物质文化遗产有强烈的认同感，参加和保护非物质文化的积极性都很高，开展非物质文化遗产保护工作有着良好的群众基础(表 7-6)。

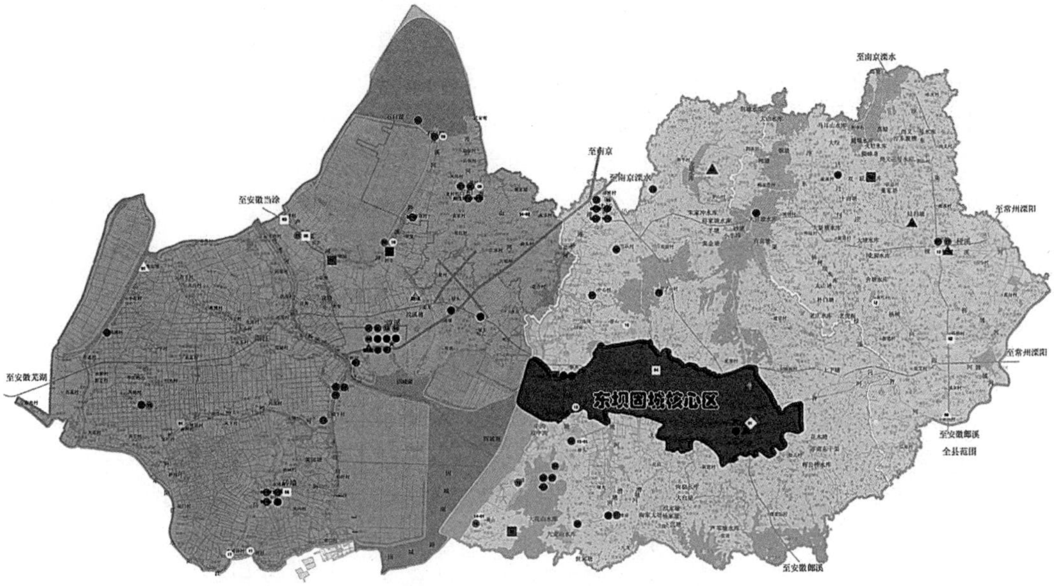

图 7-4　东坝固城核心区范围图

图片来源：自绘

表 7-6　东坝固城核心区非物质文化遗产项目一览表

类别	主题	项目	开展地	级别
民间文学		伍子胥和浣纱女的故事	固城湖畔	省级
		清水塘与浊水塘的传说	固城遗址	区级
		禅林轶事		
		杨鸣忠打虎		
民间舞蹈	庙会	东坝大马灯	大马灯表演基地	国家级
	庙会	沛桥高跷	沛桥村	省级
	庙会	固城荡旱船	固城村	区级
曲艺	庙会	送春	东坝村义村	市级
杂技与竞技	市级	龙舟竞渡	东坝镇胥河	
	区级	打子游艺	固城镇	
传统技艺	过会场	高淳豆腐干制作技艺	东坝镇	区级
	过会场	高淳炒米糖制作技艺	固城镇	

东坝固城核心区处于圩区和山区中间地段，地势平坦，为水路和陆路相交汇处，交通便

利，自吴楚以来就有村民在这里安居繁衍。有吴国古代固城遗址和世界第一人工运河胥河河道，上接安徽水阳江，下接太湖荆溪。沿胥河道分布有固城、东坝、下坝、定埠、桠溪等古镇古村，固城遗址、东坝古城址和太平天国营垒遗址、茅东进水闸和红庙水闸等重要历史遗址。该核心区文化兴于春秋，在唐宋时期达到繁荣，明清时代就有“七省通衢”的美称。便利的交通和繁荣的商贸，使这一带成为文化活动的集聚地，节庆活动丰富。

该核心区以自吴楚后延续至今的节庆活动文化为主题，有庙会和场会两类。庙会是在寺庙附近聚会，进行祭神、娱乐和购物等活动，该核心区内庙会有和睦涧祠山庙会、漕塘三月初三庙会、东坝庙会、白莲庙会（又名十月半庙会）、漕塘白莲庙会等。在庙会时，会有盛大的娱乐活动，如东坝大马灯、沛桥高跷等。国家级非物质文化遗产岁时节令习俗舞东坝大马灯起源于唐，盛行于宋，是流传千载的民间集体舞蹈。每年都有隆重的庙会活动，唯春节、元宵节的民间文娱活动，以其规模宏大、形式独特而著称，在全国已有一定的知名度。东坝大马灯是高淳儒商受汉代“骆驼载乐”的启发而兴起竹制“大马灯”。省级遗产东坝沛桥高跷距今近200年的历史，是东坝镇在庙会活动的证明，以表演见长。场会以戏班唱戏和农贸产品交易为主，该核心区内场会有傅家坛过会场、固城过会场、下坝过会场、下坝集镇过会场、固城花山过会场、固城九月过会场等。东坝豆腐制品、萝卜干等传统手工技艺传承有序，久负盛名。民间祭祀活动也就应运而生。

该核心区内非物质文化遗产的保护围绕古代节庆活动，以胥河为轴线，延续高淳内自吴楚时期就开始的节庆活动，致力于保护该区域非物质文化遗产的原真性。可与高淳的文化旅游相结合，以组织节庆活动作为旅游资源，举办传统节庆活动以传承非物质文化遗产。核心区内相关文化空间有东坝老街、古运河航道、游子山风景区、古城遗址楚王庙；相关习俗有“六月六龙舟竞渡”。以古运河航道为依托，每年举办东坝龙舟节，在举办龙舟节的同时传承保护东坝大马灯、沛桥高跷，十番锣鼓；以东坝老街为依托，建立传统手工艺保护基地；以固城遗址的楚王庙为依托，传承保护传统祭祀文化。

其传播区包括漆桥镇以及固城、东坝排除核心区所在村以外的村。漆桥镇地处游子山北麓，是金陵至宛陵（今安徽宣城）的必经之地，漆桥老街至今保存完好；固城镇位于高淳区城东 8 km 处，境内有诸多文物古迹和风景名胜，包括春秋时期的固城遗址、唐代禅林寺胥河、“固城烟雨”“花山樵唱”等；东坝镇是江苏省“百家名镇”之一。

传播区内的非物质文化遗产以民间传说、民间舞蹈和传统手工技艺为主。漆桥镇民间传说丰富，民间故事“孔子上游山的传说”“羊角哀与左伯桃的故事”“介子推的传说”“汉丞相平当造漆桥的传说”在当地广为流传。固城镇非物质文化遗产相当丰富，民间文学中的“伍子胥与浣纱女的故事”“崔致远与双女坟的故事”入选省级非遗保护名录；民间舞蹈大马灯、荡旱船、武五猖等深受当地群众喜爱；传统手工技艺如豆腐制作、酱菜制作、打铁技艺等世代传承；传统游艺打子，是一种田间游乐项目。

相关文化空间有漆桥镇的漆桥老街、游子山，固城镇双女坟、招贤驿站、固城遗址楚王庙，东坝镇戏楼、太平天国军营垒遗址，游子山是国家级森林公园。

3）桠溪核心区

桠溪核心区（图 7-5）包括赵村和韩桥村两个村，面积约 19.74 km^2。该核心区有省级名录 1 项，市级名录 1 项，区级名录 3 项（表 7-7）。

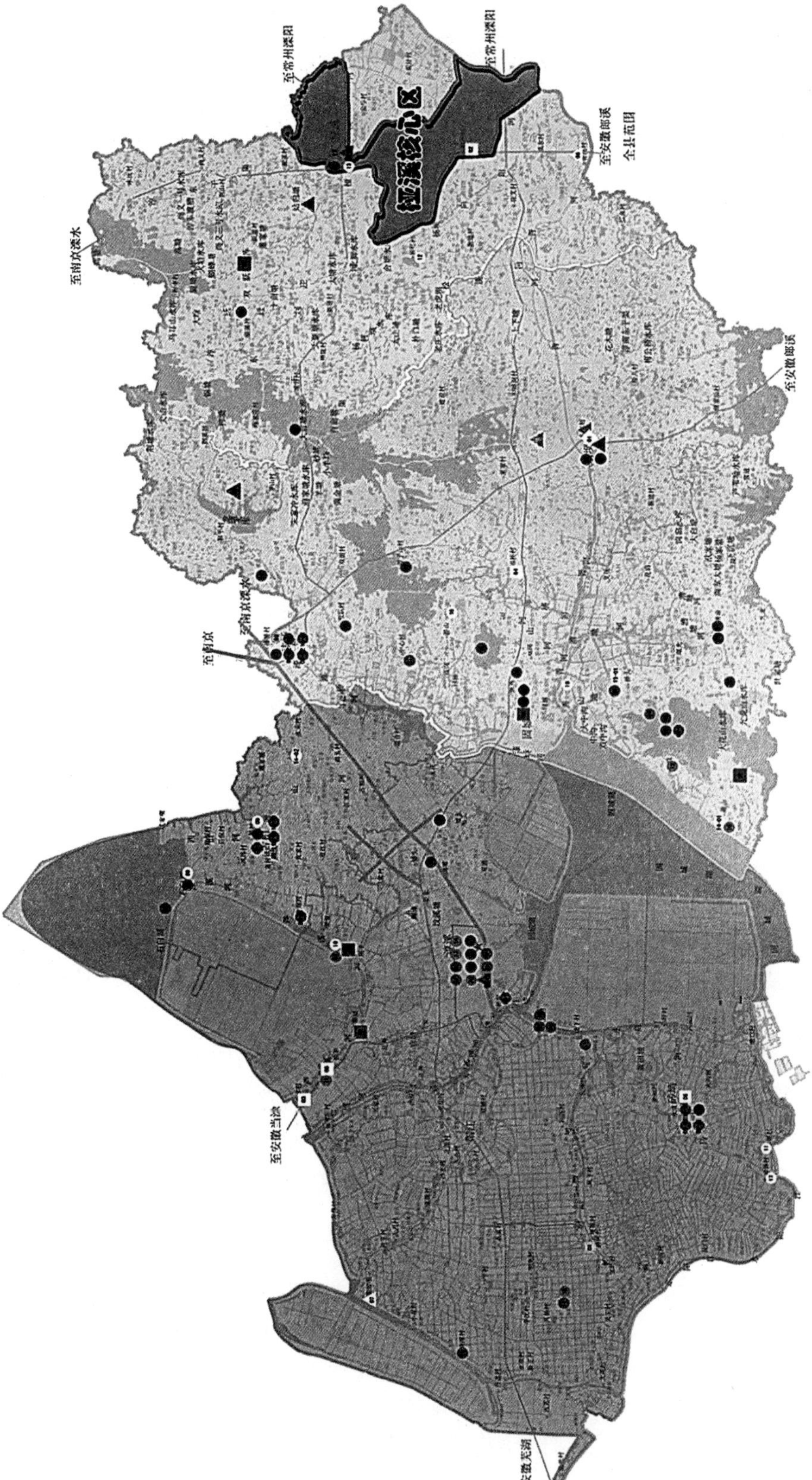

图 7-5 桠溪核心区范围图

图片来源：自绘

表 7-7　桠溪核心区非物质文化遗产一览表

类别	主题	项目	开展地	级别
民间文学		华山梁祝传说	桠溪镇	区级
民间音乐		丝弦锣鼓	桠溪镇赵村	区级
民间舞蹈	傩舞	桠溪跳五猖	桠溪庙会菩萨出巡时开道	省级
		桠溪狮子灯	桠溪村梅塘	区级
民俗		上梁仪式	桠溪镇安乐村	市级

桠溪核心区以“傩文化”为主题，传播区为整个桠溪镇。由于桠溪镇属于山区，在古代相较于西部和中部，交通较为不便。正是由此，其民间礼俗文化得到更好保留，而桠溪的传统民间礼俗也较为完好。桠溪跳五猖属于“傩文化”舞蹈，是如今在高淳最为活跃的古代傩舞。该片区的保护目标是，结合高淳“慢城”，利用桠溪优美的自然环境，保护能够体现桠溪的非物质文化遗产生态空间，作为将来文化创意产业和自然风光的重要基地。传播区为桠溪镇镇域，内有民俗祭祠山和民间文学“卞和献玉的故事”，均被列入省级非遗保护名录。桠溪小马灯、陈家打叉、狮子舞也是当地群众喜闻乐见的民间舞蹈。

7.2.2　文化线路

古高淳对外交流主要依靠古运河胥河和途经蒋山村的驿道，这两条通道上的文化交流最为频繁，高淳区的非物质文化遗产亦主要在这两条水、陆通道传播。据此，本规划划定两条文化线路：一条为阳江桠溪水路商贸文化线路；另一条为漆桥固城陆路驿站文化线路（图 7-6）。

1）阳江桠溪水路商贸文化线路

该文化线路向西至安徽芜湖，向东至常州溧阳，途径阳江、淳溪、固城、东坝和桠溪，从圩乡到山乡，以贯穿高淳东西的胥河和固城湖为重要载体，连通太湖、长江；也是历代商人往来东西的重要枢纽，更是皖南徽商经商的重要水路路线，是高淳古代重要的贸易发展轴。与现代商贸依靠陆路、空运不同，古代最重要的商贸通道是水路。长久以来的贸易繁荣带动了固城湖—胥河沿线的经济文化交流，在商业贸易中形成了诸多商贸集镇，如固城、东坝、漆桥，带来了人流和货物流的积聚，留下了诸多物质遗产，沧溪、淳溪、固城、银林（即后来的东坝）、桠溪、定埠等千年古城镇；亦有薛城、固城、太平天国等重要历史遗迹，产生了丰富的传统民间文化。在相对蔽塞的自然地理条件下，因水路贸易而兴的传统文化保留下来，成为非物质文化遗产。

该条线路上的非物质文化遗产项目不仅类别丰富，级别也高。包括国家级非遗项目东坝大马灯，省级非遗项目长芦杨家抬龙、长乐龙吟车、高淳民歌、桠溪跳五猖、沛桥高跷、高淳羽毛扇制作技艺、薛城花台会、伍子胥和浣纱女的故事等；区级的有高淳“四宝”的来历、十月陈梅（歌谣）、魏良臣的故事、甘霖的故事、故事传说歌：十字喜、打夯号子：要把圩堤修得好、车水号子：一串香袋串姐头、田歌：风吹杨柳绿沉沉、淳溪荡旱船、淳溪文龙船、水乡少林拳、杨家扎塑技艺、高淳欢团的制作技艺、蓝氏烫伤膏制作技艺、高淳布鞋制作技艺等非遗项目。

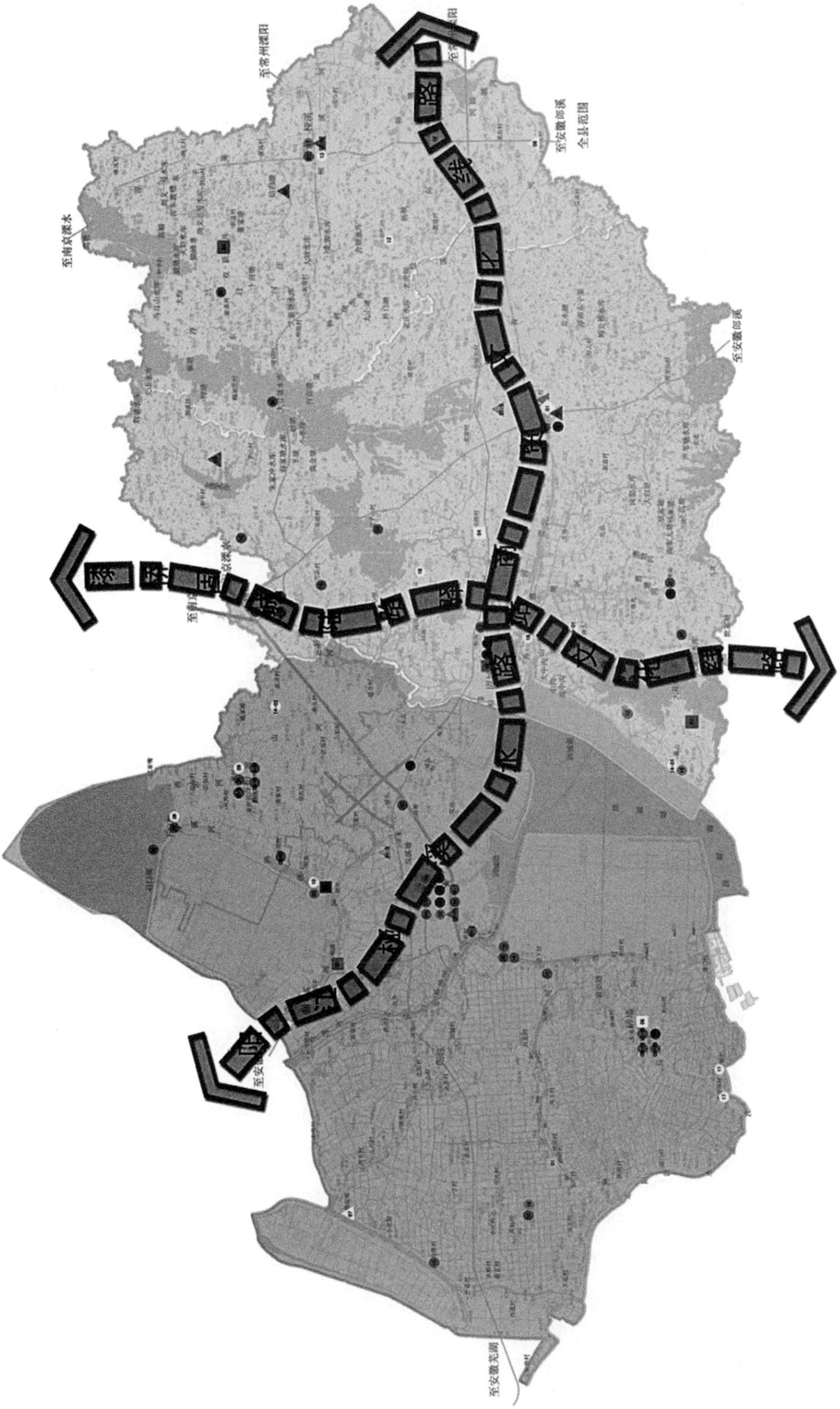

图 7-6 两条文化线路图
图片来源：自绘

作为高淳非物质文化遗产的重要文化线路，阳江桠溪水路文化线路还串联了高淳区内的3种地貌(西部圩区、中部半山半圩区、东部山区)和3个文化核心区(淳溪核心区、东坝固城核心区、桠溪核心区)，高淳不同时代、不同特征的非物质文化遗产由此产生联系，展现高淳非物质文化遗产与自然环境和时代发展的关系。

2）漆桥固城陆路驿站文化线路

该线路以古时连通金陵和宁国府的南北驿道为轴线，是金陵和宁国府联系的交通要道，官方的邮件、关文、物资均沿这条驿道运输，该条道上民间文学所占比例较高。

在高淳区古城镇李家村南，保留有一条古代驿道的遗址。这条古驿道由北向南，主要穿越高淳半山半圩地区，沿途有漆桥、固城等古城镇，是这一地区文化传统传承发展的主要空间，沿途的非物质文化遗产分布较为密集。

南部的招贤驿、中部的花山和游子山、北部的漆桥镇是该轴线的重要节点。南部蒋山村的招贤驿遗址流传着美丽的民间传说——“崔致远和双女坟”的凄美爱情故事，入选省级非物质文化遗产保护名录；中部的花山和游子山是民间文学的集聚地；固城镇有固城荡旱船、高淳蒜菜腌制等非物质文化遗产；北部漆桥村是孔氏后人的村庄，为江南孔家第一村。而沿着该条轴线分布的区级及区级以上民间文学更是丰富多样，多达16个。

7.2.3 文化节点

综合高淳非物质文化遗产分布情况，划定4个民俗文化节点，分别为东坝民俗文化节点、蓝溪民俗文化节点、蒋山民俗文化节点、漆桥民俗文化节点(图7-7)。

1）东坝民俗文化节点

以儒家文化的“忠义”为主题，依托国家级非物质文化遗产民间舞蹈东坝大马灯，建立东坝民俗文化村。东坝大马灯起源于唐，盛行于宋，表演内容取自三国故事，主要人物有刘备、关羽、张飞、赵云、黄忠及马超等，其主题为儒文化中的“忠义”。通过建设东坝民间艺术之乡，可在东坝大马灯的展演中表现高淳儒家文化的“忠义”，以展示东坝大马灯的道具来展现高淳的民间手工艺特色，并以东坝大马灯的号召力积聚一批有高淳特色的民间艺术，成为远近闻名的民间艺术之乡。具体措施可组建东坝大马灯经济合作社、数字化资料室和展览馆、培训基地等。

2）蓝溪民俗文化节点

位于桠溪镇西北部。以“傩文化”为主题，依托桠溪跳五猖等非遗项目，建设以傩文化为主题的民俗文化村。桠溪跳五猖系古代举行神灵出巡活动的祭祀舞蹈，起源于西周，原为古代宫廷傩舞，流入民间演化成跳五猖民间舞蹈。从明代起，跳五猖已在桠溪韩城村一带流传，至今仍然保留原始古朴的风貌。具体措施以桠溪跳五猖为核心，建立“傩文化”展演中心和相关非物质文化遗产项目的传承基地。

3）蒋山民俗文化节点

位于固城镇南部。以“节庆”为主题，依托固城跳五猖和十番锣鼓，建立蒋山民俗文化村。十番锣鼓是蒋山村重要的民间音乐类非物质文化遗产。可结合固城跳五猖，建立十番锣鼓、固城跳五猖的保护基地。修复蒋山的文化古迹，培育民俗文化产业。

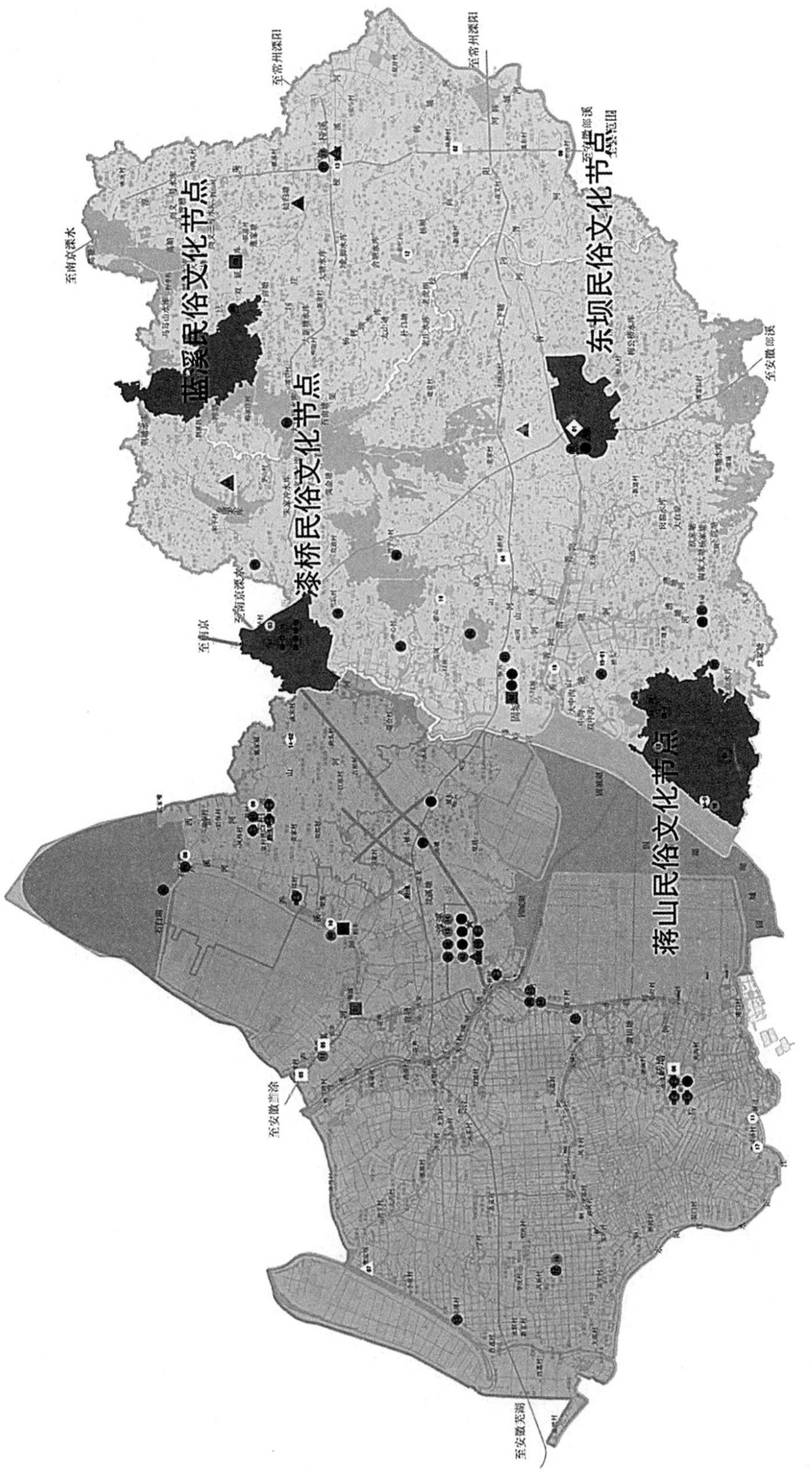

图 7-7 4个民俗文化节点图

图片来源：自绘

4）漆桥民俗文化节点

位于漆桥镇西北部。以“礼”为主题，依托江南孔家第一村“漆桥村”，建设“江南儒家第一村”漆桥民俗文化村。孔家文化以每年都要举办盛大的祭孔活动，在漆桥村开辟儒家文化保护基地，借以传承当地人民崇仁尚义的民俗风情。可展演漆桥脱尾龙、荡旱船、广场民歌等，通过舞蹈、小品、展画、纪念品、纪录片等将村民生活中的“礼”展示出来，结合高淳高腔等“有声”非物质文化遗产，以及高淳传统民俗等设立的民俗文化生态村，形成一个展示、传承、研究孔家文化的活化石。

7.3 重点项目

综合高淳非物质文化遗产分布情况，确定重点建设项目(图 7-8)。

7.3.1 民间艺术之乡

在近期建设中，完成对中国民间艺术之乡的建设。建立民间艺术之乡主要是对国家级非遗项目东坝大马灯的保护，使东坝大马灯得到长期的传承发展。东坝大马灯的制作技艺、表演技艺是保护的核心内容；东坝大马灯的代表性传承人是主要保护对象；东坝自然村的生态环境和东坝古戏台，也是保护规划的重要内容。针对民间艺术之乡的建设，对东坝大马灯，制定 10 年保护规划如下：

2012 年至 2016 年保护规划：①组建东坝大马灯艺术团，确保常年开展表演活动。②在东坝胥河建立东坝大马灯保护基地，开设传习所，培养东坝大马灯传承人。③在东坝村建立东坝大马灯展览馆和数字化资料库，对东坝大马灯的竹马器材和表演图片进行展示。④鼓励东坝大马灯进社区，进校园。在东坝小学开设东坝大马灯艺术课，作为乡土教材，提高下一代对东坝大马灯的认识与喜爱。⑤聘请省内专家对东坝大马灯的音乐、舞蹈、服装、道具等进行指导，在保持艺术风格原生态特征的前提下，进一步提高艺术观赏性。⑥以东坝大马灯为龙头，东坝其他非物质文化遗产为内容，举办“中国民间文化艺术之乡——东坝”艺术节，以后每年举办一次。⑦在本地及江苏其他城市电视、广播、报纸等新闻媒体上加大对东坝大马灯的宣传。⑧加强理论研究，出版东坝大马灯理论专辑。⑨扩大东坝大马灯表演阵容，将原来的七匹马数量适当扩大，让东坝大马灯走向全国，走出国门。

2017 年至 2021 年保护规划：①在游子山国家森林公园建立东坝大马灯培训基地，每年培训表演人员 200 人，扩大传承人培训范围。②新组建 5 支东坝大马灯表演团体，分布在东坝老街、高淳老街、东坝银林山庄、桠溪国际慢城、游子山国家森林公园等地，进行常年表演活动。③开设东坝大马灯网站，向全国各地发布高淳区东坝大马灯有关信息。④制作东坝大马灯卡通动漫，开辟新的宣传领域。

7.3.2 民俗文化村

在近期建设中，完成对桠溪蓝溪村、固城蒋山村和漆桥镇漆桥村 3 个民俗文化村的建设，传承高淳非物质文化遗产。民俗文化村的建设主要有以下几点：①设立民俗文化村标志。②在桠溪蓝溪村、固城蒋山村和漆桥镇漆桥村分别建立村文化室，展示各村非物

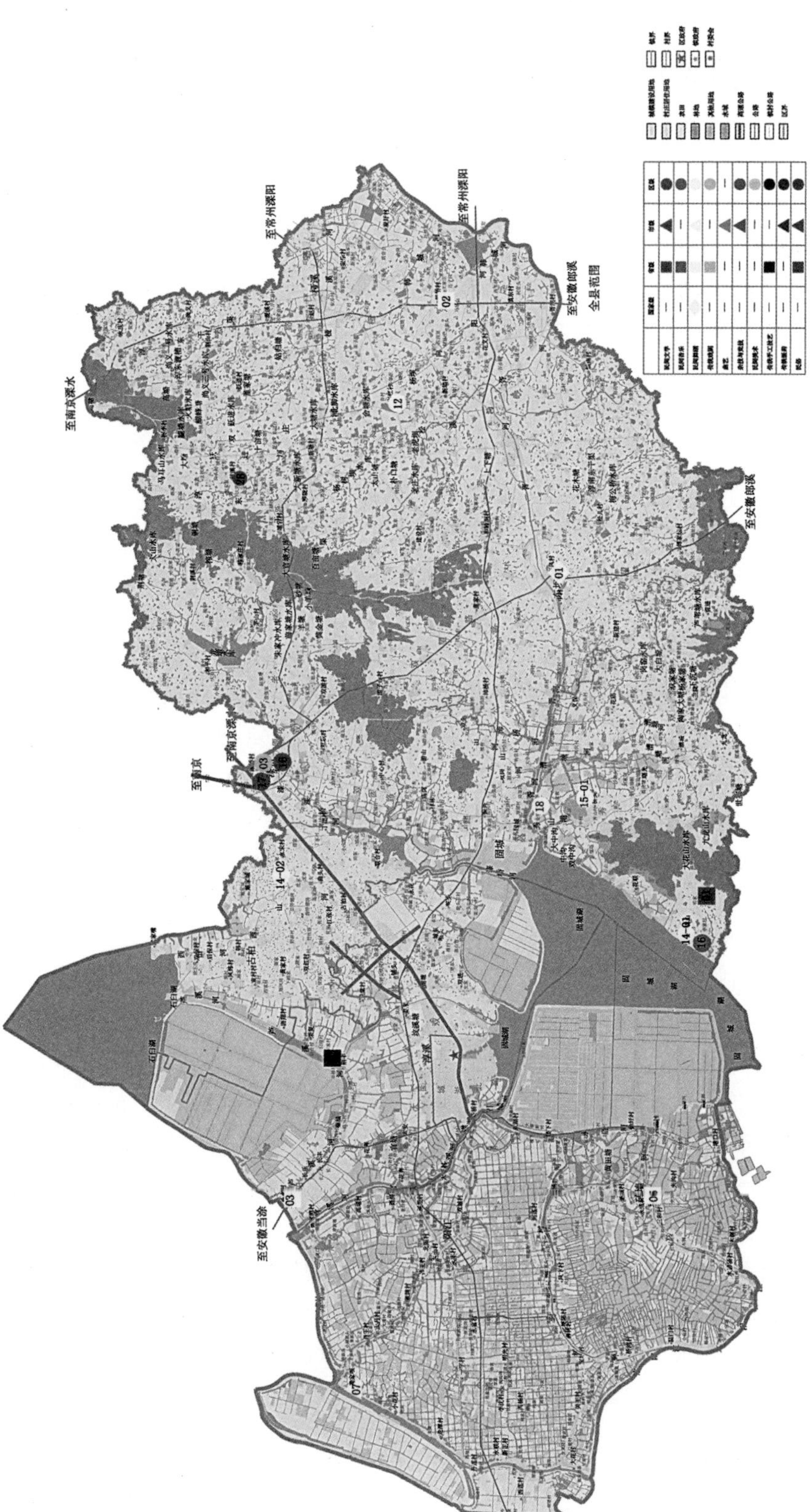

图 7-8 重点建设项目图

图片来源:自绘

质文化遗产项目。③在蓝溪村建立桠溪镇傩文化保护基地，在蒋山村建立固城镇节庆文化保护基地，在漆桥村建立漆桥镇儒家文化保护基地。④结合桠溪蓝溪村、固城蒋山村和漆桥镇漆桥村 3 个民俗文化村，利用电视、网络等媒体平台进行宣传，定期举办民俗文化节。

桠溪蓝溪村的非物质文化遗产项目主要有桠溪跳五猖、陈家打叉、马步桥的来历。对蓝溪村内非遗项目的建设主要有：①在蓝溪村傩文化基地内建立桠溪跳五猖传承基地，组建桠溪跳五猖表演队，定期演练，开设桠溪跳五猖传习所，培养传承人。促进桠溪跳五猖进校园，在桠溪小学增设桠溪跳五猖表演课。加大对外宣传的力度，争取使桠溪跳五猖走出高淳，走向全国。②在蓝溪村建立陈家打叉传承基地，组建陈家打叉表演队，定期配合其他非遗项目展示。开设陈家打叉传习所，培养传承人。③在蓝溪村建立民间文学传承基地，传承马步桥的来历，加强对马步桥来历的理论研究，出版相关书籍。可将马步桥的来历作为影视素材，与高淳其余民间传说一起搬上荧幕，使其得到更广泛的传播。

固城蒋山村的非物质文化遗产项目主要有崔致远与双女坟的故事、固城武五猖、固城大马灯、固城荡旱船、十番锣鼓。对蒋山村内非遗项目的建设主要有：①在蒋山村双女坟遗址处建立固城民间文学传承基地，基地内设置文化室，结合相关历史文字展示崔致远与双女坟的故事。利用高淳的广播、电视、报纸等媒体对崔致远与双女坟的故事进行宣传，将崔致远与双女坟的故事作为影视、动漫的素材，与创意文化结合，广泛传播。②在蒋山村内建立固城武五猖传承基地，组建固城武五猖表演队，开设传习所，培养固城武五猖表演的传承人。在固城小学增设武五猖表演课，促进固城武五猖进校园。定期与桠溪武五猖一起在高淳老街、漆桥老街、东坝银林山庄、游子山国家森林公园等地进行表演，传承高淳傩文化。③在蒋山村节庆文化保护基地建立固城大马灯传承基地，组建表演队，开设固城大马灯传习所，培养传承人。定期演练，与东坝大马灯交流经验，相互学习。④在蒋山村节庆文化保护基地建立固城荡旱船传承基地，开设传习所，组建表演队伍，在各大节庆时期进行表演。⑤在蒋山村节庆文化保护基地建立十番锣鼓传承基地，开设传习所，培养传承人，定期配合其他非遗表演项目进行演练。邀请音乐方面的专家进行指导，谱写新的民间音乐进行演奏，使十番锣鼓可以更好地传承。

漆桥镇漆桥村的非物质文化遗产项目主要有漆桥荡旱船、介子推的传说、平丞相造漆桥的传说、高淳高腔。对漆桥村内非遗项目的建设主要有：①在漆桥村建立漆桥荡旱船传承基地，组建漆桥荡旱船表演队，培养传承人，定期演练，与固城荡旱船相互学习，共同表演。②在漆桥村建立漆桥民间文学传播基地，传播介子推的传说和平丞相造漆桥的传说，使这两种传说内容进课本，宣扬对高尚节义的赞扬。利用电视、广播媒体对介子推的传说和平丞相造漆桥的传说进行讲解，出版相关文化书籍。可被用作影视素材，进行创意文化创作。③在漆桥村建立高淳高腔保护基地，对高淳高腔进行抢救性保护，邀请行内专家搜集相关剧本剧目，恢复唱词。尽快组织专家与传承人进行演练，加快对高淳高腔传承人的培养，使高淳高腔恢复原本的生命力。

7.3.3　重点项目基地

在近期建设中，完成淳溪羽毛扇、淳溪杨家抬龙、阳江打水浒、桠溪跳五猖、砖墙叠罗汉、高淳民歌、官城村麦芽糖、高淳木雕、长乐龙吟车、薛城花台会、沛桥高跷、漆桥荡湖船共

12 个非遗重点项目保护基地建设，使非物质文化遗产得到有效传承。

重点项目基地的建设要有健全的传承体系和组织体系，要确保非遗项目的正常传承。主要有以下几点：①在高淳老街建立淳溪羽毛扇传播基地，建立传习所，加快对传承人的培育工作。基地内设有项目展览馆，进行实物陈列和对淳溪羽毛扇制作工艺进行介绍。促进淳溪羽毛扇手艺进校园，增设为手工课内容，扩大对淳溪羽毛扇的传承。②在淳溪镇长芦杨家村建立淳溪杨家抬龙传承基地，组建杨家抬龙表演队伍，在基地建立传承人传习所和项目展示馆，对杨家抬龙的表演和表演器具进行展示。在中期建设时，适当扩大表演阵容，争取走向全国，参加相关表演。③在阳江镇费家嘴村建立阳江打水浒传承基地，组建表演队伍，培养传承人，建立项目展示馆。定期在高淳老街、迎湖桃源景区、游子山森林公园等地进行表演。④在桠溪镇韩桥村建立桠溪跳五猖传承基地，传承高淳傩文化。⑤在砖墙镇夹沟村建立砖墙叠罗汉传承基地，开设传承人传习所和项目展示馆，建立砖墙叠罗汉表演队，定期表演。利用网络、电视、广播等媒体展示砖墙叠罗汉表演技术，加大宣传力度。⑥在古柏镇永宋村建立古柏跳八恺传承基地，建立项目展示馆，组建表演队，建立传习所，加快对传承人的培训工作。定期与桠溪跳五猖、固城武五猖一起训练表演，互相交流学习，在各类文化节上共同展示傩文化。⑦在石臼湖、迎湖桃源和保圣寺塔文化公园建立高淳民歌传播基地，培养民歌歌手，组建高淳民歌演唱队，并邀请行内专家指导谱曲，从而演唱出更多更优美的民歌。通过电视、网络等媒体加大宣传力度，到全国参加各类文艺演出。加大开展对高淳民歌的理论研究，出版高淳民歌相关的音乐书籍。⑧在阳江镇官城村建立官城村麦芽糖保护基地和传承人培训基地，建立展示室，展示传统技艺制作过程，每年培训新学徒不少于 2 人。⑨在高淳老街建立高淳木雕保护基地，建立传承人培训基地，每年培训新学徒不少于 2 人。在基地内设置成品陈列室，展示高淳木雕和其制作技艺。⑩在淳溪镇长乐村建立长乐龙吟车保护基地，定期进行表演。设置项目展示馆，展示表演时的情况和使用的器具。设立传习所，做好非遗传承人保护和培训工作，每年培训新学员 5 人以上。⑪在淳溪镇薛城村、临城村建立薛城花台会保护基地，建立健全的组织体系。设立传习所，加快对传承人的培训。加大对薛城花台会的宣传，邀请传统舞蹈、传统音乐项目来表演。⑫在东坝镇沛桥村建立沛桥高跷保护基地，组建沛桥高跷表演队，定期在高淳老街、迎湖桃源景区、游子山森林公园等地进行表演。建设项目展示馆和传习所，每年培训新学员 5 人以上。⑬在漆桥镇双游村建立漆桥荡湖船保护基地，组建表演队，定期进行表演。在基地内建立传习所和展示馆，保护非遗传承人，每年培训新学员 5 人以上。

8　保护方式与保护措施

8.1　保护方式

非物质文化遗产的保护以“保持原真性和整体性、保护活态传承、促进社会共享”的非物质文化遗产保护原则展开。非物质文化一定有其赖以存续的文化环境“真实本体”，包括传承人、相关文物资料和场所、民俗民事、节庆活动等。保护非物质文化遗产，赋予非物质文化遗产以生命力，既要延续发展其物质形态，更要保护其“真实本体”。因此，对各项遗产的资料保存、建立传习所进行传承，尤其是民间原本存续的各项民俗民事、节庆活动，按照原真状态开展活动并加强真实性的维护，显得尤为重要。原真性保护应该作为首要原则，贯彻于各个项目的各个环节。

在原真性保护的基础上，针对不同类别、不同级别和濒危状况的非物质文化遗产将其保护方式分为 4 类，分别为抢救性保护、群体性保护、生产性保护、整体性保护（图 8-1）。

8.1.1　抢救性保护

该种保护方式主要针对濒临灭绝的，或是传承方式已不适应现代社会、难以依靠自身的能力进行再利用保护，或是与现代生产生活方式衔接困难的项目所进行的保护方式。抢救性保护，应收集有关资料与实物，在博物馆、图书馆、文化馆、科技馆等公共文化机构，进行永久性收藏，供学术机构、保护机构进行研究。对代表性传承人给予经济上的资助和人员上的调配，同时录制影音资料存档或进行宣传，以尽快开展对非物质文化遗产项目的保护和传承工作。

民间文学和民间音乐依靠口口相传的形式传承，极易失传。高淳的民间文学项目众多，区级及区级以上的名录有 36 项，占总名录的 34%。高淳民间音乐极富特色，是“吴音”的重要分支，全区共有 89 项，其中区级及区级以上的有 17 项，占总名录的 16%。高淳民间音乐多为耕种或劳作时演唱，由于现代农耕方式和生活生产方式的改变，其表演和流传的文化生态环境已消失。对于这两类项目，应当进行抢救性保护。

对民间文学类的抢救性保护，需做好记录，整理出版。目前，已有《中国民间文学集成——高淳县资料本》《江苏省非物质文化遗产普查——高淳县资料汇编》《南京市非物质文化遗产集萃》等书收录了高淳民间文学，其中《江苏省非物质文化遗产普查——高淳县资料汇编》对高淳民间文学的收集较为全面。对民间文学的抢救性保护，可选择一些等级较高的项目（如卞和献玉、崔致远与双女坟的故事、伍子胥和浣纱女的故事、脱尾龙的传说）和

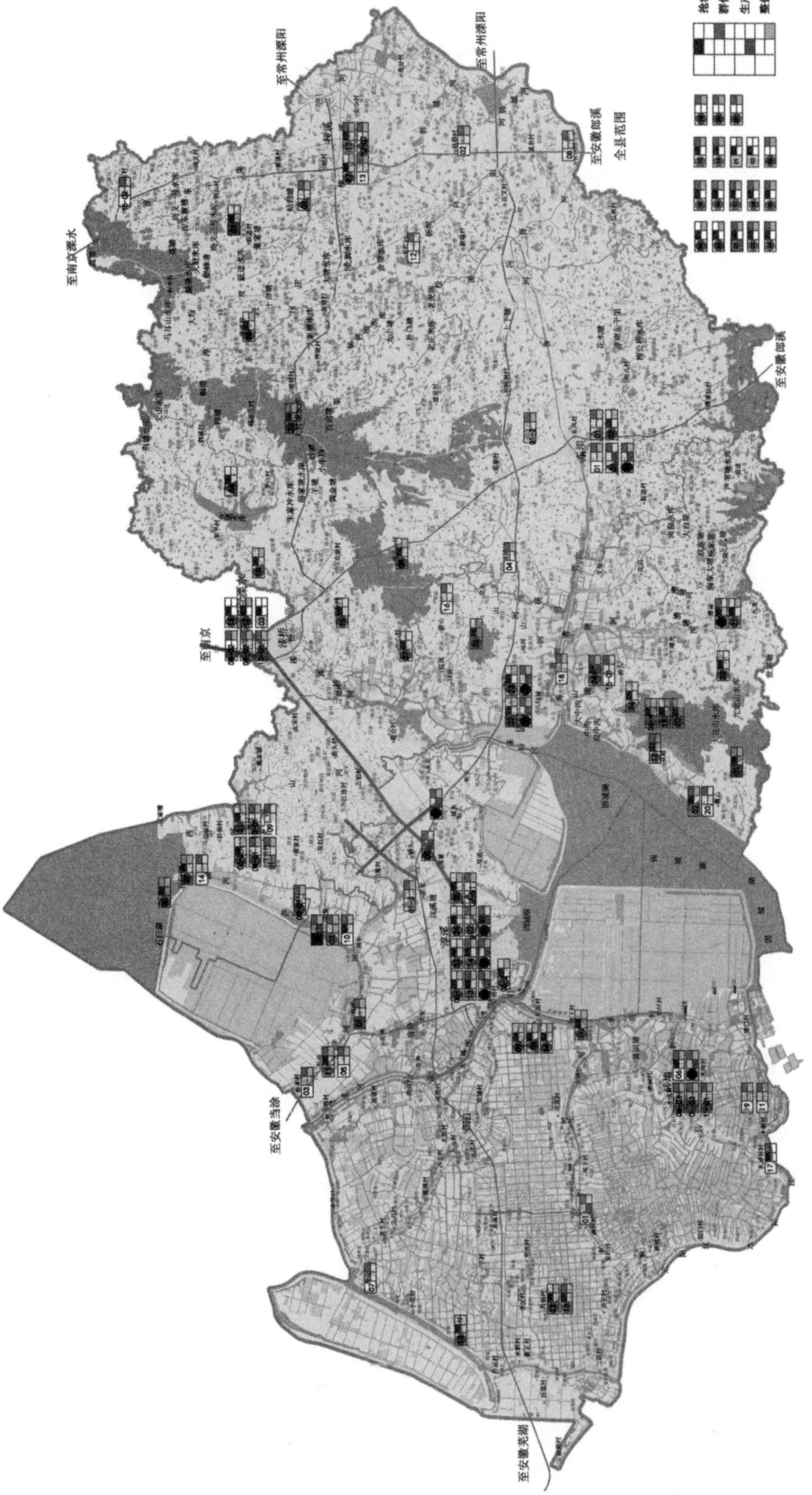

图 8-1 保护方式图

图片来源：自绘

有历史价值的项目(如大官塘和腾龙山的传说、齐泰削藩的传说、魏泽救孤的传说、清水塘与浊水塘的传说、孔了与游了山的传说、马步桥的传说等),拍摄短片加以收藏。

高淳民间音乐分为高淳民歌和器乐演奏两大类。高淳民歌最早可见于南北朝时期的《华山畿》,载入《吴歌》;明代高淳音乐家李茂英编写了《木铎余音》《南湖五种曲》,对高淳民歌进行了详尽的研究和整理;富有浓郁水乡气息的《五月栽秧》《采菱角》等歌更是在上世纪50年代就广为人知。1957年,高淳曾铅印《高淳民歌》64首;1963年,高淳区文化部门和省音乐家协会合编成《高淳民歌》300余首;《五月栽秧》原歌曾被南京师范大学音乐系作为教材,列为历次江苏声乐比赛民族唱法必唱歌曲;《江苏省非物质文化遗产普查——高淳县资料汇编》中所涉及的高淳民间音乐项目最多也最全;近年来,高淳区文化局采撷了300多首民歌,汇编成《高淳民歌集成》。对高淳民歌的整理和保护工作已有很好的基础,接下来的工作则是对其进行影音录像整理,对民歌手进行录音、录像,建立影音资料库和艺术档案。同时举办高淳民歌歌手培训班,培养传承人。对《五月栽秧》《采菱角》《华山畿》《石臼渔歌》《风吹杨柳绿沉沉》《一粒种子一棵秧》等富有特色的民歌,推荐传承人到各地表演。

一些非物质文化遗产,由于其赖以存续的文化生活环境和物质空间已经不存在而与现代生活脱节,针对此类非物质文化遗产,应当进行抢救性保护。高淳的传统戏曲活动仍然十分普及,但阳腔目连戏已濒临失传,亟待抢救,其独特的风格是戏曲专家研究我国剧种起源的重要材料。高淳高腔已无传承人,应当对其进行抢救性保护。

8.1.2 群体性保护

对由群体所创造和拥有、通过群体传承的方式世代相传的项目的保护方式。这些项目反映了群体的共同文化心理和信仰,需要社会成员的共同参与,需要在老百姓的日常生活中传承。主要有风俗礼俗类、岁时节令类和大型民俗活动。

高淳的各类民间舞蹈和民间祭祀活动都是在节庆中传承的,影响范围广,深受老百姓喜爱,需要依靠群体性保护。每年春节至三月中旬,搭草台邀班唱戏是非常普遍的现象;从农历正月一直延续到十一月份,基本上每个镇都有庙会,在庙会期间安排祭祀活动和民间文化表演活动,同时举办农副产品交流会;各地还要开展龙灯、马灯、跳五猖等表演活动;端午节、六月六、中秋节、立夏等日子也有相应的习俗和表演活动。对于在节庆中传承的非物质文化遗产,应通过延续节庆活动的方法予以传承,这样才能保证其鲜活的生命力。

高淳非物质文化遗产是江南稻作文化的生动体现。唱民歌、讲故事、田间游艺活动是农闲时最为方便的娱乐项目,传统手工技艺也与生产劳动有关,有的传统手工如酱菜、豆腐等,家家都会。众多民俗如婚丧嫁娶、盖房乔迁、四时八节,几乎都是在日常生活中传承的。这些在日常生活生产中延续下来的非物质文化遗产,也应当进行群体性保护,只有这样才能保持非物质文化遗产的多样性和活态传承。

8.1.3 生产性保护

针对生产、制作类非物质文化遗产项目进行的保护方式。以保护为目的,关注传统技艺、民俗等项目的制作材料、制作方式、制作工艺及生产过程,使非物质文化遗产在生产过程中得到积极保护,并通过合理利用非物质文化遗产代表性项目挖掘具有地方特色和市场潜力的文化产品和文化服务。

进行生产性保护的非遗项目有：民间美术类砖墙剪纸；传统手工艺类高淳羽毛扇制作技艺、杨家扎塑技艺、固城打铁技艺、高淳炒米糖制作技艺、高淳东坝豆腐干制作技艺、高淳糕点制作技艺、高淳欢团制作技艺、高淳蒜菜制作技艺、高淳梅家布鞋制作技艺；传统医药类梁氏骨科、蓝氏烫伤膏。

8.1.4 整体性保护

对非物质文化遗产代表性项目集中、特色鲜明、形式和内涵保持完整的特定区域，确定对非物质文化遗产实行区域性整体保护，应当尊重当地居民的意愿，并保护属于非物质文化遗产组成部分的实物和场所，避免遭受破坏。

本次规划中所划定的三区四节点，即是高淳区内非物质文化遗产项目密集、特色鲜明的区域，其相关实物和文化空间保存较为完整，可进行整体性保护（表 8-1）。

表 8-1 高淳非物质文化遗产项目保护方式一览表

级别	类别	项目名称	保护地区	保护方式及模式			
				抢救性	传承性	生产性	整体性
国家级	民间舞蹈	东坝大马灯	东坝镇		✓		✓
省级	民间文学	伍子胥和浣纱女的故事	固城镇	✓			✓
		崔致远与双女坟的故事	固城镇	✓			✓
		卞和献玉的传说	桠溪镇	✓			
	民间音乐	高淳民歌	全区	✓	✓		✓
	民间舞蹈	桠溪跳五猖	桠溪镇		✓		✓
		长芦杨家抬龙	淳溪镇		✓		✓
		沛桥高跷	东坝镇		✓		✓
		长乐龙吟车	淳溪镇		✓		✓
		砖墙打罗汉	阳江镇	✓	✓		✓
	传统戏剧	高淳阳腔目连戏	全区	✓			✓
	传统手工技艺	高淳羽毛扇制作技艺	全区		✓	✓	✓
	民俗	薛城花台会	淳溪镇		✓		✓
市级	民间文学	白鹿行踪的传说	阳江镇	✓			✓
		脱尾龙的传说	漆桥镇	✓			
	民间音乐	十番锣鼓	固城镇	✓	✓		✓
	民间舞蹈	古柏跳八恺	古柏镇		✓		
		阳江打水浒	砖墙镇		✓		
		桠溪小马灯	桠溪镇		✓		

（续表）

级别	类别	项目名称	保护地区	保护方式及模式			
				抢救性	传承性	生产性	整体性
市级	曲艺	送春	古柏镇、东坝镇、淳溪镇		✓		✓
	杂技与竞技	六月六龙舟竞渡	东坝镇		✓		✓
	传统医药	梁氏骨科	东坝镇		✓	✓	
	民俗	上梁仪式	全区		✓		✓
		高淳桠溪祠山庙会	桠溪镇		✓		✓
区级	民间文学	高淳“四宝”的来历	全区	✓			✓
		高淳方言	全区	✓			✓
		左伯桃和羊角哀的故事	漆桥镇	✓			
		孔子与游子山的传说	漆桥镇	✓			✓
		齐泰削藩的故事	阳江镇	✓			
		双桥渡的传说	阳江镇	✓			✓
		杨家四知堂	阳江镇	✓			✓
		邢鹤的故事	阳江镇	✓			
		魏泽救孤的传说	阳江镇	✓			✓
		曹村五家头古柏的传说	漆桥镇	✓			
		介子推的传说	漆桥镇	✓			
		平丞相造漆桥的传说	漆桥镇	✓			
		十二月望郎(歌谣)	漆桥镇	✓			
		雌雄狮子山的传说	固城镇	✓			
		花山“年成树”的传说	固城镇	✓			✓
		九龙山的传说	固城镇	✓			✓
		破坝的传说	固城镇	✓			
		清水塘与浊水塘的传说	固城镇	✓			✓
		秀山的传说	固城镇	✓			✓
		禅林轶事	固城镇	✓			
		大官塘和腾龙山的传说	桠溪镇				✓
		华山梁祝传说	桠溪镇	✓			✓
		马步桥的来历	桠溪镇	✓			✓
		神话石臼湖	古柏镇				✓
		龟山、蛇山的传说	古柏镇				✓

（续表）

级别	类别	项目名称	保护地区	保护方式及模式			
				抢救性	传承性	生产性	整体性
区级	民间文学	韩门三进士的故事	古柏镇	✓			
		杨鸣忠打虎	东坝镇	✓			✓
		十月陈梅（歌谣）	东坝镇	✓			
		魏良臣的故事	淳溪镇	✓			
		甘霖的故事	淳溪镇	✓			✓
		高淳民间谚语	全区				✓
	民间音乐	五月栽秧	全区	✓	✓		✓
		新四军歌曲——石臼渔歌	全区	✓	✓		✓
		田歌：采菱角	全区	✓	✓		✓
		田歌：一粒下土万担粮	全区	✓	✓		✓
		习俗歌：哭嫁	全区	✓	✓		✓
		龙船号子：拨开龙头摆开梢	全区	✓	✓		✓
		龙船号子：乘风破浪冲向前	全区	✓	✓		✓
		春歌：杨柳青青江水平	全区	✓	✓		✓
		高拨子	全区	✓	✓		✓
		故事传说歌：十字喜	淳溪镇	✓	✓		✓
		打夯号子：要把圩堤修得好	淳溪镇	✓	✓		
		车水号子：一串香袋串姐头	淳溪镇	✓	✓		✓
		田歌：风吹杨柳绿沉沉	淳溪镇	✓	✓		✓
		牧歌：放牛哥哥苦哀哀	阳江镇	✓	✓		
		丝弦锣鼓	椏溪镇	✓	✓		✓
	民间舞蹈	古柏打莲湘	古柏镇		✓		
		淳溪荡旱船	淳溪镇	✓	✓		✓
		砖墙中马灯	砖墙镇		✓		
		陈家打叉	椏溪镇		✓		
		椏溪狮子灯	椏溪镇		✓		✓
		固城武五猖	固城镇		✓		
		固城大马灯	固城镇		✓		
		永庆马灯	淳溪镇		✓		
		固城高跷	固城镇		✓		
		砖墙打水浒	砖墙镇	✓	✓		

（续表）

级别	类别	项目名称	保护地区	保护方式及模式			
				抢救性	传承性	生产性	整体性
区级	民间舞蹈	荡旱船	固城镇、砖墙镇		√		√
	传统戏剧	高淳锡剧	全区	√			
		高淳高腔	漆桥镇	√			
	竞技与杂技	水乡少林拳	砖墙镇		√		√
		淳溪文龙船	淳溪镇		√		√
		打子游艺	固城镇	√			
	民间美术	民间剪纸	砖墙镇		√	√	
	传统手工技艺	高淳豆腐干制作技艺	全区		√	√	√
		高淳炒米糖制作技艺	全区		√	√	√
		高淳欢团制作技艺	全区		√	√	√
		高淳糕点制作技艺	全区		√	√	√
		高淳蒜菜制作技艺	全区		√	√	√
		高淳布鞋制作技艺	全区		√	√	√
		固城打铁技艺	固城镇	√	√		
		杨家扎塑技艺	淳溪镇	√	√	√	
	传统医药	蓝氏烫伤膏制作技艺	淳溪镇		√	√	
	民俗	高淳生育习俗	全区		√		√
		高淳婚嫁习俗	全区		√		√
		高淳丧葬习俗	全区		√		√
		高淳除夕春节习俗	全区		√		√
		高淳端午节习俗	全区		√		√
		高淳立夏习俗	全区		√		√
		高淳中秋节习俗	全区		√		√

8.2 保护措施

继续开展非物质文化遗产调查和研究，对非物质文化遗产予以认定、记录和建档，建立健全调查信息共享机制。

8.2.1 保存

1）记录

非物质文化遗产具有“活态性”。只有进行记录，才能使非物质文化遗产形态化，以便建立完整档案，为日后非物质文化遗产的研究、传承和传播打基础。用多种手段对高淳村俗文化生态保护区非物质文化遗产资源作真实调查记录；采用登记造册的文字记录，或摄影、摄像、录音等科技手段并安全储存、归档；对普查资料采取相应的保护、修复、抢救措施；大力开展非物质文化遗产普查宣传工作，努力提升调查队伍整体素质，定期举办非物质文化遗产培训班。

2）认定

开展村俗文化调查，建立村俗文化数据库，完善高淳村俗文化生态保护区范围内的非物质文化遗产名录体系建设，搭建非物质文化遗产保护和文化生态保持及修复的基本框架。对调查结果组织专家认定，只有认定为非物质文化遗产的，才能纳入保存范围。逐步健全保护实验区内非遗保护名录的申报、审批和退出制度和机制。完善名录项目代表性传承人认定体系。非物质文化遗产作为活态文化，其精粹是与具体的文化持有者主体联结在一起的。完善村俗文化名录体系代表性传承人的认定工作，并为其创造良好的生活和传承条件，是保持和恢复非物质文化遗产文化生态的重要内容。

8.2.2 保护

在保存的非物质文化遗产中，对能够体现中华民族优秀传统文化，具有历史、文学、艺术、科学价值的非物质文化遗产进行保护。保护的措施有传承、传播两类。

1）传承

（1）自然性传承

在无社会干预性力量的前提下、完全依赖个体行为的某种自然性的传承延续。高淳村俗文化是高淳村民在长久的生活中产生的，属于自然性传承，在日后的传承中自然性传承也将占有很大比例。

（2）社会资助性传承

① 建立非物质文化遗产项目代表性传承机制

在现有4级非遗传承人的基础上，依据非遗保护项目的保护传承需要，进一步梳理和发现受保护项目的传承人，建立梯度性的传承人名录体系。

建立健全非物质文化遗产保护项目代表性传承人的认定机制。传承人是非物质文化遗产保护的核心主体，认定代表性传承人对成功开展非物质文化遗产的保护传承工作至关重要。高淳的非物质文化遗产项目均有代表性传承人，其中部分项目的代表性传承人年事已高，应当重新认定代表性传承人。建立健全非物质文化遗产保护项目代表性传承人的传承机制、收徒机制。健全完善的传承人传承机制，能够保持和修复非物质文化遗产传承链，使保护实验区内包括传统技艺及其文化内涵在内的诸多文化表现形式的传承生生不息、永葆活力。建立传承人培训教育机制。确定培训地点、培训人员及培训对象、培训内容，提高传承人整体素质，从而实现自觉保护文化，并使之后继有人，实现可持续发展。要进一步建立健全传承人的培训教育机制，培育更多的非物质文化遗产保护项目代表性传承人。建立健全非物质文化遗产保护项目代表性传承人的保护表彰机制。对其代表性传承人和代表性传承单位，可采取命名、授予称号、表彰奖励、提供场所、资助扶持等方式，鼓励和支持其开展传承活动。

对需进行技能培训的项目如民间舞蹈、杂技与竞技、传统手工技艺、曲艺、传统戏曲等类别，应结合相关文化空间建立非物质文化遗产传习基地，为传承人开展传承活动创造必要的条件，使其传承方式和传授手段得以切实的保护，保持和修复非物质文化遗产的传承链。对民俗类非物质文化遗产，如薛城花台会、六月六龙舟竞渡等，要注重在相关区域的宣传、教育活动，同时在传统文化特色鲜明、具有广泛群众基础的乡镇、村，组织开展民俗活动，延续文化生态空间，促进群体传承。对民间文学和民间音乐的传承，要鼓励非物质文化遗产进课堂，编写本土教程，邀请传承人讲学，使高淳的青少年了解自己的文化，形成群体记忆。

② 开展和恢复民俗文化活动，鼓励民众积极参与保护区建设

延续传统节庆活动。继续举办薛城花台会、东坝龙舟竞渡等传统节庆和传统庙会，加大宣传和组织力度，充分调动人民群众的自发性和参与性，积极开展高淳文化展示、展演活动，将影响扩大到周围省市。

借助一年一度的春节、元宵节、清明节、端午节、中秋节等中国主要民俗节庆和地方性的祠山祭祀等活动，因地制宜地开展各类民俗活动，保持高淳地域人文环境，增强高淳居民对地方传统文化和习俗的认知度，建设更加良好的文化环境，提升区域居民的文化自觉和传承保护自觉。各镇要持续开办庙会和过会场，丰富这些民俗节日中的非物质文化遗产内容，增加活动中的非遗文化元素，积极开展集中的生产性、整体性展示、传承活动，促进高淳传统文化的流传和现代传承。结合利用“固城湖螃蟹节”和“高淳老街民俗文化节”等现代节庆，以文化旅游项目为载体，扩展节日中的非物质文化遗产保护内容，深化非物质文化遗产传承，对民间舞蹈、民间音乐、传统手工技艺等进行保护。要切实利用每年六月的文化遗产日和《中华人民共和国非物质文化遗产法》颁布出台周年纪念日的公共文化节日和事件，开展全民非物质文化遗产的宣传、普及工作，开展各类富有地域特点和民族特色的民俗展演、展示活动，扩展各类文化遗产的文化空间，改善文化遗产保护的人文环境，提升非物质文化遗产的社会知名度和美誉度，促进公众对于非物质文化遗产传承、保护的自觉性。要逐步将非物质文化遗产渗透到各类民俗节庆活动中，拓展非物质文化遗产的生存空间，培养非物质文化遗产的土壤和环境，最终改善保护区内的历史人文生态。

设立专项资金，修复古戏台、历史名胜、历史文化街区和村镇等，支持重大的传统文化活动、出外交流活动，为传统文化的保护、传承、发展、交流积极创造条件，形成更加良好、更为活跃的对外交流环境。鼓励和扶持有关单位和个人在有效保护的前提下合理利用非物质文化遗产资源，进行弘扬优秀传统文化的文艺创作，开发具有民间和地方特色的传统文化产品，拓展民间民俗文化旅游服务；鼓励、支持单位和个人依法开展文化遗产保护工作的合作和交流活动；鼓励社会传习、宣传、研究高淳传统文化，促进文化遗产保护区建设；征集社会资金，成立第三方机构为传统文化的保护、传承、发展和交流创造条件。

③ 开展非物质文化遗产生产性保护，充分发挥非物质文化遗产资源在当代生活中的积极作用

采取分类指导的原则开展非物质文化遗产项目的生产性保护和利用。对于社会知名度高、影响力大、经济效益好的非物质文化遗产保护项目，例如，传统手工艺类高淳羽毛扇制作技艺、高淳炒米糖制作技艺、高淳东坝豆腐干制作技艺、高淳糕点制作技艺、高淳欢团

制作技艺、高淳梅家布鞋制作技艺以及传统医药类梁氏骨科、蓝氏烫伤膏等，要以现代市场为导向，抓住发展机遇，拓展销售渠道，积极与市场对接，提高非物质文化遗产保护项目适应市场的能力，营造社会消费环境，提高市场占有份额，扩大社会消费的市场空间。

对于有一定社会影响力、市场前景明晰、生态保护基础好的非物质文化遗产保护项目，如高淳蒜菜制作技艺、砖墙剪纸等，要加强针对性研究和市场调研，提升产品的文化内涵，改善文化产品的商业特性，拓展发展思路，完善生产、销售机制，强化保护项目产品与市场的适应性，在保障社会效益的同时，提高产品的经济效益。

对于地域特点明显、活态性较高、具有传承保护价值的非物质文化遗产保护项目，如杨家扎塑技艺，要区别对待，分类指导，制订专门的生产性保护计划，提供市场条件，培育市场环境，改善其生存生态环境和社会基础，提高保护项目的市场适应能力，进一步开展辅助性的生产性保护工作。

2）传播

（1）加大宣传力度，积极开展非物质文化遗产展示、展演活动，促进非物质文化遗产进校园、进课堂、进教材、进社区

进一步加强非物质文化遗产的社会宣传。要充分利用各类报纸、广播、电视等传统媒体和网络、手机等新兴媒体，大力宣传、解读高淳村俗文化生态保护实验区，为建设保护区提供舆论支持和社会保障。在高淳电视台中开辟非物质文化遗产专题节目，就高淳区内的非物质文化遗产进行普及，增强人民群众的凝聚力；积极利用现代网络媒体，尤其是博客、微博等的快速传播能力，开设高淳非物质文化遗产微博，让高淳非物质文化遗产直接走进全国人民的视野。提升地方居民对非物质文化遗产的认知，以及传承保护非物质文化遗产项目的自觉性和主动性。

积极做好地方性非物质文化遗产的事件、民俗节日、品牌活动的宣传和利用，进一步加强非物质文化遗产的交流和传播。将区文化局每年在区广场举办 12 场文艺演出和每年 4 次文艺下乡活动的传统保持下去，在表演中加大非物质文化遗产内容的比重，如高淳民歌联唱、送春、打罗汉、蚌仙舞、沛桥高跷、陈家打叉、荡旱船，等等；组织传统技艺的民间艺人赴周边地区如南京、上海、杭州等参加非物质文化遗产展示活动；在每年文化遗产日，举办“文博之夏”大型非遗图片展览活动。

加强非物质文化遗产的社会普及工作，针对不同人群开展分层次、多形式的非物质文化遗产“进校园、进课堂、进教材、进社区”活动。把高淳区非物质文化遗产内容作为乡土教材，在校园内开办非物质文化遗产兴趣班，在高淳中、小学校中向青少年进行传授，形成传统文化传习、研究的教育环境；宣传乡土文化、先贤品格，继承和弘扬高淳传统文化的精华；充分利用报刊、广播电视、互联网等新闻媒体对高淳文化生态保护区建设进行宣传报道；以社区为单位举办“非物质文化遗产表演竞赛”；利用“慢城”在南京的影响让前来旅游的人们了解高淳丰富的非物质文化；利用“文化遗产日”、节庆传统节目，延续民俗文化活动，以增强高淳人民对高淳非物质文化遗产的认同感和自豪感，努力营造文化生态保护的良好氛围。

（2）加强保护区建设的学术研究、保护成果出版和人才培养

高淳文化生态保护区内有种类繁多的非物质文化遗产，是我国古代民俗文化的活化石。针对这些非物质文化遗产的历史与现状，对它们的文化艺术价值、传承发展和开发利

用的规律进行深入研究是极为必要的。

加强对高淳文化生态保护区和非物质文化遗产课题的理论研究工作。2006 年以来，高淳区出版了《文化高淳》（画册）、《江南圣地——高淳》《高淳风俗》《江苏省非物质文化遗产普查——高淳县资料汇编》《高淳竹马（东坝大马灯）》等书籍；区文化馆还出版了《文化高淳》季刊，至 2009 年上半年，已出了 18 期；文化部出版的《中国非物质文化遗产·2006》、2008 年南京出版社出版的《南京市非物质文化遗产集萃》等书，也对高淳非物质文化遗产的内容进行了大量介绍。这些都是高淳文化生态保护区的相关学术研究，应当进行保护和修订，并整理出版新的研究成果。鼓励在高淳文化生态保护区内建立相应的研究机构，积极开展与文化生态保护区有关的理论研究和政策研究。目前，只有淳溪镇有非物质文化遗产研究中心，应当把研究机构扩展到镇和重点村，建立完善的体系。

要积极开展非物质文化遗产的理论与实践培训，通过开设短期培训班或自己组织专题培训班、外请专家讲座、开展业务研讨、完善人才激励机制等方式，对保护区范围内从事保护工作的从业人员进行专业培训，提高他们的业务素质和工作能力，积极引进各类文化遗产保护管理专业人才，造就一支高素质、懂专业、会管理的文化遗产保护工作人才队伍。加大对在职人员的培养力度，逐步实行文化遗产保护管理人员持证上岗制度。

进一步加强与国家、省级科研院所、高校的非遗文化研究和交流，有计划地举办各类非物质文化遗产的理论研讨活动，尝试运用现代传播手段推进保护区建设，推动保护区内生态文化知识的普及和传播。加强与周边文化生态保护区如徽州文化生态保护区的交流，邀请研究机构和高等院校，开展学术研讨会、理论论坛、座谈会、交流会等，深入研究文化生态保护区建设中遇到的新情况、新问题，为文化生态保护区的建设提供理论依据和决策参考。

9　合理利用

在完善保护高淳非物质文化遗产的基础上，对非物质文化遗产进行科学合理的利用，使非物质文化遗产与文化产业、文化旅游、传统节庆相结合，提高文化安全感，形成地区文化价值认同，促进高淳的经济、社会发展(图 9-1)。

9.1　与文化产业相结合

9.1.1　生产性保护利用

选择能够在生产中创造经济效益的入选四级名录的非物质文化遗产项目，包括高淳羽毛扇制作技艺、高淳布鞋制作技艺、高淳豆腐干制作技艺、高淳糕点制作技艺、高淳炒米糖制作技艺、高淳欢团制作技艺、高淳蒜菜制作技艺、杨家扎塑技艺、梁氏骨科、蓝氏烫伤膏制作技艺、民间剪纸技艺，与产品的生产经营相结合，进行生产性保护利用，建立培训与产业基地，完善生产、推广、销售的产业链，开发形成品牌产业。

在高淳老街开辟保护利用示范区(图 9-2)，一方面向游人展示和销售产品；另一方面也展示传统手工业的制作过程，在保护非物质文化遗产的同时促进地方经济社会发展。挑选特色鲜明、有良好群众基础、市场价值高的项目，在近期规划中予以实施，包括高淳羽毛扇制作技艺、高淳豆腐干制作技艺、高淳炒米糖制作技艺(表 9-1)。

表 9-1　生产性保护利用表

类别	项目目录	级别	生产性保护利用
传统技艺	高淳羽毛扇制作技艺	省级	建立羽毛扇传习所，在高淳老街设立展示馆
	高淳布鞋制作技艺	区级	建立布鞋展示基地，在高淳老街设立展示馆
	高淳豆腐干制作技艺		建立豆腐干展示基地，在高淳老街设立展示馆
	高淳糕点制作技艺		建立糕点展示基地，在高淳老街设立展示馆
	高淳炒米糖制作技艺		建立炒米糖展示基地，在高淳老街设立展示馆
	高淳欢团制作技艺		建立欢团展示基地，在高淳老街设立展示馆
	高淳蒜菜制作技艺		建立蒜菜展示基地，在高淳老街设立展示馆
	杨家扎塑技艺		建立扎塑技艺展示基地，在高淳老街设立营销点
传统医药	梁氏骨科	市级	构建药品研发基地，开设专门科室
	蓝氏烫伤膏制作技艺	区级	建立蓝氏烫伤膏传承基地
传统美术	民间剪纸技艺	区级	培养剪纸艺人，在高淳老街设立展示馆

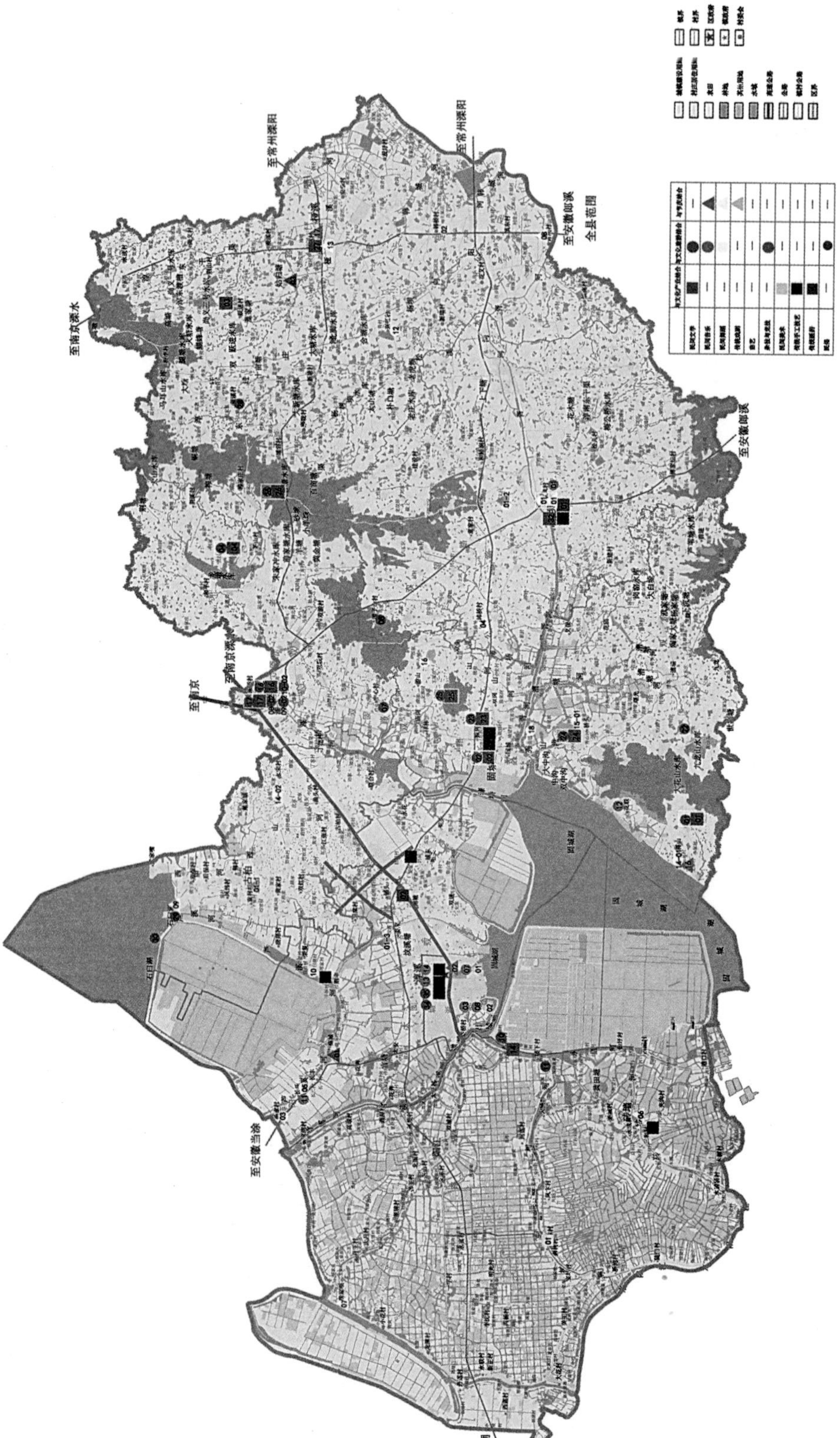

图 9-1　合理利用图
图片来源:自绘

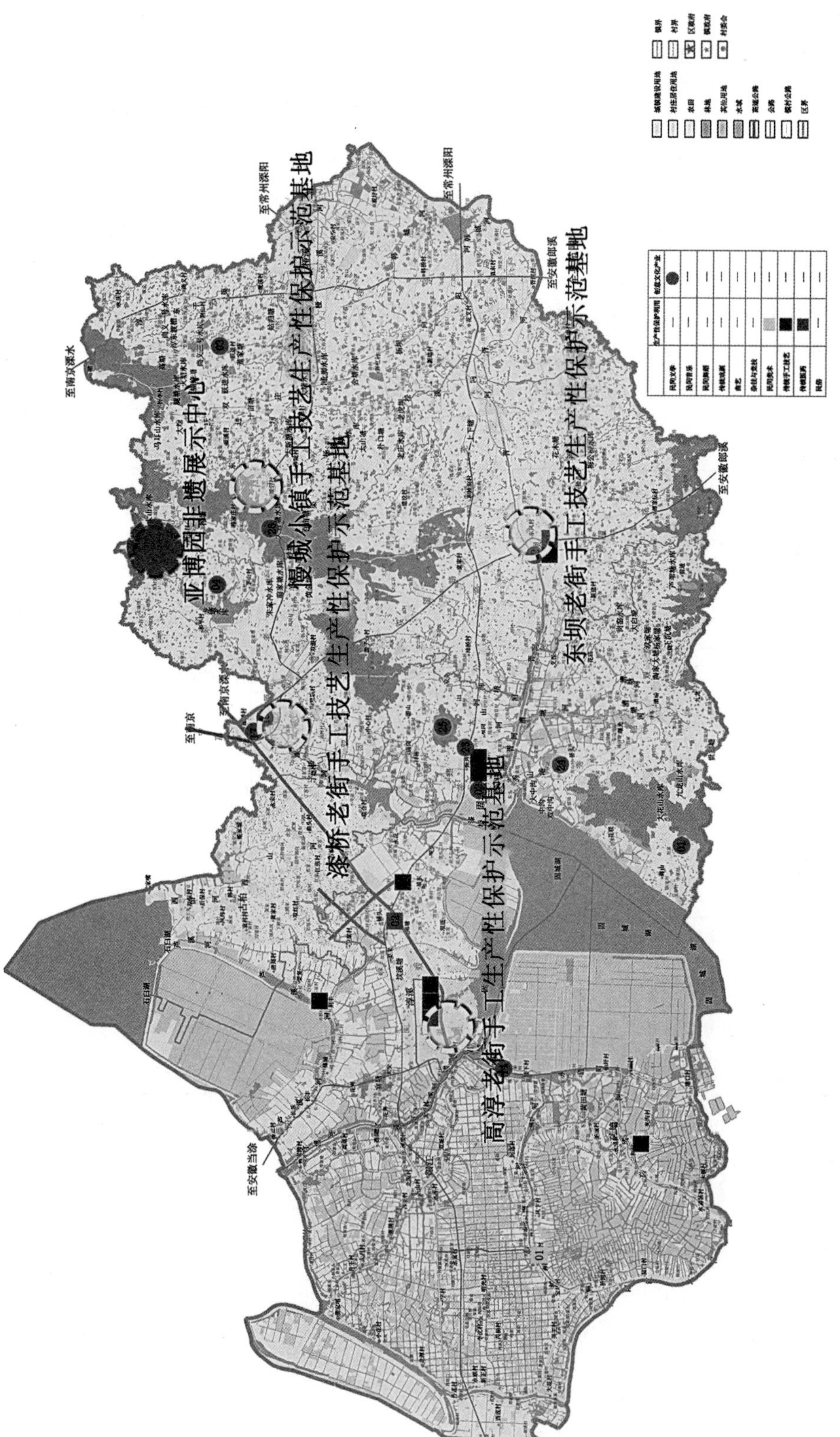

图 9-2 与文化产业结合项目图

图片来源：自绘

9.1.2 文化创意产业

开辟桠溪国际慢城保护利用示范区，与金花节结合，整合高淳民间文学，深入挖掘高淳文化资源，如崔致远与双女坟的故事、伍子胥和浣纱女的故事、脱尾龙的传说、卞和献玉的传说、魏泽救孤的传说、介子推的传说、平丞相造漆桥的传说、清水塘与浊水塘的传说、秀山的传说、禅林轶事、大官塘与腾龙山的传说、杨鸣忠打虎、华山梁祝传说等，建立亚博园非遗展示中心，形成一批以创作电影、电视和动漫为主的文化创意企业，打造演艺和艺术品创作中心。积极引进文化会展、动漫、网络文化等新兴文化业态，延伸文化产业链。挑选特色鲜明、有良好群众基础、市场价值高的项目，在近期规划中予以实施，如崔致远和双女坟的故事、清水塘与浊水塘的传说、禅林轶事、杨鸣忠打虎（表 9-2）。

表 9-2 文化创意产业表

类别	项目目录	级别	文化创意基地
民间文学	崔致远与双女坟的故事	省级	亚博园非遗展示中心
	伍子胥和浣纱女的故事		
	卞和献玉的传说		
	脱尾龙的传说	市级	
	魏泽救孤的传说	区级	
	介子推的传说		
	平丞相造漆桥的传说		
	清水塘与浊水塘的传说		
	秀山的传说		
	禅林轶事		
	大官塘与腾龙山的传说		
	杨鸣忠打虎		
	华山梁祝传说		

9.2 与文化旅游相结合

将非物质文化遗产的保护、传承、发展与乡村旅游和国际慢城等旅游景区相结合，以旅游景区为文化生态物质空间载体，以旅游活动为传播介质，扩大非物质文化遗产的受众和知情面，最大限度地利用各种资源，更好地保护、展示、宣传高淳村俗文化。

9.2.1 儒家文化展示线路

将游子山风景区、漆桥老街、东坝艺术之乡等景区作为展示儒家文化的主要文化生态物质空间载体，把儒家文化的“忠”“孝”“礼”“义”与富有儒文化气息的高淳景区相结合，成为高淳村俗文化的儒文化展示线路。展示路线上的相关景点有马步桥、禅林寺、羊角哀与左伯桃的墓址、介子推墓、伍子胥撒金豆的“黄金港”、双女坟遗址、漆桥河至固城湖十多华里河道的“二十四个望娘弯”等，将这些本就有儒文化深意的景点串联起来，形成以游子山风景区、漆桥老街和东坝艺术之乡为核心，以上述小景点为节点的儒家文化展示线路。在该条线路上，游人可以亲身接触体验表现“忠”的东坝大马灯、杨家抬龙、固城高跷、固城大马灯、永庆马灯表演和表现“礼”的孔家大型祭孔活动的相关人文特色，让游人在游览儒文化景区的同时，增进对儒家文化的了解，体会“忠”“孝”“礼”“义”的真谛(表 9-3)。

表 9-3 儒家文化展示线路表

类别	项目目录	级别	承载景区
民间舞蹈	东坝大马灯	国家级	东坝
	长芦杨家抬龙	省级	游子山风景区
	固城高跷	区级	固城、东坝
	固城大马灯、永庆马灯		固城、东坝
民间文学	崔致远与双女坟的故事	省级	双女坟遗址
	伍子胥与浣纱女的故事		游子山风景区
	脱尾龙的传说	市级	游子山风景区
	禅林轶事	区级	禅林寺
	介子推的传说		漆桥老街(集中展示)
	马步桥的来历		马步桥
	左伯桃与羊角哀的故事		羊角哀与左伯桃墓址
	平丞相造漆桥的传说		漆桥老街(集中展示)
	清水塘与浊水塘的传说		游子山风景区
	孔子与游子山的传说		游子山风景区
	魏良臣的故事		游子山风景区
民俗	高淳婚嫁习俗	区级	漆桥老街(集中展示)
	高淳端午习俗		漆桥老街(集中展示)
	高淳立夏习俗		漆桥老街(集中展示)
	高淳中秋节习俗		漆桥老街(集中展示)

9.2.2 水文化展示线路

以固城湖、石臼湖和胥河景区为水文化生态物质空间载体，充分挖掘“两湖一河”的自然景观优势和人文内涵，形成以水文化为主题的展示路线。围绕“两湖一河”，将芦溪河、永丰圩、固城遗址、相国圩、双渡桥口、固城秀山、桠溪遮军山等文化生态自然景观串联起来，形成水文化展示线路。沿线景观特色应当体现采菱舞、荡湖船、龙舞、蚌仙舞和长乐龙吟车等非物质文化遗产特质，并在民间活动开展的特定时间加以宣传，让游客在游玩景区时能够接触到富有高淳水文化特色的村俗文化活动(如采菱舞、荡湖船、龙舞、蚌仙舞和长乐龙吟车、石臼渔歌、打夯号子、车水号子、龙船号子、故事传说歌:十字喜、田歌:风吹杨柳绿沉沉等),使游客对高淳水文化有切身体验(表 9-4)。

表 9-4　水文化展示线路表

类别	名录项目	级别	承载景区
民间舞蹈	长乐龙吟车	省级	芦溪河
	固城荡旱船	区级	固城湖
民间音乐	新四军歌曲——石臼渔歌	区级	石臼湖
	打夯号子:要把圩堤修得好		固城湖、胥河
	车水号子:一串香袋串姐头		固城湖
	龙船号子:拨开龙头摆开梢		固城湖、胥河
	龙船号子:乘风破浪冲向前		固城湖
	故事传说歌:十字喜		固城湖
	田歌:风吹杨柳绿沉沉		石臼湖、胥河
杂技与竞技	六月六龙舟竞渡	市级	固城湖、胥河
民间文学	白鹿行踪的传说	市级	永丰圩
	双桥渡的传说		双桥
	神话石臼湖		石臼湖
	龟山、蛇山的传说		龟山、蛇山
	秀山的传说		固城秀山
	大官塘和腾龙山的传说		大官塘

9.2.3　傩文化展示线路

将高淳国际慢城作为高淳傩文化的文化生态空间,将远古傩文化与慢生活这两种平日都市人都不会接触的文化相结合,形成一条传播、展示和宣传傩文化的线路,使人们在放松身心的同时,观看古代傩舞表演,体会远古人民的文化艺术,了解傩文化的发展历程。相应的非物质文化遗产有高淳桠溪、固城的跳五猖、古柏跳八恺等古代傩舞,它们现在仍然活跃在高淳民间(表 9-5、图 9-3)。

表 9-5　傩文化展示线路表

类别	项目目录	级别	承载景区
民间舞蹈	桠溪跳五猖	省级	桠溪慢城
	陈家打叉	区级	桠溪慢城
	固城武五猖		桠溪慢城
	古柏跳八恺		桠溪慢城

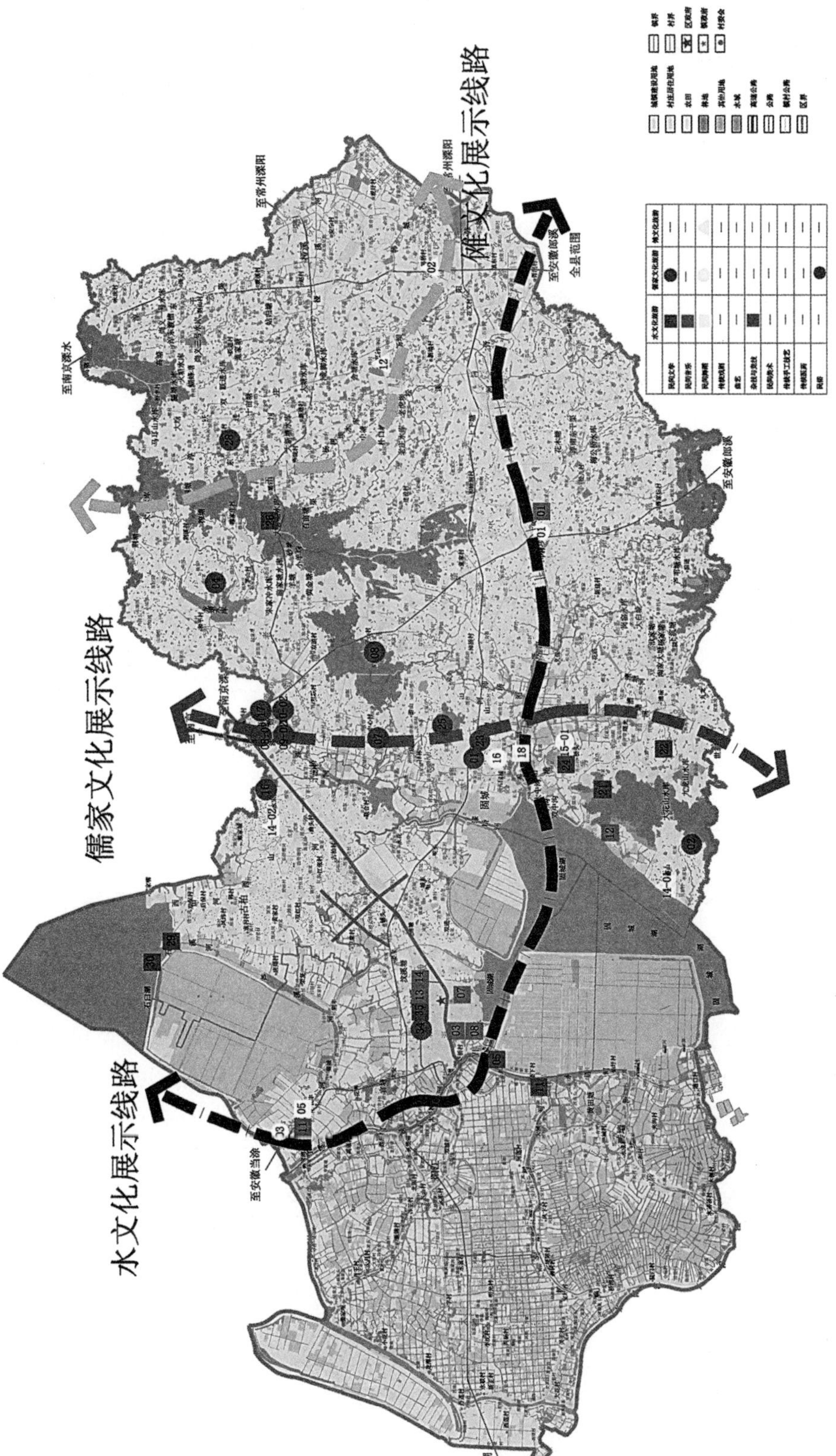

图 9-3　与文化旅游结合项目图

图片来源：自绘

9.3 与节庆相结合

9.3.1 与传统节庆相结合

高淳民俗文化丰富而历史久远，每到传统庙会和过会场期间，各类民间舞蹈和祭祀活动纷纷展开。薛城花台会、桠溪祠山庙会都是高淳的传统庙会，在此期间，沛桥高跷、桠溪中马灯、桠溪小马灯、桠溪狮子舞等，可以在传统庙会和过会场时期表演(表 9-6、图 9-4)。

表 9-6　与传统节庆相结合表

<table>
<tr><th>传统节庆活动</th><th>项目目录</th><th>类别</th><th>级别</th></tr>
<tr><td rowspan="5">薛城花台会</td><td>东坝大马灯</td><td rowspan="9">民间舞蹈</td><td>国家级</td></tr>
<tr><td>沛桥高跷</td><td>省级</td></tr>
<tr><td>长芦杨家抬龙</td><td rowspan="2">省级</td></tr>
<tr><td>长乐龙吟车</td></tr>
<tr><td>淳溪荡旱船</td><td>区级</td></tr>
<tr><td rowspan="4">桠溪祠山庙会</td><td>桠溪跳五猖</td><td>省级</td></tr>
<tr><td>桠溪狮子舞</td><td rowspan="3">区级</td></tr>
<tr><td>桠溪中马灯</td></tr>
<tr><td>桠溪小马灯</td></tr>
</table>

9.3.2 与现代节庆相结合

结合高淳的文化资源，将高淳非物质文化遗产和现代节庆金花节、荷花节、固城湖螃蟹节、文化年货节等结合在一起，丰富节庆内容，传承非物质文化遗产。如民间音乐——高淳民歌、五月栽秧、十番锣鼓、丝弦锣鼓，传统戏剧——高淳阳腔目连戏、高淳锡剧等，曲艺——送春，民间舞蹈——古柏打莲湘、阳江打水浒等，可在金花节、荷花节、固城湖螃蟹节上进行表演；六月六龙舟竞渡可在东坝龙舟节表演；高淳的传统手工技艺可与文化年货节相结合，手工技艺制成的产品可在年货节上展示与销售，如高淳豆腐干制作技艺、高淳糕点制作技艺、高淳炒米糖制作技艺、高淳欢团制作技艺、高淳蒜菜制作技艺等(表 9-7)。

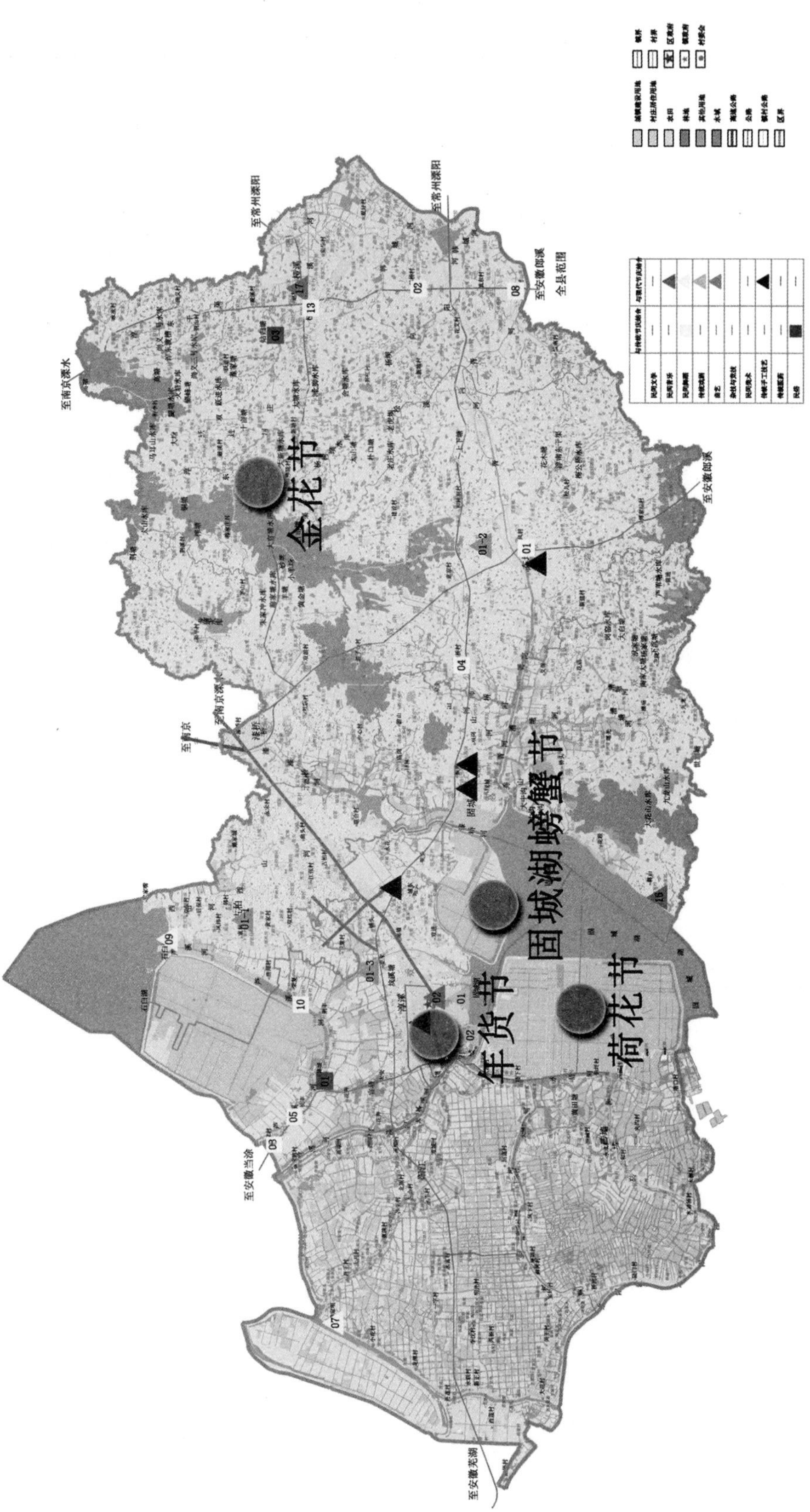

图 9-4 与节庆结合项目图

图片来源：自绘

表 9-7　与现代节庆相结合表

现代节庆活动	项目目录	类别	级别
金花节	阳江打水浒、古柏打莲湘	民间舞蹈	市级、区级
	高淳民歌、十番锣鼓	民间音乐	省级、市级
	五月栽秧、丝弦锣鼓		区级
	高淳阳腔目连戏、高淳锡剧	传统戏剧	省级、区级
	送春	曲艺	市级
荷花节	阳江打水浒、古柏打莲湘	民间舞蹈	市级、区级
	高淳民歌、十番锣鼓	民间音乐	省级、市级
	五月栽秧、丝弦锣鼓		区级
	高淳阳腔目连戏、高淳锡剧	传统戏剧	省级、区级
	送春	曲艺	市级
固城湖螃蟹节	阳江打水浒、古柏打莲湘	民间舞蹈	市级、区级
	高淳民歌、十番锣鼓	民间音乐	省级、市级
	五月栽秧、丝弦锣鼓		区级
	高淳阳腔目连戏、高淳锡剧	传统戏剧	省级、区级
	送春	曲艺	市级
文化年货节	高淳糕点制作技艺	传统技艺	区级
	高淳豆腐干制作技艺		
	高淳炒米糖制作技艺		
	高淳欢团制作技艺		
	高淳蒜菜制作技艺		

10　文化生态标识系统规划

高淳境内文化资源丰富，具有多样性。根据高淳的水文化、儒家文化、傩文化和节庆文化，对高淳的各类文化空间进行标识，彰显高淳不同文化的风采，突出高淳的独特之处，使高淳成为村俗文化传承的典范。

10.1　村落整治

10.1.1　金陵民居概述

金陵民居以徽派民居为原型，吸收江南民居手法，兼具徽派民居建筑的淡雅和苏式园林建筑的秀丽，简朴大方，反映了金陵大家士绅阶层的文化品位和伦理观念，自成一体。选址上，注重与自然结合，东部山区建筑依山傍水，与徽派民居相似；中部平原和西部圩区则多沿河而造，与江南水乡民居相似。平面布局上采用院落相套的模式，不似徽派民居有严格的等级规范，布局较为灵活。建筑平面一般民居平面三间，富裕人家一般为三间两进，天井相隔，走马楼相连。建筑外观上以青砖青瓦翘脊飞爪，品字形山墙为特色，山墙比徽派民居秀丽，较江南水乡民居大气。建筑材料以砖、石、木为主，是徽派民居和江南水乡民居的共性。建筑结构多为抬梁式砖木结构，这是受徽州民居的影响。门楣多有花砖砌成，雕工精细，具有典型的徽派风格，颇具艺术价值。高淳民居是金陵民居的重要组成部分，极具代表性，要用金陵民居的艺术形式去整治。

1）现状

高淳区内的建筑按年代可大致分为新中国成立以前和新中国成立以后两大类。新中国成立以前的建筑以清朝、民国时期的居住建筑为主，集中在历史城区、古镇古村和各村镇的老街区；一些年代久远的历史遗迹如戏台、宗祠、城墙等均匀分布于全区各地，数量不多却极其珍贵，散发着浓厚的金陵韵味。新中国成立以后的建筑吸收了西方建造手法，多以独栋 2、3 层洋房或多层板房的形式出现，金陵特色被极大削弱。在新农村建设过程中，由于缺乏对历史文化资源保护的深入理解和认识，一批乡土建筑遗产受到较大影响，部分乡土建筑被拆除，部分乡土建筑外立面由于水泥涂料粉刷、瓷砖贴面等失去历史韵味，历史文化价值大大降低。如东坝镇的东坝老街，在 2009 年底环境综合整治后，沿街建筑大部分被重新粉刷，青砖小瓦、木板雕梁风貌不再，历史韵味大大削弱。区内留存至今的古建构筑物有 300 多处，门类齐全，包括民居、寺庙、祠堂、牌坊、戏台、书院、会馆、店铺、井栏、碑刻、桥梁、码头、渡口等，以民居和庙堂居多(图 10-1)。

a. b.

图 10-1 高淳民居

图片来源：自摄

2）整治目标

高淳民居的建筑类型较多，有民居、寺庙、祠堂、牌坊、戏台、书院、会馆、店铺、井栏、碑刻、桥梁、码头、渡口等。建筑的特征是青砖小瓦，硬山顶，上下两层，出檐不深，面墙木板构筑。重点整治对象是高淳老街、漆桥老街、桠溪慢城小镇、各民俗文化村、各文化生态空间内的老建筑以及各镇村的老街巷。整治目标是保持金陵民居的平面格局和建筑结构，保持金陵民居的立面风格，善用体现金陵民居风格的内部装饰建筑构件（图 10-2）。

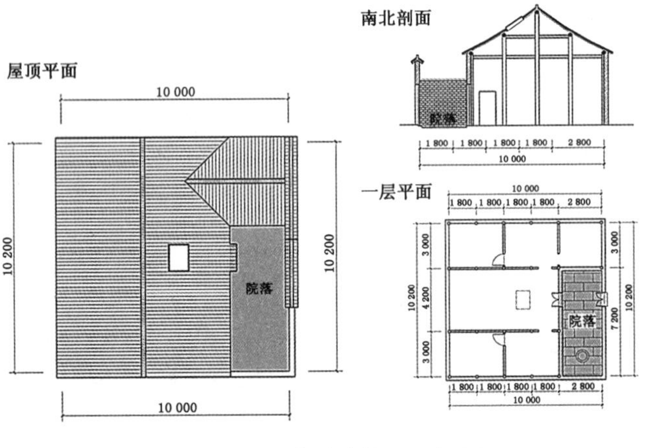

图 10-2 典型建筑平立剖面

图片来源：自绘

10.1.2 整治措施

保护高淳的非物质文化遗产，需要保护承载其发展历程的物质文化遗产。以尊重历史风貌、体现高淳村俗特色为首要原则，修旧如旧，维护文化生态环境，力避修缮性破坏。

1）院落和建筑平面格局整治

高淳古建筑以院落为主，院落的结构反映了村落传统的居住文化和精神内涵，保护并恢复院落的平面布局是塑造高淳村俗建筑风貌的重要一环。尊重传统建筑中原有的三间一进或三间两进天井的结构，按照建筑的私密等级对院落空间进行定位，并相应地进行院落结构的保护和完善。尤其注重对祭祀建筑、宗祠建筑的平面布局的维护和恢复。严格保护原院落、建筑平面格局和空间形态：除室内部分隔墙可根据功能变化而有微小变化外，建筑格局原则上不允许有所改变(图 10-3)。功能调整：根据现实需求对功能进行调整，可改造为小型民俗博物馆、传统工艺展示馆等。

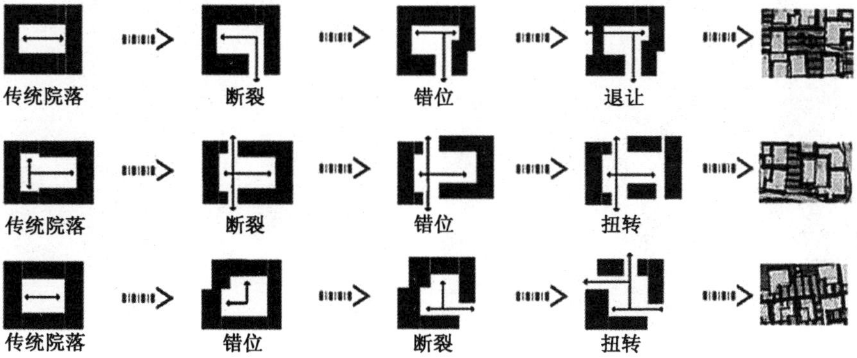

图 10-3 建筑平面布局及空间形态示意图

图片来源：自绘

2）建筑结构整治

高淳民居建筑多为抬梁式砖木结构，砖石垒基，四周立砌重墙，立柱较密，若为 2 层则层高较低，约 2.5 m～3 m。在对建筑结构进行整治时，要保留原有结构与大木作，对于损坏和不能满足安全条件的构件进行加固和局部替换；同时要注意保持原真性，不随意去除与修改。修缮方法为新做或局部更换构件、支顶、附檩，加固钢拉杆、钢夹板、螺栓、斜撑等(图 10-4)。

a. b. c.

图 10-4 高淳民居建筑结构

图片来源：自摄

3）立面整治

建筑材料以砖、石、木为主，正立面分为以砖砌筑为主和以木板门为主两类，另外三个立面均为砖砌。部分民居有马头墙，质朴秀气(图 10-5)。

a. b. c. d. e. f.

图 10-5　高淳建筑立面及材料

图片来源：自摄

在对立面进行整治时，要根据原特征选用材料。砖砌方式当与原建筑的砌筑方式相同，注意保持原真性；一些新建建筑应当注意灵活运用高淳现有的多种砌筑方法。注意立面分割比例，面阔、进深、层高、窗高以及柱子的半径等尺度，应当以现存建筑为准。

4）屋顶整治

高淳屋顶铺以青瓦，硬山顶、出檐短。保留原有结构体系及相关材料构件、对于损坏和不能满足安全条件的可以进行加固和局部替换（图 10-6）。

a. b.

图 10-6　高淳民居建筑屋顶

图片来源：自摄

5）门整治

高淳门洞分为方洞和圆洞两类，多为砖砌，门洞深。门楼饰物贴墙而置，门檐层数多但突出较浅。门板多为木板门，少数木格楞。整治中应保持砖砌门洞、洞口深等特征。修整门檐时，要保持出檐浅的特征，风格以质朴秀丽为佳。更换门板时要注意材质及颜色的选择，以质朴古拙为佳(图 10-7)。

a.　　　　b.　　　　c.

图 10-7　高淳门洞

图片来源：自摄

6) 装饰性建筑构件整治

建筑装饰受徽派民居影响，门楣多有花砖砌成，雕工精细但不繁琐，点到为止，风格质朴淡雅。建筑木作、建筑屋顶与墙体构造、建筑装饰与建筑绘画、建筑门窗、台阶和落水等都是建筑形式的外在表现形式，最能体现建筑特色的标志性物件。塑造村俗建筑风貌，需要注意对内部装饰和建筑构件的风貌进行保护，采用青砖小瓦、花砖门楣等，以体现建筑的建筑品质和历史文化品位。保留原有结构体系及相关材料构件，对于损坏和不能满足安全条件的可以进行加固和局部替换。保留原有的整体效果，修缮时应按照原物工艺以及材料进行替换(图 10-8)。

a.　　　　b.　　　　c.

图 10-8　高淳建筑装饰

图片来源：自摄

10.2　标识系统规划

标识系统可分为解说标识、指引标识、功能标识三类，根据村俗文化的主题，高淳主要分为水文化生态空间、儒家文化生态空间、傩文化生态空间和节庆文化生态空间。结合不同文化空间的特征，整合形成一套完整的标识系统。彰显高淳不同文化的风采，突出高淳的独特之处。

10.2.1 水文化空间

高淳水资源丰富，生活中很多方面都与水息息相关，具有独特的水文化。高淳的水资源较为著名的是固城湖、石臼湖和胥河。固城湖因每年盛大的螃蟹节而闻名全国，因此用渔家女在固城湖上捕鱼的意象代表水文化，有效宣传推广高淳水文化的内涵(图 10-9)。

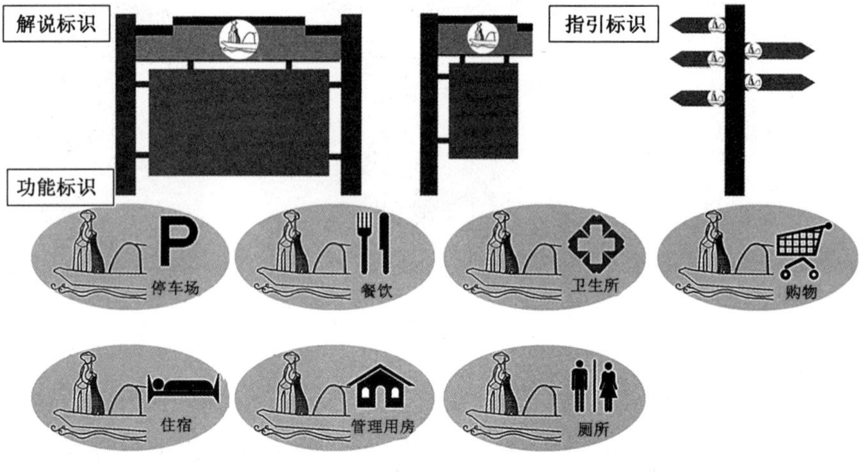

图 10-9　水文化标志设计

图片来源：自绘

10.2.2 儒家文化空间

儒家文化受中原文化影响，随南宋南迁在高淳传承发展。漆桥村是国内除山东曲阜孔家之外的第二大孔氏族人聚集地，因此用孔子代表儒家文化(图 10-10)。

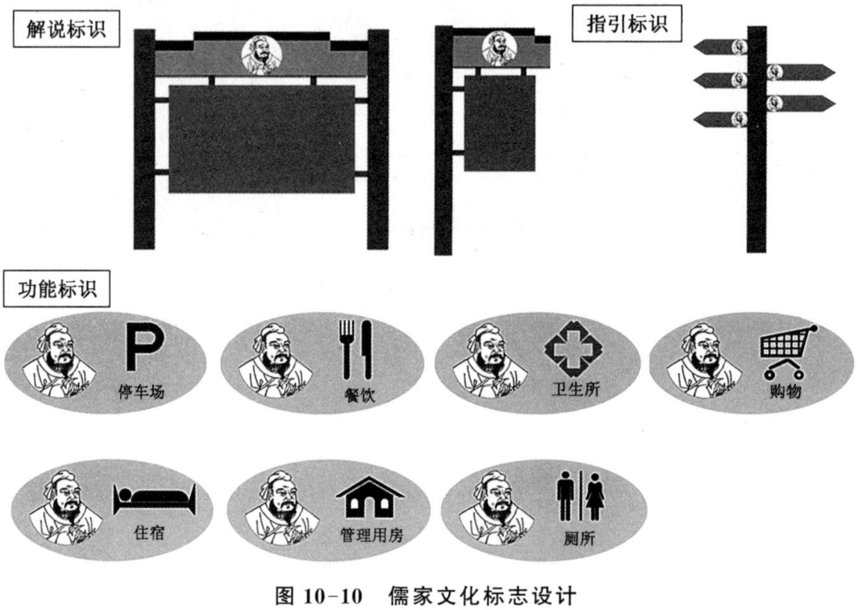

图 10-10　儒家文化标志设计

图片来源：自绘

10.2.3 傩文化空间

傩舞是傩文化重要的表现形式，用傩面具代表傩文化，烘托傩文化的氛围(图 10-11)。

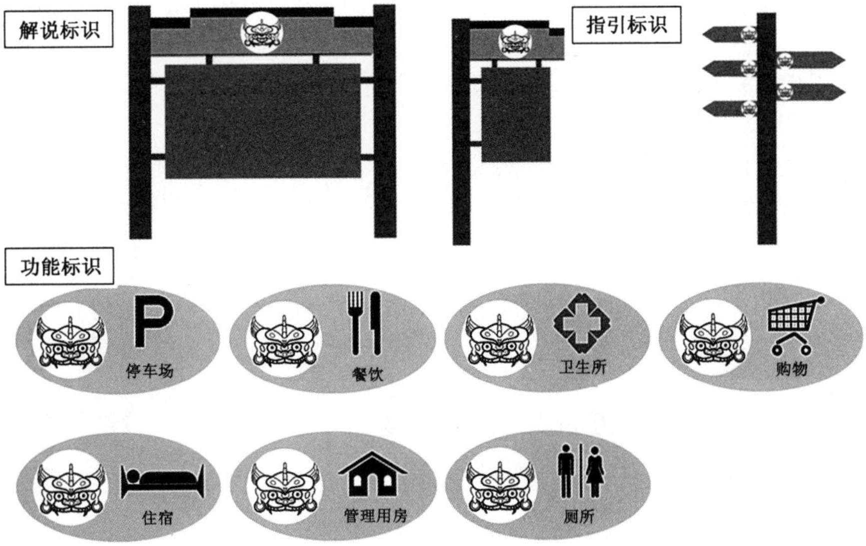

图 10-11 傩文化标志设计

图片来源：自绘

10.2.4 节庆文化空间

高淳区的节庆文化氛围浓厚，每年固定举办各类节庆活动，搭台唱戏，邀班表演。东坝大马灯是高淳唯一的国家级非物质文化遗产，因此用东坝大马灯表示节庆文化(图 10-12)。

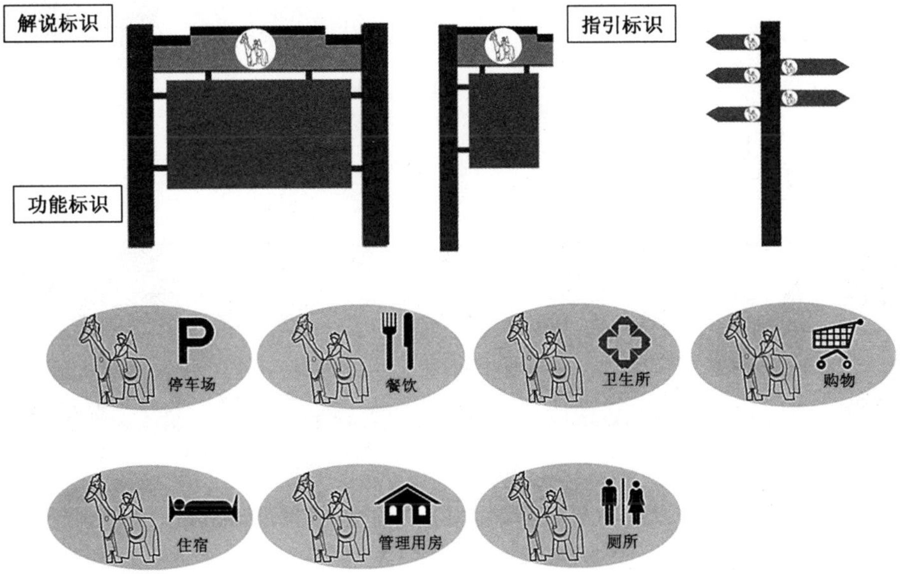

图 10-12 节庆文化标志设计

图片来源：自绘

10.3 环境整治

10.3.1 绿化美化

充分利用现有自然条件，突出自然、经济、乡土与空间特色，大力推进村旁、宅旁、水旁、路旁以及村口、庭院、公共活动空间等绿化美化。

不同文化空间内采用不同的植物进行配置，水文化空间内种植水生植物，如柳树、荷花、芦苇、菖蒲、睡莲等；沟通横溪河和砖墙、茅城河等水系，栽植以荷花为主的水生植物，保护和修复生态水环境，推进“三十里荷花香”旅游观光带的建设(图 10-13)。

a. b. c. d.

图 10-13 水文化空间植物配置意向

儒家文化空间内种植杨柳榆槐、梅兰竹菊、松柏等植物，烘托“忠孝节义”的儒家文化的氛围(图 10-14)。

a. b. c. d.

图 10-14 儒家文化空间植物配置意向

傩文化空间内种植体现楚文化的植物，如秋兰、白芷、杜衡、杜若、荷、木兰、薜荔、葛、辛夷等香草和香木(图 10-15)。

a. b. c. d.

图 10-15 傩文化空间植物配置意向

10.3.2 小品设置

在村口、庭院、公共活动空间处增添各类文化小品，如雕塑、凉亭、宣传栏、路灯、座椅等，通过与植被的组合搭配，优化村庄环境，给村民的生活带来便利，同时丰富村内文化空间，提高文化识别度。不同的文化空间内设置不同形式的小品，可在水文化空间保留和修复传统石桥、筑石驳岸、铺砌水埠等（图 10-16）。

a.　b.　c.　d.

图 10-16　水文化空间小品设置意向

在儒家文化空间内设置孔子的塑像、棂星门牌坊，宣传孔子的经典语录等（图 10-17）。

a.　b.　c.　d.

图 10-17　儒家文化空间小品设置意向

在傩文化空间内设置傩面雕塑、饰有傩面具的路灯等；铺地可采用傩文化特有的砖石，充分展现傩文化风采；在节庆文化空间的宣传栏内宣传各类节庆活动等（图 10-18）。

a.　b.　c.　d.　e.

图 10 18　傩文化空间小品设置意向

11 结论与展望

11.1 主要研究结论

本书在对相关理论与文献研究的基础上，对高淳村俗文化进行分析，并探讨村俗文化保护与利用的方式，主要结论包括以下 4 个方面。

在对村俗文化的综合评价中选取了数量及等级、分布密度、保护建设现状等 3 个主因子以及若干次因子建立了综合评价指标体系。

在对高淳村俗文化分布进行量化评价分析的基础上，通过聚类分析，结合高淳文化特征，划定了“三区、二轴、四节点”的基本保护格局，即三个非物质文化遗产核心区、两条文化线路和四个非物质文化遗产节点。高淳村俗文化生态保护区的划定系统性地探讨了保护区格局的划定方法，对于同类型实践项目具有重要的指导意义。

本书通过解构高淳村俗文化的核心价值，在明确国家、省、市、区 4 级保护名录与主要传承人的基础上，根据现存特点、传承方式、分布情况的不同制定不同的保护方式，探讨了抢救性、群体性、生产性和整体性保护的方式方法，并将记录、认定的保存措施与传承、传播的保护措施相结合，以期在对古村落文化保护的基础上，更易充分利用古村落的文化资源，更有效地保护和传承村俗文化。

遵循先保护、后利用的原则，在完善保护高淳非物质文化遗产的基础上针对不同类型的村俗文化进一步探讨了科学合理的利用方式，具体包括与文化产业相结合、与文化旅游相结合、与节庆相结合等 3 种保护方式。

11.2 不足与展望

本书对高淳村俗文化的缘起、特征进行了文化生态分析，厘定了高淳文化的核心价值，系统建构了村俗文化量化评价及村俗文化生态保护区格局划定的方法，并对其村俗文化进行了保护与利用的探讨，希望这些初步成果能为村俗文化的保护与利用理论研究与实践规划建设提供一定的参考。

然而非物质文化遗产的研究是一个复杂的课题，目前国内对于非物质文化遗产的研究仍处于初步阶段，故而存在更多探索的可能性。村俗文化生态保护强调活态保护，其传承与发展是一个动态、不断变化的过程，如何探索出一种有效的村俗文化生态保护方式，对村俗文化进行活态传承的研究则是未来的研究方向。

参考文献

[1] K Hennessy, A Ridington. Dane-Wajich Dane-zaa Stories and Songs: Dreamers and the Land. [J] Cultural Trends, 2012, 17(4):223-231.

[2] Betsy Peterson: Creating Cultural Capacity through the Preservation of Intangible Cultural Heritage. Two Case Studies from the American Folk life Center. The Third Forum on China-US Intangible Cultural Heritage, NOV, 16-18, 2012, Central China Normal University, Wuhan, Hubei Province, China.

[3] Howard L. Sacks: Engaging Modernity. The Third Forum on China-US Intangible Cultural Heritage, NOV, 16-18, 2012, Central China Normal University, Wuhan, Hubei Province, China.

[4] 具体案例可参见第二届、第三届中美非物质文化遗产论坛的会议论文集。

[5] J /wy Kitchener:Recognizing the Practice of Tradition in Community Well-being: Towards A Model of Sustainnable Intangible Cultural Heritage. The Third Forum on China-US Intangible Cultural Heritage, Central China Normal University, Wuhan, Hubei Province, China. NOV,16-18,2012.

[6] 白庚胜.民间文化传承论[J].河南大学学报,2007(1).

[7] 王海宁.传承与演化——贵州屯堡聚落研究[J].城市规划,2008(1):89-92.

[8] 杨增强.论文化传承的地方激励与劝诫机制[J].商洛学院学报,2009(10).

[9] 朱沁夫.论文化传承的社会机制[J].广义虚拟经济研究,2009(5).

[10] 蔡丰明.上海城市民俗文化遗产的传承机制及主要形式[J].徐州工程学院学报(社会科学版),2009(9).

[11] 吴晓勤,陈安生,万国庆.皖南古村落申报世界文化遗产方法——以西递、宏村为例[J].江淮论坛,2001(2):93-97.

[12] 孔岚兰.古村落的现状不容乐观[J].城乡建设,2003(9):16-17.

[13] 赵冬梅,段建强.第十七届中国民居学术会议.2006.

[14] 胡立辉.乡土景观符号的提取与其在乡土景观营造中的应用[J].小城镇建设,2009(4).

[15] 田化.土家村落文化的传承与保护[D].中南民族大学硕士学位论文,2009.

[16] 常凤霞.古代乡村民俗艺术概念厘清及其保护体系构建[J].农业考古,2011(1):180-182.

[17] 刘坚.云南省少数民族传统体育非物质文化遗产保护与传承研究[D].北京体育大学,2012.

[18] 张玉柱.苏州古村落群吴文化保护与利用研究[D].苏州科技学院,2014.

[19] 丁智才.论传统村落非遗与新型城镇化建设同行——以南宁市缸瓦窑村香火龙为例[J].电子科技大学学报(社科版),2015(1):101-106.

[20] Meyer P. Festival: USA and Canada. Ives Washbum, NewYork, 1970.

[21] J R B Ritchie. Assessing the impact of hallmark events[J]. Journal of Travel Research, 1984, 23(1):2-11.

[22] Getz D. 1991. SpeciaI events, InMedlik, S. Mananging Tourism. Butter worth-Heinemann, 122-130.

[23] Crompton and Mckay. Motives of visitors attending festival events. Ananals of Tourism, 1997:55-68.

[24] Saleh MAE. The decline vs the rise of architectural and urban forms in the cernacular villages of southwest Saudi Arabia[J]. Buliding and Environment, 2001.

[25] Kennedy O. Cultural Tourism in Kenya[J]. Annals of Tourism Research, 1996.

[26] Peggy T, Shirlena H. Touridsm and Heritage conservation in Singapore[J]. Annals of Tourism Research, 1995.

[27] Bedate A, Herrero L C, Sanz J A. Economic valuation of the cultural heritage: application to four case studies in Spain[J]. Journal of Cultural Heritage, 2004.

[28] 沈晨仕.乡村旅游产品开发研究[D].华东师范大学,2009.

[29] 姜长宝.民俗文化产业与乡村旅游互动关系研究[A]//Proceedings of International Conference on Engineering and Business Management(EBM2010)[C].武汉大学、美国 James Madison 大学、美国科研出版社,2010:4.

[30] 高楠.文化创意产业:民俗旅游开发的创新载体[J].康定民族师范高等专科学校学报,2009(1):73-77.

[31] 卢学爽,毛金凤.民俗文化旅游创意产业发展探析——以广西靖西县为例[J].市场论坛,2011(11):78-79.

[32] 钱丹青.民俗文化资源开发与文化创意产业发展研究[J].经济视角(中旬),2012(5):18-19、36.

[33] 石尚江.大力挖掘侗族民俗、民风,以文化创意产业为杠杆,撬动民族乡村旅游开发——建设新农村、成就乡村旅游[J].现代装饰(理论),2013(1):107-108.

[34] 李乃琼,李志清,石健东.农村篮球运动与民俗节庆互动发展的研究——以广西灵山县农村为例[J].西安体育学院学报,2007(4):13-16.

[35] 伍广津.民俗竞技与乡村文化产业的发展——以宾阳炮龙节为例[J].广西民族大学学报(哲学社会科学版),2008(6):112-114.

[36] 刘扬,石培基,夏冰.民俗节庆旅游的资源分析——以青岛民俗节庆旅游为例[J].生态经济,2010(8):155-157、161.

[37] 魏美仙.文化生态:民族文化传承研究的一个视角[J].学术探索,2002(4):106-109.

[38] 胡道生.古村落旅游开发的初步研究——以安徽黟县古村落为例[J].人文地理,2002(4):47-50.

[39] 赵健.西南民族地区民俗文化资源的旅游开发——以广西为释例[J].广西右江民族师专学报,2005(1):79-81、115.

[40] 周文丽.生态旅游资源的综合评价研究——以龙胜县四景区生态旅游资源评价为例[J].林业调查规划,2007,01:132-137.

[41] 鲍丽丽,方艳.羌族丧葬习俗考——以汶川县萝卜寨为例[J].阿坝师范高等专科学校学报,2008(4):14-17.

[42] 杨永丰,罗仕伟,王昕.民俗旅游资源综合价值评价及实证研究[J].商业时代,2008(8):93-94.

[43] 吕琼艺.漳州乡村民俗旅游资源开发研究[D].福建农林大学,2010.

[44] 黄欣伟.兴义乡村民俗旅游资源开发研究[D].广西师范学院,2013.

[45] 钟敬文.民俗学概论・绪论[M].上海文艺出版社,1998年版,第1页.

[46] 张松.文化生态的区域性保护策略探讨——以徽州文化生态保护实验区为例[J].同济大学学报(社会科学版),2009(3):27-35、48.

[47] 李润田,袁中金.论乡村地理学的对象、内容和理论框架[J].人文地理,1991(3):21-27.

[48] 胡最,刘沛林,曹帅强.湖南省传统聚落景观基因的空间特征[J].地理学报,2013(2):219-231.

[49] 贺学君.韩国非物质文化遗产保护的启示——以江陵端午祭为例[J].民间文化论坛,2006(1):67-75.

[50] 张琳琳.新西兰毛利文化的营销策略对我国旅游业的启示[J].经济导刊,2011(3):8-9.

[51] 黄英兰.阿伊努民族传统文化的整合与创新——以阿寒湖阿伊努文化村为例[J].广西民族研究,2013(2):58-66.

[52] 赵冬菊.世界民俗文化村综述[J].中国文物科学研究,2010(1):92-95.

[53] 尹绍亭,乌尼尔.生态博物馆与民族文化生态村[J].中南民族大学学报(人文社会科学版),2009(5):28-34.

[54] 赵苗.探析民俗活动对传统服饰文化的传承——以印度斯坦族女性服饰为例[J].山东纺织经济,2013(6):79-80.

[55] 马晓京.加拿大西北沿岸印第安人图腾柱文化象征意义阐释[D].中央民族大学,2007.

[56] 丛蕾.美国历史住区的自我更新机制研究[J].规划师,2012(11):117-122.

[57] 吴秀杰.多元化博物馆视野中的物质文化与非物质文化保护——德国民族学、民俗学博物馆的历史与现状概述[J].河南社会科学,2008(6):20-24.

[58] 段友文,王禾奕.论古村落传统文化资源与创意产业的深度融合——以山西省万荣县阎景村为例[J].山西大学学报(哲学社会科学版),2014(1):131-140.

[59] 王量.汾西师家沟古村落遗产资源保护与旅游开发研究[D].广东工业大学,2014.

[60] 黄欣伟.兴义乡村民俗旅游资源开发研究[D].广西师范学院,2013.

[61] 刘箫萌.历史文化名村保护规划研究[D].南昌大学,2012.

[62] 董翠.古村落非物质文化遗产保护与旅游开发研究——以中国历史文化名村严台村为例[J].景德镇高专学报,2014(5):130-132.

[63] 周红才，胡希军.非物质文化遗产视野下传统礼俗的保护与传承——以湖南张谷英村为例[J].经济地理，2011(11)：1943-1947.

[64] 周红.古村保护中的居民人口预测及调控规划初析——以湖南历史文化名村祁阳龙溪古村为例[J].中外建筑，2013(3)：71-73.

[65] 吴晓路.浙江诸暨斯宅古村落文化遗产研究[D].广西师范大学，2014.

[66] 伍锦昌.旅游开发与民族文化变迁[D].广西师范大学，2005.

[67] 丁智才.论传统村落非遗与新型城镇化建设同行——以南宁市缸瓦窑村香火龙为例[J].电子科技大学学报(社科版)，2015(1)：101-106.

[68] 万义.村落社会结构变迁中传统体育的非物质文化遗产保护——以弥勒县可邑村彝族阿细跳月为例[J].体育科学，2011(2)：12-18、35.

[69] 蒲茂林.阿勒屯历史文化名村保护与发展规划研究[D].西安建筑科技大学，2012.

[70] 相华.浅论鄂伦春族非物质文化遗产的保护与传承[J].黑龙江民族丛刊，2011(5)：137-142.

后　记

与高淳结缘于2000年前后，从江南孔家第一村漆桥开始，陆续参与固城湖沿岸、兴镇路、武家嘴、迎湖桃源、红太阳、椏溪慢城、固城、蒋山等规划设计实践。尽管十多年来，来来往往不少次数，但由于参与的都是具体而微的实践，只是隐隐觉得高淳民风淳朴，生态优良，乡村整洁，并无整体系统的认知。2010年前后有幸得到省文化厅委托编制高淳村俗文化生态保护实验区总体规划，对高淳整体的认知开始渐渐清晰起来。

高淳自古以来就是江南鱼米之乡，被乾隆誉为“江南圣地”。高淳地处苏皖边陲，相对封闭的自然地理环境、南宋移民所形成的宗法社会、农耕经济的厚实基础，促成了高淳村俗文化的全面发展，长期积累形成了具有丰富遗存的村俗文化，是江苏一个具有典型意义的传统文化区域。值得庆幸的是，在快速现代化和城镇化进程中，高淳文化传统、民风民俗保存得较为完好，传承有序，是古江南文化的活化石。

高淳有1 200多个自然村，这些自然村历史悠久，大多数在500年以上，有的还是千年古村落，加之自然地理条件多样，东部为丘陵山区，西部是圩区，固城、石臼两湖环绕，河汊纵横，村落与自然环境、人文环境相依相存，村俗文化资源丰富，类型完整，出门山歌进门戏，高淳民歌、传统舞蹈具有顽强的生命力，如何挖掘、整理、保护、传承村俗文化，保育文化生态环境，既重要又紧迫。

有幸得到国家自然科学基金项目(51578129)、国家科技支撑计划(2015BAL02B01)、江苏省科技支撑计划项目(BE2014706)、江苏高校优势学科建设工程二期项目、高等学校博士学科点专项科研基金(20090092120001)的资助，在完成高淳村俗文化生态保护实验区总体规划基础上，总结提升。

感谢省文化厅冯锦文、杨树发等同仁的指导，感谢高淳文广新局汪士延、陈小进、胡凯等同行在工作中的支持，感谢汪成璇、陈天鹤、潘嘉虹、程亚午、曹伯威、李胜男、李梦柯、黄玮琳、顾睿、尤方璐等同学的无私帮助，文化生态保护区是我国文化遗产保护的创新与探索，作为最早开展这项工作的实践者之一，本书还很不成熟，难免疏漏，希望同行斧正。

熊国平

2016 年 6 月